全面从严治党的难点及对策研究

QUANMIAN CONGYAN ZHIDANG DE
NANDIAN JI DUICE YANJIU

桑学成 等◎著

人民出版社

目　录

序　言①

　　中国共产党作为一个有着近百年历史的老党，有着9000多万名党员、460多万个基层党组织的大党，为什么历经风雨依然保持蓬勃生机，久经考验依然充满旺盛活力，始终站在时代潮头引领人民前行？一个重要原因和宝贵经验就是坚持党要管党、全面从严治党，始终牢记初心使命，勇于推进自我革命。党的十八大以来，以习近平同志为核心的党中央从统筹推进"五位一体"总体布局和协调推进"四个全面"战略布局的高度，就全面从严治党提出了一系列新思想新观点新论断，为新时代全面推进党的建设新的伟大工程提供了根本遵循。全面从严治党是中国共产党永葆蓬勃生机和旺盛活力的根本保证，也是确保党始终成为中国特色社会主义事业坚强领导核心的根本保证。

---

① 本序言内容发表于《党建研究》。参见桑学成、王世谊：《全面从严治党永葆党的生机活力》，《党建研究》2017年第4期。

一、理想崇高、信念坚定是党永葆生机活力的精神动力

全面从严治党，思想建设是根本，理想信念是核心。坚定广大党员干部的理想信念，是党的思想理论建设的重点任务，这个重点任务解决好了，全面从严治党就有了牢固的思想基础、强大的精神支柱和不竭的动力源泉。中国近代著名思想家梁启超说过："信仰是神圣的，信仰在一个人为一个人的元气，在一个社会为一个社会的元气。"[1] 没有信仰，就没有灵魂；没有理想，就缺乏目标；没有信念，就失去动力。对马克思主义的信仰、共产主义的理想和中国特色社会主义的信念，是共产党人的政治灵魂，是共产党人经受住任何考验的精神支柱。在我们党近百年的奋斗历程中，一代又一代共产党人为了争取民族独立和人民解放、实现国家富强和人民幸福不惜流血牺牲、无私奉献，靠的是坚定的理想信念。无论是革命战争年代形成的井冈山精神、长征精神、延安精神、西柏坡精神，还是和平建设时期产生的大庆精神、"两弹一星"精神、载人航天精神以及雷锋精神、焦裕禄精神、孔繁森精神等，无一不展现了共产党人崇高的理想信念和精神境界，这是我们党永葆蓬勃生机和旺盛活力的秘诀所在。

革命理想高于天。习近平总书记在庆祝中国共产党成立95周年大会上的重要讲话中指出，中国共产党之所以叫共产党，就是因为从成立之日起我们党就把共产主义确立为远大理想。我们党之所以能够经受一次次挫折而又一次次奋起，归根到底是因为我们党有远大理想

---

[1] 转引自蔡尚思主编：《中国现代思想史资料简编》第 2 卷，浙江人民出版社 1982 年版，第 273 页。

和崇高追求。全面从严治党，就要把坚定理想信念作为党的思想理论建设的重中之重，作为党员干部改造主观世界的主攻方向，作为党员干部加强党性修养的终身课题，拧紧世界观、人生观、价值观这个"总开关"，补足共产党人精神之"钙"。

当前，全面建成小康社会进入决胜阶段，中华民族正处于走向伟大复兴的关键时期，我国的发展既处于大有作为的战略机遇期，也面临诸多矛盾叠加、风险隐患增多的严峻挑战，推进中国特色社会主义事业面临新的挑战和考验。坚定的理想信念是战胜一切艰难险阻的强大精神支柱和力量源泉。一要抓好思想理论建设这个根本。列宁有句名言："只有以先进理论为指南的党，才能实现先进战士的作用。"坚定理想信念，首要的是打牢马克思主义理论基础。马克思主义是科学的世界观方法论，是共产党人坚定理想信念的灵魂。要教育引导党员干部认真学习和掌握马克思列宁主义、毛泽东思想、中国特色社会主义理论体系，特别是把深入学习习近平新时代中国特色社会主义思想作为重中之重，坚持用马克思主义的立场观点方法认识世界、分析问题，廓清思想迷雾，排除思想干扰，矢志不渝为共产主义远大理想和中国特色社会主义共同理想而奋斗。二要抓好党性教育这个核心。党性是党员干部立身、立业、立言、立德的基石。党员干部坚定理想信念的一个重要途径，就是要坚持不懈地加强党性修养，坚持党性锻炼，修好党性教育这门共产党人的"心学"。当前，加强党性教育，提高党员干部的党性修养，一项重要而紧迫的任务是增强"四个意识"，坚定"四个自信"，做到"两个维护"，造就铁一般信仰、铁一般信念、铁一般纪律、铁一般担当的党员干部队伍。三要抓好道德建设这个基础。古人说，德教为先，修身为本。大量事实表明，一些党员干部走上违纪违法道路，往往是从道德失范、诚信缺失开始的。推进全面从严治党，最终目的是让每一位党员在理想信念上坚定不移、"铸牢理想信念这个共产党人的魂"，通过提高党员干部的觉悟，"找到自己行为的准星"。要教育引导党员干部模范践行社会主义核心价值观，做社会主义道德的示范者、诚信风尚的引领者，自觉养成高尚道德情操和健康生活情趣，以实际行动彰显共产党人的人格力量。"为之于未有，治之于未乱"，只要我们党坚持全面从严治党，坚守共产党人的精神家园，就一定能够长盛不衰，永远立于不败之地。

二、组织纯洁、队伍先进是党永葆生机活力的组织保障

全面从严治党作为一项系统工程，基础在全面。要实现主体全覆盖，就必须从严抓好"两队伍一组织"这三个主体建设，充分发挥领导干部队伍的关键作用、党员队伍的基础作用和各级党组织的主导作用。党的各级组织建设和党员队伍建设是全面从严治党的基础工程。离开党的各级组织和广大党员的主动参与和共同努力，全面从严治党的任务就不可能落到实处。坚持全面从严治党，必须扎实做好抓基层、打基础的工作，切实增强党内政治生活的政治性、时代性、原则性、战斗性，使每个基层党组织都成为坚强战斗堡垒。要着力扩大党组织覆盖面，创新党组织设置方式，选好配强基层党组织带头人，建立健全严密的基层党组织工作制度，强化基层党组织的政治功能和服务功能，努力建设学习型、服务型、创新型基层党组织。党员是党的

肌体的细胞。只有每一个细胞都保持健康，党的肌体才能焕发出无穷的活力。要建立依靠党的基层组织管好党员的制度，建立健全教育、管理、服务党员长效机制，激发党员保持先进性、纯洁性的内在动力，通过加强教育培训、健全组织生活、做好发展党员工作等方面推进党员队伍建设，充分发挥党员的先锋模范作用，以党的细胞有生机确保党的肌体有活力。

忠诚干净担当是党对领导干部提出的政治要求，建设忠诚干净担当的高素质干部队伍，是全面从严治党的关键。全面从严治党的各项任务要靠各级干部组织带领广大党员去落实，党内的各项制度和规矩要靠各级干部率先垂范贯彻执行。习近平总书记指出："党要管党，首先是管好干部；从严治党，关键是从严治吏。"① 党的十八大以来，党中央突出重点、聚焦问题，抓住领导干部这个"关键少数"，坚持以严的标准要求干部、以严的措施管理干部、以严的纪律约束干部，坚定理想信念，加强道德养成，规范权力行使，培育优良作风，使各级党员干部自觉履行党章赋予的各项职责，严格按照党的原则和规矩办事。

针对一段时间以来，一些干部缺乏动力"不想为"、缺乏担当"不敢为"、缺乏本领"不会为"、缺乏自律"乱作为"的现象，习近平总书记强调指出，是否具有担当精神，是否能够忠诚履责、尽心尽责、勇于担责，是检验领导干部是否真正体现共产党人先进性和纯洁性的重要方面。他提出从严管理干部，要做到管理全面、标准严格、环节

---

① 《十八大以来重要文献选编》上，中央文献出版社 2014 年版，第 350 页。

衔接、措施配套、责任分明。管理全面，就是从年轻干部到离退休老同志要实现全覆盖，重点是各级领导干部和身处关键岗位、掌握大量公共资源的干部。标准严格，就是要以党章规定的干部条件为依据，不能把干部管理标准降低到不违纪违法就行的低水平上。环节衔接，就是把日常管理和关键时刻管理统一起来，把行为管理和思想管理、工作圈管理和社交圈管理贯通起来，做到干部随管理成长、管理伴干部一生。措施配套，就是综合运用教育、制度、监督等手段，规范权力运行，最大限度防止干部犯错误。责任分明，就是根据干部管理权限，把对干部管理的主体责任、监督责任分清楚，明确从严管理干部的责任和主体。同时，要把严格管理和关心爱护结合起来，把干部在推进改革中因缺乏经验、先行先试而出现的失误，与明知故犯的违纪违法行为区分开来；把国家尚无明确规定的探索性试验，与国家明令禁止后仍有法不依的行为区分开来；把为加快发展的无意过失，与为谋取私利故意违纪违法的行为区分开来，为担当者撑腰、为干事者加油、为有为者鼓劲，形成有利于干部奋发有为的社会环境，激励他们更好地带领群众干事创业。

三、正风肃纪、严惩腐败是党永葆生机活力的战略举措

勇于自我革命，是我们党最鲜明的品格，也是我们党最大的优势。党要保持蓬勃生机和旺盛活力，必须正视并及时解决党内存在的突出问题，不断增强自我净化、自我完善、自我革新、自我提高能力，增强肌体免疫力。作风建设是全面从严治党的突破口。党内

存在的其他问题大都与作风问题有关，作风问题解决好了，就能为解决党内其他问题创造条件。习近平总书记反复强调："如果不坚决纠正不良风气，任其发展下去，就会像一座无形的墙把我们党和人民群众隔开，我们党就会失去根基、失去血脉、失去力量。"①党的十八大以来，党中央出台了一系列规定，从改进工作作风密切联系群众的"八项规定"，到开展以解决"四风"问题为着力点的党的群众路线教育实践活动和"三严三实"专题教育；从整治中秋国庆期间公款送礼等不正之风，到整治"会所歪风"；从狠刹"舌尖上的浪费"，到禁办奢华晚会，都是以作风建设为切入点从严管党治党，使"四风"问题得到有效遏制，党风政风明显好转，清风正气扑面而来。当前改进作风到了节骨眼上，"四风"顽疾树倒根在，问题趋于隐蔽，转入"地下"，顶风违纪现象时有发生，对一些穿上"隐身衣"、躲进"青纱帐"等更加隐蔽的违规违纪行为，必须深挖细查、穷追猛打。作风建设永远在路上。只要我们按照习近平总书记提出的抓常、抓细、抓长去落实，持续努力、久久为功，不正之风就会离我们越远，群众就会离我们越近，党的凝聚力、向心力和战斗力就会越强。

腐败现象是侵入党的健康肌体的病毒，坚决惩治腐败，是以习近平同志为核心的党中央全面从严治党的重要抓手，是保持党的先进性和纯洁性的根本途径。党的十八大以来，党中央坚持无禁区、全覆盖、零容忍惩治腐败，从"老虎""苍蝇"一起打，到机关、高校、国有

①《习近平谈治国理政》第一卷，外文出版社 2018 年版，第 387 页。

企业巡视全覆盖，既坚决查处领导干部违纪违法案件，又切实解决发生在群众身边的不正之风和腐败问题，反腐败斗争压倒性态势已经形成，不敢腐的目标初步实现，不能腐的制度日益完善，不想腐的堤坝正在构筑，党内政治生活呈现新的气象，极大提振了全党全国人民的信心，赢得了人民群众的信任和拥护。但必须清醒地认识到，当前反腐败斗争形势依然严峻复杂，只有把思想和行动统一到党中央决策部署上来，在继续加大查办违纪违法案件工作力度的同时，更加有效地预防和惩处腐败，坚持把权力关进制度的笼子，强化权力运行制约和监督体系，形成不敢腐的惩戒机制、不能腐的防范机制、不想腐的自律机制，才能减少腐败存量，遏制腐败增量，不断巩固和深化不敢腐成果，逐步实现不能腐、不想腐，以反腐败斗争新成效为永葆党的生机活力提供新动力。

四、依规管党、制度治党是党永葆生机活力的制度保证

制度创新是党永葆生机活力的源泉。加强党的制度建设，坚持依规管党、制度治党，必须深化党的建设制度改革，着力解决制度不健全、不适应、不配套的问题，构建系统完备、科学规范、简便易行、有效管用的党内法规制度体系。改革开放以来特别是党的十八大以来，我们党制定颁布了一系列重要党内法规，初步形成了以党章为根本，以党章、准则、条例、规则、规定、办法、细则为构成要件，涵盖党的政治建设、思想建设、组织建设、作风建设、纪律建设和反腐倡廉建设的党内法规制度体系框架。《中国共产党廉洁自律准则》《中

国共产党纪律处分条例》《关于新形势下党内政治生活的若干准则》《中
国共产党党内监督条例》等党内法规贯彻落实管党治党政治责任，将
党的十八大以来治党管党的实践成果转化为道德和纪律要求，彰显了
我们党与时俱进完善党内法规，坚定不移推进全面从严治党的坚定决
心，对实现依规依纪治党具有重大意义。但从总体上看，党内法规制
度体系建设水平与制度所具有的全局性、根本性地位不相适应，与全
面从严治党对制度建设的新要求不相适应，既存在制度缺失的问题，
也存在制度链条不完整的问题，但最主要的问题是制度执行不力，落
实不够。党的十八大报告指出："全面建成小康社会，必须以更大的
政治勇气和智慧，不失时机深化重要领域改革，坚决破除一切妨碍科
学发展的思想观念和体制机制弊端，构建系统完备、科学规范、运行
有效的制度体系，使各方面制度更加成熟更加定型。"① 我们要深入贯
彻落实党的十八大以来中央各项决策部署，全面规划、加快推进党的
建设制度改革，努力在中国共产党成立 100 周年时，全面建成内容科
学、程序严密、配套完备、运行有效的党内法规制度体系，夯实全面
从严治党的制度基石。

　　坚持依规管党、制度治党，要突出"关键少数"这个重点，以身
作则、以上率下，严明纪律、建章立制，不断推动全面从严治党向纵
深发展。一是加强顶层设计，搞好配套衔接，切实增强制度的科学
性、系统性、有效性。良法是善治的前提。坚持依规管党、制度治
党，前提是建立健全以党章为核心的党内法规制度体系，不断提高建

---

① 《十八大以来重要文献选编》上，中央文献出版社 2014 年版，第 14 页。

章立制水平。党章是党的根本大法，是全党必须遵循的总规矩，是制定其他党内法规的基础和根据；党规党纪是党章的延伸和具体化。建立健全以党章为核心的党内法规制度体系，就是要在广大党员干部中树立起理想信念宗旨的"高线"、党的组织原则的"准线"、党员义务权利的"基线"、党的纪律规矩的"底线"，使党员干部知敬畏、存戒惧、守底线。二是本着于法周延、于事简便的原则，注重实体性制度与程序性制度相统一，不断增强制度的针对性、指导性、可操作性。一方面，党内法规制度体系要相互配套，彼此衔接、环环相扣、形成合力，而且下位法要服从上位法，所有法规制度要服从党章、与宪法法律相协调；另一方面，党内法规制度体系要严密，不宜过于原则、笼统，要扎紧制度笼子，防止"牛栏关猫"现象。三是强化制度执行，坚决维护制度的严肃性和权威性。党内法规制度的生命力在于落实，约束力在于执行，威慑力在于从严。必须提高制度执行力，坚持制度执行到人到事到底，制度面前人人平等，执行制度没有例外，使制度成为硬约束而不是"橡皮筋"，真正做到用制度管权管事管人。《中国共产党问责条例》是全面从严治党的制度利器。党的十八大以来，以习近平同志为核心的党中央把问责作为管党治党利器，先后对山西塌方式腐败、湖南衡阳破坏选举案、四川南充拉票贿选案、辽宁拉票贿选案等严肃问责，体现了失责必问、问责必严的鲜明态度，体现了党中央以持续强力问责为抓手推进全面从严治党的坚定决心。只要各级党组织和广大党员干部不忘初心、牢记使命，扛起责任，强化制度执行，坚决维护制度的严肃性和权威性，全面从严治党的制度利器就会铁纪发力、禁令得行、规矩生威。

绪　论

　　治国必先治党，治党务必从严。坚持党要管党、全面从严治党，是我们党的一贯方针。作为中国特色社会主义事业的坚强领导核心，作为一个拥有 9000 多万名党员、执政 70 年的大党，勇于自我革命，从严管党治党是我们党最鲜明的品格。党的十八大以来，以习近平同志为核心的党中央，以刀刃向内的勇气向党内顽瘴痼疾开刀，以雷霆万钧之势推进全面从严治党，以钉钉子精神把管党治党要求落细落实，坚决改变管党治党宽松软状况，党内政治生活气象更新，党内政治生态明显好转。但我们也要清醒认识到，党面临的长期执政考验、改革开放考验、市场经济考验、外部环境考验是长期的、复杂的，党面临的精神懈怠危险、能力不足危险、脱离群众危险、消极腐败危险是尖锐的、严峻的，党内存在的政治不纯、思想不纯、组织不纯、作风不纯等突出问题尚未得到根本解决，全面从严治党永远在路上、任重而道远。正如习近平总书记所强调的，在全面从严治党这个问题上，我们不能有差不多了，该松口气、歇歇脚的想法，不能有打好一仗就一劳永逸的想法，不能有初见成效就见好就收的想法。要坚持问题导向，保持战略定力，推动全面从严治党向纵深发展。

推动全面从严治党向纵深发展，必须坚持问题导向，深化对全面从严治党重大理论和实践问题的研究。2014 年 12 月，习近平总书记在江苏考察调研时明确提出"全面从严治党"并将其纳入党中央治国理政的"四个全面"战略布局以来，理论和实际工作者对全面从严治党进行了多方面、多视角的研究，并形成了一批有价值的研究成果，内容涵盖全面从严治党的提出依据、重大意义、理论内涵、价值取向、目标任务、实践路径等各个方面。但从总体上看，这一领域的研究仍存在一些明显不足：一是不少成果停留在对党的领导人和党的文献中有关论述进行一般性诠释上，对影响管党治党的障碍性因素关注不够，尤其是对全面从严治党的难点研究比较薄弱，对难点把握也不够准确；二是有的研究成果虽然指出了一些难点所在，但所提出的对策建议缺乏可操作性，甚至把中央的要求反过来作为建议提出来，陷入"体内循环"怪圈；三是有的研究成果所提出的对策建议虽然转化为决策的内容，如《中国共产党党内监督条例》中所提出的一些对领导干部严格管理和监督的要求，但是在实践中未能得到有效贯彻，究其原因，是缺乏对如何贯彻这一方针的具体对策研究。为了克服这些不足，本书从四个方面展开研究：一是从探讨中国共产党所处内外部环境的深刻变化以及这些变化使党的建设面临的新课题新考验入手，系统阐述全面从严治党提出的深刻背景、科学内涵和时代价值；二是针对管党治党实践中存在应然与实然的反差，揭示全面从严治党在实施中的主要难点，如长期执政容易产生精神懈怠和脱离群众的危险、社会结构深刻变动对传统党建模式带来的新挑战、重发展轻党建思想误区带来的消极影响、党员队伍规模不断扩张带来的管党治党压力、干部管理失之于宽松软，权力监督问题突出、制度缺失及制度执行不力等；三是针对管党治党的难点，重点探讨新形势下全面从严治党的着力点，包括着力营造山清水秀的政治生态、着力思想建党和制度治党紧密结合、着力从严管干部、着力正风肃纪反腐、着力强化权力运行制约和监督体系、着力落实管党治党责任；四是进一步阐述全面从严治党向纵深推进的若干重大关系，深入探讨全面从严治党的基本规律。

随着世情、国情、党情的深刻变化，影响全面从严治党的因素更加复杂，提出了很多新课题。只有坚持问题导向，深化管党治党的难点和对策研究，才能推动全面从严治党向纵深发展。本书的主要创新体现在：一是从理论研究与实际调查相结合上找准全面从严治党的难点，有效地防止了难点可能找偏的倾向，提高了全面从严治党的针对性；二是从主要目标、基本路径、重点任务、关键环节、治本之策、重要保障等方面重点阐述了全面从严治党的"路线图"和着力点，提高了全面从严治党的可操作性；三是通过广泛调查，包括对不同地区、不同单位的群众和党员、不同层次的干部进行问卷调查，了解贯彻党要管党、全面从严治党方针存在的问题以及建议，并与理论研究相互验证，大大提高了资料的准确性和研究的可信度。

本书的突出特色：一是坚持问题导向。破解管党治党的难题，必须坚持以问题为中心，加强对全面从严治党难点的研究。只有树立问题意识，坚持问题导向，把准全面从严治党的难点和症结，才能着力破解管党治党的难题，推动全面从严治党向纵深发展。本书的最大特色，就是立足党要管党、全面从严治党过程中存在的突出矛盾和问题，立足人民群众和广大党员干部关注和期盼解决的突出问题，立足于中央关于全面从严治党决策部署在执行和推进中遇到的新情况新问题，正视问题、分析问题、解决问题。二是切实增强对策建议的可操作性。本书提出的"六个着力"的对策建议具有较强的可操作性，力求能够解决全面从严治党实践中存在的突出矛盾和问题。建议不求全，关键是管用，力避把中央要求再反过来作为建议提出来，搞体内循环。

本书的主要建树：一是针对管党治党实践中存在应然与实然的反差，在深入调研的基础上，总结和揭示出贯彻党要管党、全面从严治党方针的五大难点；二是针对过往经验教训，提出既要重视教育，也要重视制度建设，以政治建设为统领、以制度建设为根本、以作风建设为突破口、以干部队伍建设为关键、以党员队伍先进性建设为基础，走一条既依靠群众又不搞群众性政治运动、既靠教育又靠制度的管党治党新路子，以及把党员队伍的数量规模控制在适度范围内等对策建议，对于推动全面从严治党向纵深发展具有重要价值；三是针对过去管党治党问题研究中存在的头痛医头、脚痛医脚的倾向，较为全面地探讨推动全面从严治党向纵深发展需要把握的若干重大关系，揭示了全面从严治党的基本规律。

第一章

全面从严治党的溯源与含义

第一节　全面从严治党的源起

党的十八大以来，以习近平同志为核心的党中央围绕新时代马克思主义执政党建设和管党治党的理论与实践课题，着眼于新时代新要求，进一步把党建设好、建设强，更好地推进党要管党、从严治党，提出了"全面从严治党"的一系列新理念、新思想、新战略，构建起了系统推进党的建设新的伟大工程、全面从严治党的思想、制度、实践体系。"全面从严治党"同"全面建成小康社会""全面深化改革""全面依法治国"一起，共同构成了"四个全面"战略布局，党的十九大报告将全面从严治党纳入新时代坚持和发展中国特色社会主义的基本方略。习近平总书记关于全面从严治党的重要论述、新时代全面从严治党的实践，在继承从严治党优良传统和改革创新基础上实现了新突破，开辟了党的建设和管党治党理论新境界，开创了党的建设和管党治党新格局，丰富发展了马克思主义政党理论，为中国共产党领导推进新时代中国特色社会主义提供了坚强保证。

一、马克思主义经典作家的从严治党思想

高度重视党的建设问题，是无产阶级政党建设的突出特点和光荣传统。马克思、恩格斯创立了"共产主义者同盟"这一世界上第一个具有完全意义的无产阶级政党，此后，从共产主义者同盟到第一国际和第二国际，在整个指导世界各国无产阶级政党建设过程里，他们都始终注重保持党的性质，将从严治党贯穿于无产阶级政党建设的全过程，形成了一系列关于管党治党的思想。俄国十月革命胜利以后，为了巩固新生的苏维埃政权，列宁将马克思主义党的建设理论与俄国的具体实践紧密结合，对从严治党进行了深刻的理论阐释和实践探索。

作为工人阶级的先锋队，马克思主义政党的历史使命是完成对资本主义制度的超越、建设社会主义和共产主义并最终实现人类解放。在这个过程中，马克思主义政党是整个无产阶级和人类解放事业的核心和关键。因此，高度重视管党治党，是马克思主义经典作家在领导和推进无产阶级革命与建设过程中的一条重要经验。在马克思、恩格斯为"共产主义者同盟"制定世界上无产阶级政党第一个党章，即《共产主义者同盟章程》时，就规定："志愿入盟者必须获得一致通过，

才能被接收入某一支部；必须忠实履行自己的诺言并保守机密。"①在俄国十月革命胜利后，列宁在领导苏俄革命、建设实践中，继续进一步强调："徒有其名的党员，就是白给，我们也不要。世界上只有我们这样的执政党，即革命工人阶级的党……注意提高党员质量和清洗'混进党里来的人'。"②"我们的任务就是维护我们党的坚定性、彻底性和纯洁性。"③马克思、恩格斯、列宁对无产阶级政党建设的思考与探索，为中国共产党坚持从严管党治党提供了重要理论指导与实践经验。

二、中国共产党从严治党思想的发展脉络

十月革命一声炮响，给中国送来了马克思列宁主义。回顾中国共产党的发展历程可以发现，党自 1921 年成立以来，一直重视党自身的建设，始终以"从严"作为管党治党的基本方针，"党要管党、从严治党"成为党内治理的有效路径。早在 1922 年党的第二次全国代表大会上，中国共产党就对党的组织、纪律、作风等进行了严格规定。此后，中国共产党人进一步丰富和发展了马克思主义经典作家关于党的建设、管党治党、从严治党的理论和观点，在新民主主义革命、社会主义改造、社会主义建设和改革开放进程中，根据不同历史时期党的中心任务及要求的变化，不断推进党要管党、从严治党，在

---

① 《马克思恩格斯全集》第 42 卷，人民出版社 1979 年版，第 419 页。

② 《列宁全集》第 37 卷，人民出版社 1986 年版，第 215 页。

③ 《列宁专题文集——论无产阶级政党》，人民出版社 2009 年版，第 349 页。

理论与实践上进一步创新发展了马克思主义政党学说。

（一）毛泽东同志关于从严治党的重要论述

无论是在民主革命战争时期，还是在社会主义改造和社会主义建设时期，毛泽东同志始终注重从严加强党的建设，将马克思列宁主义的建党治党学说与中国共产党的革命、建设实际相结合，创造性地提出一系列建党治党的思想和方法。一是高度重视思想建党问题，把思想建设放在党的建设首位，着重加强全党的马克思主义理论和社会主义教育，加强为人民服务的党性教育。面对党内各种非无产阶级思想的侵蚀，毛泽东同志在 1929 年的古田会议上确立了着重从思想上建党的重要原则。1942—1945 年开展的延安整风运动，大大提高了全党的马克思主义理论水平，全面净化了党的作风。二是重视组织建设，强调民主集中制是我们党的组织原则，阐明了民主与集中的辩证关系，倡导党内民主，反对党内专制。在 1949 年撰写的《党委会的工作方法》中，充分论述了处理党内民主关系、规范党内民主生活的问题，把从严治党提升到新高度。三是重视严格党的纪律，确保党中央权威和党的集中统一。毛泽东同志把党的纪律作为执行党的政治路线、增强党的团结与统一的重要保证，强调对党员进行党的纪律教育，"既使一般党员能遵守纪律，又使一般党员能监督党的领袖人物也一起遵守纪律"[1]，全面提高党纪权威。四是强调坚持和发扬党的优良作风，有效密切党群联系。1945 年在《论联合政府》中第一次把党的优良作风概括为："理论和实践相结合的作风，和人民群众紧

---

[1] 《毛泽东选集》第二卷，人民出版社 1991 年版，第 528 页。

密地联系在一起的作风以及自我批评的作风。"①1949 年在党的七届二中全会上又提出"两个务必"的思想，即"务必使同志们继续地保持谦虚、谨慎、不骄、不躁的作风，务必使同志们继续地保持艰苦奋斗的作风"②。要求全党同志在党的工作重心转移的条件下继续保持优良的传统作风。1950—1951 年的整风运动，重在整顿各级领导机关和干部的作风。1951—1954 年的整党运动，重点是进行反腐败斗争和纪律建设。通过一系列的作风建设，形成全党与人民群众保持血肉联系、为民办事的良好风气，这使从严治党有了新内涵，党的建设得到全面推进。

（二）邓小平同志关于从严治党的重要论述

邓小平同志在改革开放、经济社会快速发展的社会主义现代化建设新时期，面对复杂的国际国内环境，提出"办好中国的事情，关键在党"，从党和国家长治久安的战略高度重视党的制度建设，推进从严治党提高到新阶段。1983 年 10 月，党的十二届二中全会作出《中共中央关于整党的决定》，以统一思想、整顿作风、加强纪律、纯洁组织为基本任务，就加强党的建设作出一系列部署。1985 年 11 月 24 日，中共中央整党工作委员会发出《关于农村整党工作部署的通知》，首次提到"从严治党"的概念。1987 年党的十三大报告是最早出现"从严治党"词汇的党的文献，报告中指出："但经验证明，仅仅靠教育不能完全解决问题，必须从严治党，严肃执行党的纪律。"③1992 年 10

---

① 《毛泽东选集》第三卷，人民出版社 1991 年版，第 1094 页。

② 《毛泽东选集》第四卷，人民出版社 1991 年版，第 1439 页。

③ 《十三大以来重要文献选编》上，人民出版社 1991 年版，第 53 页。

月党的十四大召开，强调坚持党要管党和从严治党，将"从严治党"写进党章，标志着"从严治党"正式成为管党治党的根本原则。

邓小平同志关于从严治党重要论述的内涵丰富，主要内容包括：第一，狠抓作风建设，大力端正党风，在加快经济发展的同时切实加强精神文明建设。"抓精神文明建设，抓党风、社会风气好转，必须狠狠地抓，一天不放松地抓，从具体事件抓起。"①邓小平同志告诫全党发扬党的优良传统作风是长期的。第二，反对腐败倡导廉洁政治，坚持反对腐败。"要聚精会神地抓党的建设，这个党该抓了，不抓不行了。"②1992年年初，邓小平同志在南方谈话中，针对中国的事情能不能办好，再次提出党要管党、从严治党，强调在整个改革开放过程中都要反对腐败。第三，加强组织纪律。"我们这么大一个国家，怎样才能团结起来、组织起来呢？一靠理想，二靠纪律。组织起来就有力量。"③邓小平同志始终强调全党要"讲政治""守纪律"，管好党员干部思想、队伍、作风、权力行使以及改革领导制度等方面。第四，注重制度建设，构建体系完善的从严治党制度体系。"我们过去发生的各种错误，固然与某些领导人的思想、作风有关，但是组织制度、工作制度方面的问题更重要。"④邓小平同志明确提出制度问题更带有根本性、全局性、稳定性和长期性，把制度问题提到具有全局性、战略性的高度。

---

① 《邓小平文选》第三卷，人民出版社1993年版，第152页。
② 《邓小平文选》第三卷，人民出版社1993年版，第152页。
③ 《邓小平文选》第三卷，人民出版社1993年版，第111页。
④ 《邓小平文选》第二卷，人民出版社1994年版，第333页。

（三）江泽民关于从严治党的重要论述

江泽民围绕解决提高党的领导水平和执政水平、提高拒腐防变和抵御风险能力这两大历史性课题，明确地提出"党要管党、从严治党"，确立"治国必先治党，治党务必从严"的党的建设总方针，并以"三个代表"重要思想引领从严治党。1997 年党的十五大报告重申党要管党原则和从严治党方针。2000 年 1 月 14 日江泽民在中共中央纪律检查委员会第四次全体会议上讲话指出："党的性质、党在国家和社会生活中所处的地位、党肩负的历史使命，要求我们治国必先治党，治党务必从严。治党始终坚强有力，治国必会正确有效。"[①] 将从严治党贯彻于党的思想、政治、组织、作风建设，切实体现到对各级党组织、广大党员和干部进行教育、管理、监督的各个环节。2001 年江泽民在庆祝中国共产党成立 80 周年大会上的讲话中，明确指出要确保社会主义现代化的进行，就必须全面加强党的建设，必须从严治党，"贯彻'三个代表'要求，我们必须坚持党要管党的原则和从严治党的方针"[②]。指出从严治党目标的实现，推进党的思想建设、政治建设、组织建设和作风建设，都应贯穿"三个代表"的要求。

江泽民关于从严治党论述的内容包括：第一，注重党性教育。要求领导干部带头接受党性教育和党性锻炼，提高思想政治素质，"各级领导干部尤其是高级干部务必带头加强党性锻炼，在改造客观世界的同时努力改造主观世界，严于律己，防微杜渐"[③]。第二，改进党的

---

① 《江泽民文选》第二卷，人民出版社 2006 年版，第 496 页
② 《江泽民文选》第三卷，人民出版社 2006 年版，第 290 页。
③ 《江泽民文选》第一卷，人民出版社 2006 年版，第 456 页。

作风。要求领导干部加强自身修养，严格要求自己，培育优良作风，重点解决思想作风、学风、领导作风和干部生活作风等方面存在的突出问题，"结合新的实际，努力发扬党的理论联系实际、密切联系群众、批评和自我批评的优良作风，同时要总结新的实践经验，努力培育新的作风"①。第三，完善制度机制。强调从严治党，关键在于在制度上加以健全和完善，建立起一整套管用、有约束力的机制，使党的各级组织对党员、干部实行有效的管理和监督。

（四）胡锦涛同志关于从严治党的重要论述

胡锦涛同志清醒地认识到党所面临的考验是长期的、复杂的、严峻的，坚持党要管党、从严治党，强调从严治党才能推进科学发展和构建社会主义和谐社会。科学发展观赋予中国共产党的执政理念以新的时代内涵，胡锦涛同志以改革创新精神提出党的建设总体布局，强调以加强党的执政能力建设和先进性建设为主线，全面推进党的思想建设、组织建设、作风建设、制度建设和反腐倡廉建设，继续推进党的建设新的伟大工程。2004年，党的十六届四中全会通过的《中共中央关于加强党的执政能力建设的决定》指出，必须坚持党要管党、从严治党的方针，紧密联系治国理政的实践，全面加强和改进党的思想、组织、作风和制度建设；2009年《中共中央关于加强和改进新形势下党的建设若干重大问题的决定》提出"立党为公，执政为民"的执政理念，从党内腐败问题着手，加强党的先进性和纯洁性建设，建立完善的制度体系，全面推进党的建设新的伟大工程，不断提高党的

① 《江泽民文选》第三卷，人民出版社2006年版，第291页。

建设科学化水平。党的十七大报告提出将从严治党贯穿于党的建设的各个方面。

胡锦涛同志关于从严治党论述的主要内容有：第一，在思想建设上强调用马克思主义的最新理论成果武装全党。坚持推动党员干部用"三个代表"重要思想武装全党，全面把握科学发展观的科学内涵、精神实质和根本要求，提高全党的马克思主义理论水平。第二，在组织建设上强调在党内生活中讲党性、讲原则、讲正气，弘扬正气，反对歪风，严肃处置不合格党员，严格执行党的纪律，坚持在纪律面前人人平等。第三，在作风建设上，强调"各级组织和广大党员、干部特别是主要领导干部一定要自觉遵守党章，自觉按照党的组织原则和党内政治生活准则办事，任何人都不能凌驾于组织之上"。[①]第四，在制度建设上，强调建立起一整套有效、管用、有约束力的机制，推进党的建设制度化、规范化、程序化，"完善制约和监督机制，保证人民赋予的权力始终用来为人民谋利益。确保权力正确行使，必须让权力在阳光下运行。要坚持用制度管权、管事、管人，建立健全决策权、执行权、监督权既相互制约又相互协调的权力结构和运行机制"。[②]推进惩治和预防腐败体系建设，惩治腐败要"更加注重治本，更加注重预防，更加注重制度建设，拓展从源头上防治腐败工作领域"。[③]第五，在严格规范权力行使上，要求各级党员干部严格地执行各项纪律，规范对权力的监督和制约。"严格规范权力行使，加强

---

① 《十八大以来重要文献选编》上，中央文献出版社 2014 年版，第 43 页。
② 《胡锦涛文选》第二卷，人民出版社 2016 年版，第 638 页。
③ 《胡锦涛文选》第二卷，人民出版社 2016 年版，第 657 页。

对领导干部特别是主要领导干部行使权力的监督。深化重点领域和关键环节改革，健全反腐败法律制度，防控廉政风险，防止利益冲突，更加科学有效地防治腐败"，① 强调要更加注重发挥法规制度在反腐倡廉中的规范和保障作用。

三、习近平全面从严治党论述的形成发展

党的十八大以来，以习近平同志为核心的党中央提出全面从严治党，把全面从严治党纳入"四个全面"战略布局，既传承了党的优良历史传统，又反映了当今时代发展的新要求。全面从严治党论述的提出经历了一个逐步发展深化的过程，从全面从严治党和"四个全面"战略布局的提出，到全面从严治党要注重党内政治生活和制度治党，再到全面从严治党的政治生态建设和政治文化建设，体现了十八大以来从严治党进入新阶段的伟大实践和理论进展，初步形成了系统的思想体系。

第一，提出"全面推进从严治党"。2014 年 10 月 8 日，习近平总书记在党的群众路线教育实践活动总结大会上的讲话中提出"全面推进从严治党"，讲话全面系统地论述了从严治党的思想，对全面从严治党作出新的战略部署，对新形势下推进全面从严治党提出"八点要求"，包括：落实从严治党责任、坚持思想建党和制度治党紧密结合、严肃党内政治生活、从严管理干部、持续深入改进作风、严明党的纪

---

① 《十八大以来重要文献选编》上，中央文献出版社 2014 年版，第 43 页。

律、发挥人民监督作用、深入把握从严治党规律。①这八个方面涵盖了思想建设、组织建设、制度建设、作风建设、纪律建设等党的建设的主要领域。此次讲话中习近平总书记特别强调："从严治党必须具体地而不是抽象地、认真地而不是敷衍地落实到位，这是这次活动给我们提供的最深刻的启示。"②强调从严治党是理论与实践的统一，从严治党关键在于落实到位、长期建设。在这次具有历史性意义的讲话中，全面从严治党已经基本得到体现，基本内涵已经基本显现，但"全面从严治党"作为一个完整准确的概念并不是在这一讲话中提出来的。

第二，明确提出"全面从严治党"和"四个全面"战略布局。2014年12月，习近平总书记在江苏考察调研时完整提出"四个全面"的战略布局："要全面贯彻党的十八大和十八届三中、四中全会精神，落实中央经济工作会议精神，主动把握和积极适应经济发展新常态，协调推进全面建成小康社会、全面深化改革、全面推进依法治国、全面从严治党，推动改革开放和社会主义现代化建设迈上新台阶。"③在这次讲话中深刻指出了"四个全面"是建设中国特色社会主义事业的重要战略举措，而全面从严治党在整个治国理政的"四个全面"战略布局中处于关键性、灵魂性的地位，为其他三个全面的实现提供根本的政治保证。同时，习近平总书记还明确了全面从严治党中"全面"的含义：内容要覆盖到思想建设、组织建设、作风建设、反腐倡廉建

---

① 《十八大以来重要文献选编》中，中央文献出版社2014年版，第93—101页。
② 《十八大以来重要文献选编》中，中央文献出版社2016年版，第93页。
③ 《十八大以来重要文献选编》中，中央文献出版社2016年版，第247页。

设和制度建设等各个领域；责任主体包括党中央和各级党组织，同时管党治党的主体责任，不能只要求一把手"独善其身"，还必须要以身作则，把班子成员带好；劲头不松懈，要把从严治党常态化、制度化，这为认识全面从严治党的内涵指明了方向。

第三，全面阐述"全面从严治党"的基本内涵。2016 年 1 月，习近平总书记在十八届中央纪委六次全会上，对全面从严治党的内涵作了全面阐释：全面从严治党，核心是加强党的领导，基础在全面，关键在严，要害在治。这是对党的十八大以来全面从严治党成功实践的高度概括总结，深刻阐释了全面从严治党的新内涵，是对中国共产党执政与建设规律的高度提炼升华，为深入推进全面从严治党指明了方向。全会提出要把纪律建设摆在更加突出位置，进一步强调纪律对于全面从严治党的治本作用，指明纪律建设的着力方向。加强纪律建设，必须把严明政治纪律始终放在首要位置。

第四，指明全面从严治党要从党内政治生活做起。2016 年 7 月 1 日，习近平总书记在庆祝中国共产党成立 95 周年大会上的讲话指出，党要管党，首先要从党内政治生活管起；从严治党，首先要从党内政治生活严起。治国必先治党，治党务必从严。如果管党不力、治党不严，人民群众反映强烈的党内突出问题得不到解决，那我们党迟早会失去执政资格，不可避免地被历史淘汰。管党治党，必须严字当头，把严的要求贯彻全过程，做到真管真严、敢管敢严、长管长严。严肃党内政治生活是全面从严治党的基础。我们要加强和规范党内政治生活，严肃党的政治纪律和政治规矩，增强党内政治生活的政治性、时代性、原则性、战斗性，全面净化党内政治生态。① 这次讲话为我们把握全面从严治党的基础和重点提供了思想指导。

第五，提出全面从严治党要把制度治党贯穿始终。2016 年 10 月，十八届六中全会专题研究了全面从严治党，既是经验总结又是全面部署，进一步表明了党中央坚定不移推进全面从严治党的政治决心和历史担当。全会审议通过的《关于新形势下党内政治生活的若干准则》《中国共产党党内监督条例》，体现了全面从严治党的主题，是对制度治党的新发展，对制度治党、全面从严治党具有重要的理论和实践意义。全会明确了制度治党是全面从严治党的重要组成部分，全面从严治党，关键是制度治党，要坚持用制度管权、治吏，规范党内政治生活，规范党内监督，以确保全面从严治党落到实处。党的十九届四中全会进一步提出完善全面从严治党制度。

第六，明确提出新时代党的建设总要求，不断提高党的执政能力和领导水平。习近平总书记在党的十九大报告中明确提出："新时代党的建设总要求是：坚持和加强党的全面领导，坚持党要管党、全面从严治党，以加强党的长期执政能力建设、先进性和纯洁性建设为主线，以党的政治建设为统领，以坚定理想信念宗旨为根基，以调动全党积极性、主动性、创造性为着力点，全面推进党的政治建设、思想建设、组织建设、作风建设、纪律建设，把制度建设贯穿其中，深入推进反腐败斗争，不断提高党的建设质量，把党建设成为始终走在时代前列、人民衷心拥护、勇于自我革命、经得起各种风浪考验、朝气

---

① 习近平：《在庆祝中国共产党成立 95 周年大会上的讲话》，人民出版社 2016 年版，第 23 页。

蓬勃的马克思主义执政党。"① 新时代党的建设总要求为新时代进一步推进全面从严治党明确了方向。

第二节　全面从严治党的内涵

全面从严治党是保持马克思主义政党先进性和纯洁性的重要保障，是决胜全面建成小康社会、开启全面建设社会主义现代化强国新征程的政治保证。明确全面从严治党的基本内涵是推进全面从严治党的基本条件。实践的发展、认识的深化，要求对全面从严治党的内涵有一个全面、正确的认识和把握，这对于增强从严管党治党的自觉性、主动性，提高党的执政能力、巩固党的执政地位具有重要意义。习近平总书记在十八届中央纪委六次全会上指出："全面从严治党，核心是加强党的领导，基础在全面，关键在严，要害在治。"② 这深刻阐释了全面从严治党的基本要求，为推进全面从严治党提供了重要遵循，为管好党、治好党指明了方向。"加强党的领导""全面""从严"和"治"有机统一，不可分割，共同构成全面从严治党的基本内涵，其目标就是通过推动全面从严治党向纵深发展，保持党的先锋队性质，不断提高党的凝聚力和战斗力。

---

① 习近平：《决胜全面建成小康社会　夺取新时代中国特色社会主义伟大胜利——在中国共产党第十九次全国代表大会上的报告》，人民出版社 2017 年版，第 61—62 页。

② 习近平：《在第十八届中央纪律检查委员会第六次全体会议上的讲话》，人民出版社 2016 年版，第 16 页。

一、全面从严治党的核心在加强党的领导

全面从严治党首先要厘清它与加强党的领导的内在关系，全面从严治党的核心是围绕如何加强和改进党的领导展开，通过从严管党治党，实现党的自我净化、自我完善、自我革新、自我提高。全面从严治党的最终着眼点就是要加强和完善党的领导，把党建设得更加坚强有力，永葆党的先进性、纯洁性，使中国共产党真正成为中国特色社会主义事业的领导核心，更好地发挥党的政治领导作用，这是对全面从严治党本质的深刻揭示。

（一）推进全面从严治党必须要加强党的领导

"办好中国的事情，关键在党。中国特色社会主义最本质的特征是中国共产党领导，中国特色社会主义制度的最大优势是中国共产党领导。"[1] 党的领导集中体现为党对政治、思想和组织领导，全面贯穿于经济建设、政治建设、文化建设、社会建设、生态文明建设之中，也贯穿于民主政治和管党治党之中，离开党的领导就不可能做好全面从严治党。我们在全面从严治党的过程中，必须始终贯穿党的领导。全面从严治党要把着眼点放在要求各级党组织切实加强党的领导上，各级党委必须履行好全面从严治党主体责任。全面从严治党的主体只能是中国共产党，中国共产党的各级党组织在全面从严治党的过程中时刻要强化其主体责任，通过更积极的作为、更有力的担当来强化党的领导。党章明确规定，党要管党、从严治党，党组织必须严格执行

---

[1]　习近平：《在庆祝中国共产党成立 95 周年大会上的讲话》，人民出版社 2016 年版，第 22 页。

和维护党的纪律。各级党委要高度重视，提高思想认识，肩负起自身的主体责任。在党委工作的方方面面都要体现出党的领导，尤其要体现在对党员、干部的日常管理监督上。各级纪委要坚守监督执纪问责的定位，积极协助党委抓好党风廉政建设和反腐败工作。党委书记作为第一责任人，要做管党治党的"一把手"。只有加强党的建设，坚强有力的党的领导，才能保证全面从严治党方向正确、方法正确，保证全面从严治党实现既定目标，取得预期成效。

（二）全面从严治党的根本目的是加强党的领导

推进全面从严治党不是为严而严，为治而治，归根到底是为了更好地加强党的领导，改善党的领导，提高党的领导能力和执政水平。全面从严治党作为党的建设的根本方针，要始终围绕坚持党的领导来把握和贯彻，为有效实现党的领导服务。党的十八大以来，以习近平同志为核心的党中央，发挥党总揽全局、协调各方的领导核心作用，领导人民全力推进党的建设和全面从严治党，把党风廉政建设和反腐败斗争作为党的建设的重中之重来抓，不敢腐的目标初步实现，不能腐的制度日益完善，不想腐的堤坝正在构筑，党风政风持续好转，政治生态逐步改善，得到了广大人民群众的认同和支持，党的领导成效巩固了党的执政之基。新时代推进全面从严治党，必须要把党的政治建设摆在首位，保证全党服从中央，坚持党中央权威和集中统一领导。各级党组织和全体党员要自觉、主动地向以习近平同志为核心的党中央看齐，同心协力，持续奋斗，全方位将党建设好，把各级党委（党组）的领导核心作用全面发挥好。各级党组织和党员干部要在思想认识、责任担当、方法措施上贯彻全面从严治党要求，增强管党治党的使命感和紧迫感，把"基层党组织建设成为宣传党的主张、贯彻党的决定、领导基层治理、团结动员群众、推动改革发展的坚强战斗堡垒"[①]，带领广大党员积极发挥先锋模范作用。

（三）党的现实情况决定了在全面从严治党中要加强党的领导

进入新时代，党面临复杂多变的执政环境，党员队伍构成的复杂多样，党面临着许多严峻挑战，党内存在着许多亟待解决的问题，"全党要清醒认识到，我们党面临的执政环境是复杂的，影响党的先进性、弱化党的纯洁性的因素也是复杂的，党内存在的思想不纯、组织不纯、作风不纯等突出问题尚未得到根本解决"[②]。其中，主要的挑战是个别地方存在着党的领导弱化和组织涣散、纪律松弛，党委领导不力，对管党治党不重视的情况，主要体现在：政治思想方面，对全面从严治党认识上不到位、思想上不适应，部分党员干部理想信念动摇，有的党组织和领导干部党的观念淡薄，宗旨意识弱化，为民办事谋利的动力不足；组织纪律方面，部分领导干部不能真正带头严守纪律、严明规矩，一些党员、干部难以受到监督，队伍管理缺位。部分领导干部主体责任不突出，责任担当不够；部分党组织软弱涣散，存在着领导干部引领力不足，党员队伍建设薄弱，基层党组织功能发挥有限等问题；制度机制方面，存在着制度不健全，制度执行不力，监督制度缺失等问题。一些地方、单位党内生活制度领导带头遵守做得不够，坚持得不好。没有按规定开展活动，党内生活质量不高。如果没有坚强的党的领导，管党不力、治党不严，人民群众反映强烈的突

---

① 《十九大以来重要文献选编》上，中央文献出版社 2019 年版，第 46 页。
② 《十九大以来重要文献选编》上，中央文献出版社 2019 年版，第 43 页。

出矛盾和问题得不到及时解决，我们党执政的基础就会动摇和瓦解。
这需要在党的领导下，正视并解决存在的各种问题，"对那些影响党
的先进性和纯洁性的问题，对那些党内政治生活和党内监督方面存在
的问题，对那些人民群众反映强烈的突出问题，必须拿出义无反顾、
动真碰硬的勇气去解决，以永远在路上的劲头去解决，以实际成效
取信于民"①。需要我们具有自我革命的勇气，抱有执着信念和坚持韧
劲，坚持改革创新、艰苦奋斗的作风，推进全面从严治党，重塑治党
的价值取向，完善治党内容体系，充分调动治党的主体力量，营造好
治党的环境，营造清明、清廉、清洁的政治生态，提高党的领导能力
和执政能力，提高为民服务、为社会服务的意识和能力，确保党始终
走在时代前列。

二、全面从严治党的基础在全面

全面从严治党的"全面"就是管全党、治全党，要求"管全党、
治全党，面向全体党员、党组织，覆盖党的建设各个领域、各个方
面、各个部门，重点是抓住'关键少数'"②。"全面"强调党的工作、
治党对象、治党领域、治党过程的全面，包括党的建设总体布局的各
个方面，从内容上全面涵盖党的建设的基本内容，从空间、时间、方
式、效能等方面全面进行政党治理，党的各级组织都必须认真贯彻从

---

① 《十八大以来重要文献选编》下，中央文献出版社 2018 年版，第 592 页。
② 中共中央宣传部：《习近平新时代中国特色社会主义思想学习纲要》，学习出版社、人
　民出版社 2019 年版，第 223 页。

严治党要求，将管党治党的主体责任落到实处。

（一）范围上的全覆盖

全面从严治党是全党的事业，要求面向中国共产党上上下下的所有党组织和党员干部，面向全国 9000 多万党员、460 多万个党组织。在全面从严治党面前没有"特殊党员"，全体党员在党规党纪面前一律平等，党内不能有任何不受党规党纪约束的特殊党员的特殊行为，不存在不受监督、不担责任的特殊党组织和特殊党员。"全面"是领导干部"关键少数"和全体党员"最大多数"的统一，不仅包括在职的中高级领导干部，也涵盖所有基层干部、普通党员及离退休的老干部。全面从严治党要求落实到每个支部、每名党员，拓展延伸到每一个基层党组织、每一名普通党员。目前的重点和难点在于部分基层党组织，主要是农村的乡镇、村，城市的街道、社区里的党组织及非公企业和新社会组织中的党组织，为充分发挥这些基层党组织的作用，可以在这些领域制定制度，设置机构组织，明确相关部门的职责和工作任务，形成在党委统一领导下，全面从严治党各负其责、各尽其力、密切配合的工作格局，使每个基层党组织都成为坚强战斗堡垒。

（二）内容上的全方位

党的十九大报告提出了党的建设总要求，全面从严治党要求落实到党的建设各领域各方面各环节，要以党的政治建设为统领，"全面推进党的政治建设、思想建设、组织建设、作风建设、纪律建设，把制度建设贯穿其中，深入推进反腐败斗争，不断提高党的建设质量"[①]，确

---

① 《十九大以来重要文献选编》上，中央文献出版社 2019 年版，第 43 页。

保党的建设各个领域都落实从严。全面从严治党必须是全方位的建设，不能只注意某一方面而忽视某一方面，只强调某一方面而轻视某一方面。一些党组织尤其是基层党组织，比较容易放松政治建设、思想建设、制度建设等方面的管党治党内容，应该及时予以纠正、克服。各级党组织应从实际出发，针对自身情况，突出其重点，着力解决全面从严治党现实存在的问题，在整体上则必须坚持全方位的推进。

（三）主体上的全面性

"全面"体现在主体上就是要全面落实从严治党责任，把全面从严治党要求对全体党员和党的各级组织全覆盖，强化各级党组织和党员干部从严治党的责任约束与行为自觉，人人有责任、层层抓落实。党委落实包括党风廉政建设在内的党的建设的主体责任，党委书记落实第一责任人的责任，党的纪律检查部门落实党的建设的监督责任，严格责任追究。各党员领导干部落实做好分管工作与党的建设的双重责任，普通党员也按照党规党纪赋予自己的责任要求严格规范自己的行为，形成全体党员众志成城、同心协力、严格自律的局面。

（四）长效机制上的全过程

全面从严治党的每一项工作，都要重在细节、重在过程，全过程从严，必须防止前紧后松，出现半途而废的现象。全面从严治党的工作部署之后，就要按照工作机制和工作进程，扎扎实实地走完每一个步骤、每一个程序。全面从严治党的每一项工作，包括党内生活、党内教育、党内管理、党内监督、党内问责、党内处分等，一定要善始善终，不搞形式主义，反对应付态度。发扬习近平总书记提倡的"钉钉子精神"，做事情、干事业，锲而不舍、始终如一，全程紧盯、全程紧逼。注意办好每一件事，注重每一个细节、每一个流程的认真态度和细腻风格。根据工作实际不断完善长效机制，使之发挥更大的效能。坚持全面从严治党永远在路上，必须全过程从严。

（五）治理成果的全效性

全面从严治党的治理效果应该是全方位的，而不是某一方面的成效。不仅要治标转作风，还要治本反腐败，形成健康党内生活、反腐倡廉的政治文化氛围。"对马克思主义的信仰，对社会主义和共产主义的信念，是共产党人的政治灵魂，是共产党人经受住任何考验的精神支柱。"① 不仅要用制度规章治理行为，更要用理想信仰塑造党员干部的思想灵魂，注重党性教育，树立共产党人的政治灵魂和崇高的理想追求，这是全面从严治党最为宝贵的精神财富和动力。

三、全面从严治党的关键在从严

全面从严治党的"严"是用更严格的标准管党治党，就是要严字当头、真管真严、敢管敢严、长管长严，要把"严格"贯穿于全过程，是标准、要求、措施、过程等方面的从严，特别是管党治党制度的严密性和科学性，体现全面从严治党实践中制度规范与制度执行的统一、自律和他律的统一。坚持标准、严格要求，把守纪律、讲规矩摆到更加重要的位置。具体而言，从严体现在政治从严、教育从严、

———————

① 《习近平总书记系列重要讲话读本》，学习出版社、人民出版社 2014 年版，第 160 页。

管理从严、纪律从严、作风从严、监督从严、问责从严、制度从严等方面。

（一）政治从严

"旗帜鲜明讲政治是我们党作为马克思主义政党的根本要求。党的政治建设是党的根本性建设，决定党的建设方向和效果。"[1] 习近平总书记强调，"大量事实表明，党内存在的各种问题，从根本上讲，都与政治建设软弱乏力、政治生活不严肃不健康有关"[2]。"马克思主义政党具有崇高政治理想、高尚政治追求、纯洁政治品质、严明政治纪律。如果马克思主义政党政治上的先进性丧失了，党的先进性和纯洁性就无从谈起。"[3] 全面从严治党首先要坚持政治从严，以党的政治建设为统领，全体党员干部在任何情况下都要旗帜鲜明讲政治，严守政治纪律和政治规矩，牢固树立"四个意识"，坚定"四个自信"，自觉维护以习近平同志为核心的党中央权威和集中统一领导，带头执行党纪党规，加强和规范党内政治生活，加强党内监督。党员干部带头坚定政治理想，锤炼政治品格，坚守政治价值，坚决防止和反对宗派主义、圈子文化、码头文化等不良政治倾向。

（二）教育从严

理论上的清醒是政治立场坚定的基础，全面从严治党从严加强思想教育，用好思想建党这个"传家宝"，"要坚持不懈强化理论武装，

---

[1] 《十九大以来重要文献选编》上，中央文献出版社 2019 年版，第 44 页。

[2] 《十九大以来重要文献选编》上，中央文献出版社 2019 年版，第 192 页。

[3] 全国干部培训教材编审指导委员会组织编写：《全面加强党的领导和党的建设》，人民出版社、党建读物出版社 2019 年版，第 41 页。

毫不放松加强党性教育，持之以恒加强道德教育，教育引导广大党员、干部筑牢信仰之基、补足精神之钙、把稳思想之舵"①。强化党员干部理论武装，全面学习掌握马克思列宁主义、毛泽东思想、邓小平理论、"三个代表"重要思想、科学发展观、习近平新时代中国特色社会主义思想，通过掌握思想理论坚定理想信念，始终牢记、恪守全心全意为人民服务的根本宗旨，模范践行社会主义核心价值观，自觉做共产主义远大理想和中国特色社会主义共同理想的坚定信仰者和忠实实践者。各级党组织要深入开展理想信念和宗旨教育，联系反腐倡廉斗争不断深入的实际，用突出问题和典型案例教育党员干部，促进党员干部深刻认识并适应全面从严治党的新常态，形成严守党规党纪的习惯。要从严加强思想建设，进一步巩固党的意识形态领导权。

（三）管理从严

各级党组织要从严教育管理党员队伍，把党的领导体现到日常管理监督中，坚持抓基层、强基础，切实加强基层党组织和党员队伍建设，严密组织体系，严格组织生活，严明组织纪律，推动全面从严治党向基层延伸。要建设基层党组织标准化规范化，从党内政治生活管起、严起，严格落实"三会一课"、民主生活会、民主评议党员等制度，常态化进行督促指导。习近平总书记强调从严治党关键是要抓住领导干部这个"关键少数"，从严管好各级领导干部。从严管理领导干部，要坚持思想建党和制度治党紧密结合，既从思想教育上严起来，又从制度上严起来。把从严管理各级领导干部作为重点和关

---

① 《十八大以来重要文献选编》下，中央文献出版社 2018 年版，第 458 页。

键，以严格的要求和措施管理干部，把加强对担任重要领导职务、主要领导职务的领导干部的监督、管理作为重中之重。教育和促进各级领导干部自觉履行党章赋予的各项职责，严格按照党的原则和规矩办事。对党员干部身上出现的不良苗头性、倾向性问题，要早提醒、早纠正。

（四）纪律从严

中国共产党是靠革命理想和铁的纪律组织起来的马克思主义政党，纪律严明始终是党的光荣传统和独特优势。习近平总书记反复强调党的各级组织和全体党员特别是党的领导干部，必须遵守党的纪律，按党的规矩办事。《中国共产党章程》是全党必须遵循的总章程，也是总规矩。党的纪律是必须遵循的刚性约束，以严明政治纪律和政治规矩为首要，严格执行政治纪律、组织纪律、廉洁纪律、群众纪律、工作纪律和生活纪律，全面贯彻党的纪律，保证党的团结统一。国家法律是党员干部必须遵守的规矩。党在长期实践中形成的优良传统和惯例也是规矩。"各级党组织和广大党员要自觉遵守政治纪律和政治规矩，不断增强政治意识、大局意识、核心意识、看齐意识，做到坚守政治信仰、站稳政治立场、把准政治方向。"① 党员干部要严守党的纪律，加大监督执纪问责力度，严肃查处各种违纪行为，确保纪律的刚性约束，严防违法乱纪行为。纪律从严的一个重要方面是"党的各级组织要自觉担负起执行和维护政治纪律的责任，加强对党员遵守政治纪律的教育。对大是大非问题要有坚定立场，对背离党性的言

---

① 《十八大以来重要文献选编》下，中央文献出版社2018年版，第458页。

行要有鲜明态度，不能听之任之、置身事外"①。

（五）作风从严

党的作风本质上是党性的体现，要教育和引导党员干部坚定理想信念，始终牢记党的宗旨，不忘党的使命，发挥更大的服务人民的作用。"加强作风建设，必须紧紧围绕保持党同人民群众的血肉联系，增强群众观念和群众感情，不断厚植党执政的群众基础。"②凡是群众反映强烈的问题都严肃认真对待，凡是损害群众利益的行为都坚决纠正，严厉整治发生在群众身边的腐败和作风问题。要实现作风建设的规范化，把作风建设的要求细化为规则。实现作风建设的常态化，把作风建设当作党的建设的日常工作经常抓、长期抓，随时关注"四风"新形势、新动向，不断强调纪律和规矩，特别要建立健全促进党员干部坚持为民务实清廉的长效机制。通过长期实践养成，形成优良的党风党纪。

（六）监督从严

监督是权力正确运行的根本保证，加强监督在全面从严治党中占据着至关重要的地位，许多党内违纪现象都与监督不力、监督不周有关。"强化对行政权力的制约和监督。加强党内监督、人大监督、民主监督、行政监督、司法监督、审计监督、社会监督、舆论监督制度建设，努力形成科学有效的权力运行制约和监督体系，增强监督合力和实效。"③习近平总书记指出，巡视是党内监督的战略性制度安排，

---

① 《十八大以来重要文献选编》上，中央文献出版社 2014 年版，第 134 页。
② 《十九大以来重要文献选编》上，中央文献出版社 2019 年版，第 47 页。
③ 《十八大以来重要文献选编》中，中央文献出版社 2014 年版，第 167 页。

必须有权威性，成为国之利器、党之利器，实践证明巡视是党内监督的有效形式和利器。要积极探索强化党内监督的有效途径，完善监督制度，"从根本上解决主体责任缺失、监督责任缺位、管党治党宽松软的问题，把强化党内监督作为党的建设重要基础性工程，使监督的制度优势充分释放出来"①。党内监督要同国家机关监督、民主党派监督、群众监督、舆论监督等结合起来，形成强大的监督合力。要充分运用各种有效资源和条件，强化监督手段，丰富监督形式，充分发挥人民监督的作用，增强监督实效。

（七）问责从严

落实问责是全面从严治党的关键环节，要坚持有责必问、问责必严，对问责的内容、对象、事项、主体和方式都要逐步实现制度化、程序化。问责既要对事，也要对人，最终必须要落实到具体负责人。要严格履行管党治党责任、党委主体责任、纪委监督责任、党员干部严格自律责任，形成一级抓好一级、层层传导压力的良好局面。对履行不力甚至违纪违法的主体要及时进行严肃问责，加强管党、治党的严肃性和纪律性，通过问责来传导压力，倒逼履责和责任落实，督促各级党委和纪委明晰职责定位，认真负责、尽职尽责地做好工作。

（八）制度从严

制度建党是我们党的优良传统，以制度建设力量深入推进全面从严治党是以习近平同志为核心的党中央管党治党的鲜明特色。制度从严是全面从严治党的根本保障，全面从严治党要严格遵循执政党建设

---

① 《十八大以来重要文献选编》下，中央文献出版社 2018 年版，第 409 页。

规律进行制度建设，把制度建设作为根本，进一步建立健全党内法规制度体系，扎紧制度的笼子。按照用制度管权、管事、管人的总要求，全面制定规范权力运行、预防腐败的规范和制度。注重制度的系统性，实现对各种权力监督制约的全覆盖，不留死角，不留盲区。保证党的制度建设的严密性和科学性，既要有实体性制度，又要有程序性制度。全面从严治党的各项制度要做到内容科学、程序严密、配套完备、有效管用，使党内法规制度内容更加全面，要求更加具体，责任更加明确，执行更加有力。就党内监督制度而言，要"强化自上而下的组织监督，改进自下而上的民主监督，发挥同级相互监督作用，加强对党员领导干部的日常管理监督"①。不断完备监督体系、改进监督效能。

全面从严治党关键在从严，要求把全面从严治党的思路举措搞得更加科学、更加严密、更加有效，以科学精神，采取科学的理念、科学的思想、科学的方式方法，推动全面从严治党向纵深发展。进一步坚持严字当头，做到：严而有据，从严要以党章等党内法规为依据、以实践和事实为依据，"党的纪律规定要根据形势和党的建设需要不断完善，确保系统配套、务实管用，防止脱离实际、内容模糊不清、滞后于实践"；②严而有力，从严治党要有足够的执行力，既然制定了规章制度，就要严格、严肃、严密地加以实施；严而有度，从严不是一味苛刻地制约、限制党员干部，而是要依据党章及其他党内法规所规定的尺度进行管理和处理；严而有效，增强全面从严治党实效性，

---

① 《十九大以来重要文献选编》上，中央文献出版社 2019 年版，第 47 页。
② 《十八大以来重要文献选编》中，中央文献出版社 2014 年版，第 100 页。

不断提高治党效率效力效能，提高其政治效果、社会效果等综合效果，能够进一步发展党的先进性、纯洁性，净化党内政治生态，发展党内健康政治文化，更好地发挥党员干部及党组织的先锋模范作用。

四、全面从严治党的要害在"治"

全面从严治党的"治"，是党的建设的根本性要求，从治理主体方面讲，要求增强各级党组织的主体责任意识和各级纪委的监督意识，增强全体党员的参与意识，积极主动地承担起全面从严治党的历史使命。全面从严治党的"治"就是"从党中央到地方各级党委，从中央部委、国家机关部门党组（党委）到基层党支部，都要肩负起主体责任，党委书记要把抓好党建当作分内之事、必须担当的职责；各级纪委要担负起监督责任，敢于瞪眼黑脸，勇于执纪问责"[①]。从各个层级落实全面从严治党责任，包括党委主体责任、纪委监督责任、班子领导责任、个人自律责任及社会协同责任。各级党委、所有党组树立正确政绩观，各级党委要承担全面从严治党的主体责任。加强党建工作领导责任制，强化集体领导责任和落实领导干部个人责任，形成党委抓、书记抓、各有关部门抓、一级抓一级、层层抓落实的党建工作格局。

（一）各级党委要落实党委主体责任

党委的主体责任是全面责任、首要责任，主要是加强领导，选好

[①]　中共中央宣传部：《习近平新时代中国特色社会主义思想学习纲要》，学习出版社、人民出版社 2019 年版，第 223 页。

用好干部，防止出现选人用人上的不正之风和腐败问题；坚决纠正损害群众利益的行为；强化对权力运行的制约和监督，从源头上防治腐败；领导和支持执纪执法机关查处违纪违法问题；党委主要负责同志要管好班子，带好队伍，管好自己，当好廉洁从政的表率。各级党委要增强政治自觉和行动自觉，坚定政治立场，提高政治站位，切实压紧压实主体责任，强化责任担当，自觉履职尽责，牢固树立党建主业意识。党委书记要切实履行好"第一责任人"职责。

（二）各级纪委要落实纪委监督责任

认真分析研究形势，深入研判政治生态状况，查找管党治党的薄弱环节，梳理谋划需要党委担当主抓的重点任务和重要举措，协助党委抓好管党治党责任。全面履行监督执纪问责职责，依规依纪依法做好日常监督和经常性管理，监督职责履行到位，做到敢于监督、善于监督、规范监督，确保纪律监督完全到位，做实做细监督职责，并且在日常监督、长期监督方面不断探索创新，在解决实际问题上实现突破。重点要正确运用监督执纪"四种形态"，让"红红脸、出出汗"成为常态，党纪处分、组织调整成为管党治党的重要手段，严重违纪、严重触犯刑律的党员必须开除党籍。准确把握监督地位、监督职责、监督方式，使监督更加聚焦、更加精准、更加有力。

（三）党委领导班子要落实党政领导班子"一岗双责"

领导干部应当对业务工作和党风廉政建设负双重责任，每一个领导干部都应提高政治站位，根据工作分工，对职责范围内的党风廉政建设负主要领导责任。将工作任务逐项分解，把责任分解到班子成员，细化任务，细化到工作部门，责任落实到位，做到每项工作都有责任领导、有具体责任人，并层层签订责任书。

（四）每个党员干部要肩负起全面从严治党的自律责任

围绕尊重党员主体地位，保障党员民主权利，落实党章规定党员享有的各种权利，广大党员干部积极参与到全面从严治党的实践中，使领导干部经常接受党员监督，使党的建设处于所有党员普遍参与的全员性治理实践中。"各级党员领导干部要发挥表率作用，以更高更严的要求，带头践行廉洁自律规范。广大党员要加强党性修养，保持和发扬党的优良传统作风，使廉洁自律规范内化于心、外化于行。"①干部职工和群众参与和监督，提高监督制约力度，为共同推进全面从严治党向纵深发展营造良好的氛围。广大党员干部要严格按照党纪党规约束自己，自觉肩负起岗位职责使命，积极做到以身作则。

全面从严治党的"治"，从治理内容方面讲，就是既要注重规范惩戒，严明纪律底线，更要引导人向善向上，坚守共产党人精神追求，通过推进思想理论武装、推进执纪监督、巡视巡察、政治生态建设等治理方式，建构不敢腐、不能腐、不想腐的体制机制，使全面从严治党更为系统整体、好使管用：第一，健全不敢腐的惩戒机制。加强纪检、监察、审计、司法部门之间的协调配合，完善联系沟通机制，使各种监督步调协同，手段互补，信息共享，形成合力。以严明的法纪与之相适应，做到有案必查、有腐必惩。对于作风建设，"要紧紧盯住作风领域出现的新变化新问题，及时跟进相应的对策措施，做到掌握情况不迟钝、解决问题不拖延、化解矛盾不积压，谁以身

———————————

① 《十八大以来重要文献选编》中，中央文献出版社 2014 年版，第 725 页。

试法就要坚决纠正和查处"①。第二，健全不能腐的防范机制。制定完备的制度，突出针对性、有效性，"要搞好配套衔接，做到彼此呼应，增强整体功能。要增强制度执行力，制度执行到人到事，做到用制度管权管事管人"②。制度不在多，而在于精，在于务实管用，突出针对性和指导性。为防止权力的集中滥用，要对权力进行科学分解，对权力关系进行科学定位，理顺决策权、执行权和监督权以及不同层级、不同环节权力之间的关系，优化权力配置和权力流程，使权力的内部制约和外部监督之间既互相配合又互相促进，使权力边界清晰、运行透明、制约到位、监督周延，形成科学配置体系、规范运行体系、立体监控体系。第三，健全不想腐的自律机制。对全党进行深入持久的思想政治和纪律教育，要突出重点，引导党员干部坚定理想信念。坚持用廉政理论引导人，用廉政事例感化人，用廉政风范熏陶人，使领导干部牢固树立正确的世界观、人生观、价值观，锤炼意志品质，提高精神境界，增强自律意识，不断提高思想道德素质和拒腐防变能力。全体党员干部要自觉掌握和遵守政治纪律，"党的各级组织要加强对党员、干部遵守政治纪律的教育，党的各级纪律检查机关要把维护党的政治纪律放在首位，确保全党在思想上政治上行动上同党中央保持高度一致"③。全体党员干部提高政治觉悟，端正自身言行是全面从严治党的重要保证。

全面从严治党是以习近平同志为核心的党中央在党的建设方面提

---

① 《十八大以来重要文献选编》中，中央文献出版社 2014 年版，第 100 页。
② 《十八大以来重要文献选编》中，中央文献出版社 2014 年版，第 95 页。
③ 《十八大以来重要文献选编》上，中央文献出版社 2014 年版，第 764 页。

出的重要战略部署，充分体现了党的伟大事业与伟大工程的有机统一。全面从严治党有着丰富的内涵，随着社会的发展，其内涵必定会得到进一步深化和发展。在新的历史条件下，全面从严治党面临着新情况、新问题、新挑战，推进全面从严治党要坚持问题导向，保持战略定力，站在政治高度、战略高度和时代高度，深入研究探索执政党建设规律、特点及发展趋势，不断增强全面从严治党的科学性、高效化，切实解决党自身存在的突出问题，不断增强党的生机和活力，把党建设成为始终走在时代前列、人民衷心拥护、勇于自我革命、经得起各种风浪考验、朝气蓬勃的马克思主义执政党，确保党永葆旺盛生命力和强大战斗力。

第三节　全面从严治党的意义

全面从严治党是以习近平同志为核心的党中央把马克思主义政党学说与中国共产党执政实践紧密结合、从实现党和国家长治久安高度作出的重大战略布局，充分体现了新时代中国共产党人管党治党的理论成熟与实践自觉。全面从严治党丰富和发展了马克思主义政党学说，是新时代坚持和发展中国特色社会主义的基本方略之一，是中国特色社会主义事业战略布局的重要组成部分，不仅为百年大党中国共产党巩固长期执政地位构建了重要屏障，而且为世界政党治理提供了中国智慧，具有重大的理论价值和实践价值。

一、丰富和发展了马克思主义政党学说

马克思主义政党学说是在马克思主义政党建党、管党、治党实践中形成并指导马克思主义政党全面建设的科学学说。这一学说不是一成不变的，"马克思主义具有与时俱进的理论品质，党的学说也不例外"①。不同时代的马克思主义者在领导无产阶级政党建设过程中形成的正确的新思想、新理念源源不断地注入这一学说中，使其不断丰富和发展起来。全面从严治党是以习近平同志为核心的新时代中国共产党人围绕新时代建设一个什么样的马克思主义政党、如何建强马克思主义执政党这一主题而形成的系统完整、逻辑严密的科学理论，丰富和发展了马克思主义政党学说。

拓展了马克思主义政党学说的"全面性"。政党是由党员、党的组织、党的制度体系、党的体制机制等多种要素组成的一个有机整体，每一要素都是政党不可分割的重要部分。全面从严治党基础在全面，这个全面是对所有党组织全覆盖，是对全体党员全覆盖，是对党的建设各个方面全覆盖，是把严的要求贯彻全过程等的"全面"，不应遗漏管党治党任何一个环节。但是，"坚持'全面'管党治党，并不是不突出重点"②，而是要善于解决关键问题，努力带动其他问题的解决。例如，"党的政治建设是党的根本性建设"③，要突出政治建设

---

① 张荣臣：《马克思主义党的学说史》，中共中央党校出版社 2016 年版，第 5 页。
② 孙存良：《科学认识和把握全面从严治党的规律和特征》，《观察与思考》2016 年第 3 期。
③ 习近平：《在全国组织工作会议上的讲话》，人民出版社 2018 年版，第 4 页。

首位度；"思想建设是党的基础性建设"[①]，要扎实推进思想建党、理论强党……因而，全面从严治党是抓住管党治党"牛鼻子"基础上的"全面"。

以"从严"力度狠抓党的建设质量。马克思主义政党重视管党治党，但为什么同一政党有的时候建设抓得好，有的时候建设却出现重大问题呢？导致这一现象出现的原因有很多，其中一个基础性原因就在于党的建设"从严"力度不均衡，党的纪律并未得到严格执行。列宁认为："谁哪怕是把无产阶级政党的铁的纪律稍微削弱一点（特别是在无产阶级专政时期），那他事实上就是在帮助资产阶级来反对无产阶级。"[②]中国共产党近百年的发展历史特别是70年全面执政历史一再表明：在无产阶级专政时期，只有严字当头，党才能坚强有力；如果治党不严，党必然会弊病丛生。全面从严治党关键在"严"，既强调严而有据，遵守党章党规，确立党规党纪刚性权威，又强调严有重点，抓住领导干部"关键少数"，发挥领导干部示范引领作用；既强调坚持问题导向，严肃处理问题，又强调纪在法前，严格问责纪律……总之，一个"严"字凸显了中国共产党自我要求、自我约束的强度，体现了中国共产党鲜明的质量意识，彰显了马克思主义政党自我加压的毅力。

以"治党"赋予党的建设新特点。全面从严治党要害在"治"。但是治什么、谁来治、怎么治、如何评价治的成效等并没有现成模

---

① 习近平：《决胜全面建成小康社会 夺取新时代中国特色社会主义伟大胜利——在中国共产党第十九次全国代表大会上的报告》，人民出版社 2017 年版，第 63 页。

② 《列宁全集》第 39 卷，人民出版社 1986 年版，第 24 页。

板，中国共产党需要在治理实践中探寻答案。从"治"的内涵看，既包括党的政治建设、思想建设、组织建设等七大方面的治理，又包括对党的领导权、执政权等为重点的权力治理；从治理主体看，既包括中国共产党的"主体自治"，又包括人民群众对党的监督的"他治"；从治理手段看，既包括运用刚性的党章和党内法规等进行治理，又包括采取柔性的党的思想文化、党的意识形态实现教育引导等进行治理……总之，全面从严治党根据新时代马克思主义政党建设实际，已经极大丰富了党的治理内涵和范围，极大拓展了党的治理深度和广度，赋予了新时代马克思主义政党管党治党新内容。

以"人民为中心"确立党的建设根本价值取向。中国共产党植根于人民。"人民是真正的英雄，人民是决定党和国家前途命运的根本力量。"① 对马克思主义政党而言，全面从严治党不是为治而治、为严而严，从更深层次角度看，作为无产阶级政党，中国共产党"不是把人民群众当作自己的工具，而是自觉地认定自己是人民群众在特定的历史时期为完成特定的历史任务的一种工具"②。因而，党的一切工作归根到底都是要服务于人民利益的。全面从严治党坚持把党性与人民性高度统一起来，坚持把"以人民为中心"作为管党治党根本价值遵循，并落实到不断满足人民群众日益增长的美好生活需要上来，在全面提升人民群众的幸福感、获得感，在不断满足人民对美好生活的向往中贯彻全心全意为人民服务的宗旨要求。

---

① 《习近平新时代中国特色社会主义思想三十讲》，学习出版社 2018 年版，第 88 页。

② 《邓小平文选》第一卷，人民出版社 1994 年版，第 218 页。

二、是构成新时代坚持和发展中国特色社会主义的基本方略的重要内容

党的十九大报告指出："经过长期努力，中国特色社会主义进入了新时代"①，面临着怎样在新时代坚持和发展中国特色社会主义的这一重大理论与实践命题。党的十九大报告对此提出了十四条基本方略。全面从严治党作为最后一条、也是最关键一条，对新时代坚持和发展中国特色社会主义具有十分重要的作用。

从保持新时代坚持和发展中国特色社会主义的基本方略完整性看，全面从严治党是其重要组成部分，离开了全面从严治党，基本方略整体性、系统性就显不足。新时代坚持和发展中国特色社会主义的基本方略共有十四条。第一条是坚持党对一切工作的领导，还包括坚持以人民为中心、坚持全面深化改革、坚持新发展理念等另外十三条。每一条基本方略都在整个方略体系中占据重要位置、发挥独特作用。全面从严治党作为十四条基本方略中的最后一条，如果拿掉"全面从严治党"，那么基本方略就会缺少一个极其重要的部分，就将不再是一个有着紧密逻辑关系的统一体。因此，从保持新时代坚持和发展中国特色社会主义的基本方略的整体性看，全面从严治党不可缺失。

从有效发挥新时代坚持和发展中国特色社会主义的基本方略整体作用看，全面从严治党是其他基本方略得以全面施行、发挥其他基本

---

① 习近平：《决胜全面建成小康社会　夺取新时代中国特色社会主义伟大胜利——在中国共产党第十九次全国代表大会上的报告》，人民出版社 2017 年版，第 10 页。

方略功能的重要保证。正如上文所述，新时代坚持和发展中国特色社会主义的基本方略是一个完整有机体。要确保其他十三条基本方略真正贯彻落实到位，最关键还在于坚持全面从严治党。有没有坚持全面从严治党、有没有把全面从严治党坚持到底、有没有提高全面从严治党质量，事关整个基本方略能否有效发挥作用并最终事关新时代中国特色社会主义发展。无论是坚持党对一切工作的领导、坚持以人民为中心，还是全面深化改革、坚持新发展理念，无论是坚持人民当家作主、坚持全面依法治国，还是坚持社会主义核心价值体系、坚持在发展中保障和改善民生、坚持人与自然和谐共生，无论是坚持总体国家安全观、坚持党对人民军队的绝对领导，还是坚持"一国两制"和推进祖国统一、构建人类命运共同体，最终都要靠全面从严治党予以保证，最终都要靠全面从严治党实效予以检验。离开了全面从严治党，党的领导力就会下降，一些党组织和党员的人民立场就容易发生偏移，全面深化改革就缺乏有力领导核心，新发展理念、人民当家作主、依法治国等等就很难落到实处。总之，其他十三条基本方略在执行力度、执行效果方面将会打折扣，最终不利于新时代中国特色社会主义事业健康发展。

三、是构成中国特色社会主义事业战略布局的重要组成部分

新时代中国特色社会主义思想明确中国特色社会主义事业战略布局是"四个全面"。从整体看，"四个全面"战略布局作为一个整体事关中国特色社会主义发展全局，从部分看，"四个全面"战略布局中的

任何一个全面都对党和国家事业产生深远影响。无论是从整体还是从部分看，全面从严治党在其中都占据着重要地位、发挥着独特作用。

全面从严治党是"四个全面"战略布局不可分割的一部分。习近平总书记 2014 年 12 月在江苏考察调研时明确提出要协调推进全面建成小康社会、全面深化改革、全面推进依法治国、全面从严治党，推动改革开放和社会主义现代化建设迈上新台阶①。这标志着党中央"四个全面"治国理政战略布局的正式形成，标志着全面从严治党纳入治国理政战略全局之中。②"四个全面"战略布局"既有战略目标，也有战略举措，每一个'全面'都具有重大战略意义"③。因而，如果将"全面从严治党"放置在战略布局之外，那么由其他"三个全面"构成的体系还不能被称为"中国特色社会主义事业战略布局"。如果是的话，这样的战略布局也是不全面的、不完整的、不系统的。当然，离开其他三个全面中的任何一个全面——全面建成小康社会、全面依法治国、全面深化改革——也难以构成中国特色社会主义事业战略布局。因而，只有把全面建成小康社会的目标指向，把全面依法治国的重要保障，把全面深化改革的发展动力与全面从严治党的根本保证有机紧密地整合起来，"四个全面"战略布局才称得上是一个具有严密逻辑、完整结构、科学目标的整体。

全面从严治党是其他"三个全面"建设的根本保证。办好中国的

---

① 转引自李升泉：《"四个全面"，新时期治国理政总方略》，《人民日报》2015 年 1 月 28 日。

② 戴小明：《全面从严治党的生成逻辑》，《学习时报》2016 年 11 月 24 日。

③ 《习近平谈治国理政》第二卷，外文出版社 2017 年版，第 27 页。

事情，关键在党。无论是全面建成小康社会，还是全面深化改革，抑或全面依法治国，从根本上讲，都是中国共产党领导下的中国特色社会主义伟大实践的重要内容，都必须自觉接受党的领导。"党政军民学，东西南北中，党是领导一切的。"①党的领导质量直接决定了其他三个全面建设质量。如果不全面从严治党，那么，"党就做不到'打铁还需自身硬'，也就难以发挥好领导核心作用"②。这不仅会导致党自身建设质量下降，而且也会影响其他三个全面建设：全面建成小康社会战略目标就极有可能难以顺利定期完成，全面深化改革各项任务就极有可能丧失正确立场、偏离正确方向，全面依法治国各项工作就将面临各种考验挑战，法治国家、法治政府、法治社会一体化建设将面临重大阻力。历史和实践证明，只有坚定不移推进全面从严治党，才能真正把党建设好，才能为其他三个全面建设提供坚强的政治保证，才能协调推进"四个全面"战略布局建设。

四、为世界政党治理提供了中国智慧

政党治理事关党的事业兴衰成败。从长远角度看，也在很大程度上决定党的生死存亡。因而，政党治理对中国共产党在内的任何一个政党来说都具有十分重大意义。目前，世界上名称不同、性质各异的政党在政党治理问题上既面临一些带有本国特点、本党特色的特殊挑

---

① 习近平：《决胜全面建成小康社会　夺取新时代中国特色社会主义伟大胜利——在中国共产党第十九次全国代表大会上的报告》，人民出版社 2017 年版，第 20 页。

② 《习近平谈治国理政》第二卷，外文出版社 2017 年版，第 24 页。

战，也面临着作为一个政党所应面对的一般性的共同挑战。从推动世界政党文明进步角度看，需要不同政党之间加强对话交流、互学互鉴。全面从严治党是中国共产党吸取世界政党建设有益经验并立足治国理政实践而形成的无产阶级政党治理文明成果。作为世界政党文明的重要组成部分，正积极为世界政党治理贡献着中国智慧。

全面从严治党为确立世界政党治理价值遵循贡献了中国智慧。早在《共产党宣言》中，马克思和恩格斯就明确指出："他们（指共产党人——笔者注）没有任何同整个无产阶级的利益不同的利益。"① 中国共产党全面从严治党的根本出发点和落脚点在于维护人民利益。实践表明，一个政党只有真正做到为人民谋利益、时刻保持与人民密切联系，才能真正得到人民衷心拥护和广泛支持。这为世界政党治理确立了科学价值遵循。任何政党只有始终把人民利益放在第一位，只有紧紧依靠人民支持，党的建设才会拥有强大的民意基础，党的各项政策、制度、措施等才能得到人民真心拥护，党的合法性才会得到不断巩固和加强。不能与人民保持密切联系，甚至脱离于人民的政党终将因得不到人民拥护和支持丧失建党之基而极有可能出现"政党失败"，并最终被人民抛弃、为历史淘汰。

全面从严治党为世界政党从"严"治理贡献了中国智慧。中国共产党全面从严治党关键在"严"，只有真正从严而不是表面从严，才能确保党的建设的严肃性，只有真正把党的纪律、党的规矩、党的制度严起来、立起来，管党治党才能取得实效，只有任何时候、任何环

---

① 《马克思恩格斯文集》第 2 卷，人民出版社 2009 年版，第 44 页。

节都坚持从严，才能严出质量、严出效果、严出成绩。如果没有"严"字当头，没有一"严"到底，管党治党的各种理念、各项要求、各种举措等就会失之于宽、失之于松、失之于软，就只能停留在口头语言上、纸面文件上、墙面横幅上，从严治党就极有可能流于形式，成为一句响亮的口号。与此同时，从严治党不是一味地强调"严"，它是依规从严而不是脱离党章党纪从严，是有效从严而不是只求形式不问质量的从严，是民主从严而不是一味只求问责处分而忽视对党员应有的组织关怀的从严……总之，中国共产党全面从严治党为世界政党"从严"治理提供了新的理路。

全面从严治党为世界政党科学治理贡献了中国智慧。政党治理是科学，并不是所有政党都能回答好政党治理问卷。中国共产党全面从严治党是在提炼总结党的十八大以来管党治党经验基础上形成的科学理论。世界各政党要想回答好政党治理问卷，不能照搬照抄、简单套用中国共产党已有管党治党成果，需要对中国共产党科学的政党治理经验进行创造性转化和创新性发展，并从贯彻科学理论、制定科学路径、运用科学方法、遵循科学规律等，加强对党的权力科学治理、结构科学治理、体制科学治理、机制科学治理等系统推进，全面提升本党治理科学化水平。

全面从严治党为培养世界政党治理品格贡献了中国智慧。在人类进入共产主义之前、在政党还没有消失消亡之前，"全面从严治党永远在路上"①，全面从严治党一刻也不能停止。中国共产党全面从严治

---

① 习近平：《决胜全面建成小康社会 夺取新时代中国特色社会主义伟大胜利——在中国共产党第十九次全国代表大会上的报告》，人民出版社 2017 年版，第 61 页。

党是奔着解决党的生存、建设、改革、发展存在的深层次的重大风险矛盾去的。党不仅要善于发现这些重大风险矛盾，更要做好化解这些风险、解决这些矛盾的思想准备、能力准备、斗争准备，要在管党治党实践中进一步彰显中国共产党人勇于自我革命、勇于担当、敢于斗争、敢于胜利、永葆先进性纯洁性的马克思主义政党鲜明品格。"品格是一个人综合素质的标志，评判政党同此道理。"[①] 中国共产党全面从严治党展现出的百年大党品格对于培养世界政党治理品格具有重要参考价值。世界政党治理要落脚到每一个政党，落脚到政党建设每一个环节，落脚到解决影响政党建设的每一个问题上来。因而，培养世界政党治理品格"关键是要有正视问题的自觉和刀刃向内的勇气"[②]，要牢固树立问题意识、坚持问题导向，不能仅仅只满足于解决表面上的、浅层次的问题，不能一遇到严峻问题、重大挑战就绕着跑、故意回避，更不能有停下来歇歇脚的想法，而应不断增强自我革命意识，敢于担当、勇于斗争，敢于攻坚克难、迎难而上，切实清除党内存在的重大隐患，不断增强自我革命意识和斗争本领，保障党的机体健康和党的事业可持续发展。

---

① 齐卫平：《论新时代党的自我革命与全面从严治党》，《思想理论教育》2019 年第 8 期。

② 习近平：《牢记初心使命，推进自我革命》，《求是》2019 年第 15 期。

第二章

全面从严治党的难点与症结

治国必先治党，强国必先强党。党和人民的事业发展到什么阶段，党的建设就要推进到什么阶段。党的十八大以来，以习近平同志为核心的党中央旗帜鲜明管党治党，驰而不息狠抓作风，雷霆万钧"打虎拍蝇"，党风政风为之一新，开创了党的建设新的伟大工程的新局面。

当然，全面从严治党只有进行时，没有完成时。当前，中国社会处于快速发展与问题多发的并行期，必然会遇到许多无法避免和预料的矛盾和问题。在管党治党方面，仍然存在不少难点和突出问题。坚持问题导向是马克思主义的鲜明特点。习近平总书记指出："我们中国共产党人干革命、搞建设、抓改革，从来都是为了解决中国的现实问题。"① 我们要瞄着问题去，追着问题走，以解决问题、化解矛盾、

---

① 《习近平谈治国理政》第一卷，外文出版社 2018 年版，第 74 页。

破解难题，推动社会向前发展。

第一节　党内存在的政治问题和思想问题相互交织

党的政治建设是党的根本性建设。党的十八大以来，以习近平同志为核心的党中央把党的政治建设摆在更加突出位置，加大力度抓政治建设，形成了鲜明的政治导向，消除了党内严重政治隐患，推动党的政治建设取得重大历史性成就。但是，也必须清醒看到，党内存在的一些政治问题和思想问题仍然不容忽视。

一、"去政治化"和"泛政治化"并存

始终具有崇高政治理想和政治追求，是马克思主义政党的内在品格。讲政治是马克思主义政党的鲜明特色。恩格斯早就指出，对于无产阶级政党来说，"放弃政治是不可能的"①。他在肯定讲政治存在逻辑的必然性的同时，又指出："问题只在于怎样从事政治和从事什么样的政治"②。因此，旗帜鲜明讲政治是我们党作为马克思主义政党的根本要求，也是党的优良传统。早在 1929 年的古田会议上，毛泽东同志就强调要"教育党员使党员的思想和党内的生活都政治化，科学化"并"将政治观念没有错误"作为新党员入党的重要条件。毛泽东同志

① 《马克思恩格斯文集》第 3 卷，人民出版社 2009 年版，第 224 页。
② 《马克思恩格斯选集》第 3 卷，人民出版社 2012 年版，第 169 页。

一直认为政治工作是一切工作的生命线，"没有正确的政治观点，就等于没有灵魂"①。

进入新时代，习近平总书记指出："政治问题，任何时候都是根本性的大问题。"②党的政治建设是党的根本建设，决定党的建设方向和效果。王岐山曾强调："政治性是党内政治生活的灵魂，绝不能搞政治虚无主义。"③党的十八大以前，不讲政治的问题比较严重，一些人甚至在党校讲课时传播西方资本主义价值观念，有的口无遮拦，对党和国家大政方针妄加议论，有的专门挑刺、发牢骚、说怪话。在有的领域中马克思主义被边缘化、空泛化、标签化，在一些学科中"失语"、教材中"失踪"、论坛上"失声"。党的十八大以来党中央高度重视政治建设，情况有了极大转变，但是，一些党组织和党员干部忽视政治、淡化政治、不讲政治的问题依然存在。习近平总书记多次指出的无视政治纪律政治规矩"七个有之"问题，还未从根本上得到解决。一些党的高级领导干部腐化堕落的深层原因，归根到底都是在政治上出了问题，"周永康、薄熙来、郭伯雄、徐才厚、令计划等人严重违纪违法案件，不仅暴露出他们在经济上存在严重问题，而且暴露出他们在政治上也存在严重问题，教训十分深刻"④。正如习近平总书记所

① 《毛泽东同志论教育工作》，人民教育出版社 1958 年版，第 179 页。

② 习近平：《在第十八届中央纪律检查委员会第六次全体会议上的讲话》，人民出版社 2016 年版，第 19 页。

③ 王岐山：《开启新时代踏上新征程》，载《党的十九大报告辅导读本》，人民出版社 2017 年版，第 17 页。

④ 习近平：《关于〈关于新形势下党内政治生活的若干准则〉和〈中国共产党党内监督条例〉的说明》，载《关于新形势下党内政治生活的若干准则　中国共产党党内监督条例》，人民出版社 2016 年版，第 73—74 页。

指出:"干部在政治上出问题,对党的危害不亚于腐败问题,有的甚至比腐败问题更严重。"① 因此,有效解决这些问题,首要任务是保证全党服从中央,坚决做到"两个维护":坚决维护习近平总书记党中央的核心、全党的核心地位,坚决维护党中央权威和集中统一领导。"事在四方,要在中央。"坚决做到"两个维护"必须牢固树立政治意识、大局意识、核心意识、看齐意识。决不能"上有政策,下有对策",有令不行、有禁不止,决不能在贯彻执行党中央决策部署上打折扣、做选择、搞变通。

另一方面,"泛政治化"的倾向也不可忽视。有些党员干部把"讲政治"变为"假大空"的"说政治",满足于政治表态好、政治表态调门高,空谈政治。把"讲政治"简单化、随意化,甚至娱乐化、庸俗化,搞"低级红、高级黑"。列宁早就批评过党内有些人把政治庸俗化的做法,认为把政治错误地理解为"略施小计",甚至把讲政治等同于"欺骗"的危害性是很大的,指出社会主义革命结束后,"现在我们主要的政治应当是:从事国家的经济建设"②。我们要讲的政治是马克思主义的政治,改革开放后,讲政治就是坚持和保障改革开放和现代化建设的政治,是维护人民群众根本利益的政治,"绝不是离开经济建设这个中心去讲政治"③,"讲政治要具体化,要落实在行动上,要贯彻到各行各业和各项工作中去,不能只喊空头口号。清谈政

---

① 中共中央纪律检查委员会、中共中央文献研究室编:《习近平关于党风廉政建设和反腐败斗争论述摘编》,中央文献出版社、中国方正出版社 2015 年版,第 51 页。
② 《列宁选集》第 4 卷,人民出版社 2012 年版,第 308 页。
③ 《江泽民文选》第二卷,人民出版社 2006 年版,第 114 页。

治，误党误国"①。

二、政治信仰不牢导致政治立场不稳

政治问题，任何时候都是根本性的大问题。加强党的政治建设必须坚定政治信仰。一个人的政治信仰问题不是一小问题，而是一个管方向的起决定性作用大问题。党员干部如果没有坚定的政治信仰，必然政治意识不强、政治立场不稳、政治能力不足、政治行为不端。习近平总书记指出："对马克思主义的信仰，对社会主义和共产主义的信念，是共产党人的政治灵魂，是共产党人经受住任何考验的精神支柱。形象地说，理想信念就是共产党人精神上的'钙'，没有理想信念，理想信念不坚定，精神上就会'缺钙'。"②

众所周知，钙是人体中的重要生命元素。如果身体缺钙，就会影响肌体的生长发育和健康，就会得软骨病。改革开放后，绝大多数党员干部理想信念是坚定的，政治上是可靠的。但也要看到，一段时间以来，有的党员干部理想信念动摇、政治定力不稳，表现在：一是不信马列信鬼神。有人认为共产主义是虚无缥缈、难以企及的幻想，不承认、不理解马克思主义的真理性和科学性。有人甚至从封建迷信中寻找精神寄托，热衷于算命看相、烧香拜佛，"不问苍生问鬼神"。二是不信真理信金钱。在人类思想史上，就科学性、真理性、影响力、传播面而言，没有一种思想理论能达到马克思主义的高度，也没有一

---

① 《江泽民文选》第二卷，人民出版社 2006 年版，第 114 页。

② 《习近平谈治国理政》第一卷，外文出版社 2018 年版，第 15 页。

种学说能像马克思主义那样对世界产生如此巨大的影响，这体现了马克思主义的巨大真理威力和强大生命力，表明马克思主义对人类认识世界、改造世界、推动社会进步仍然具有不可替代的作用。一些党员干部由于自身马克思主义理论素养不够，对马克思主义一知半解或断章取义，而得出马克思主义"无用"或"过时"的谬论。理想信念动摇是最危险的动摇，理想信念的滑坡是最危险的滑坡。私心欲望逐步上升，宗旨意识逐渐淡忘，拜金主义、享乐主义、极端个人主义等价值观念和腐朽生活方式侵蚀党的肌体。一些党员干部将手中权力当作一种谋权获利的工具，唯利是图，腐败堕落，最终走上了不归路。三是政治立场不稳，政治定力不强。有的是非观念淡薄、原则性不强、正义感退化，糊里糊涂当官，浑浑噩噩过日子；有的向往西方社会制度和价值观念，对社会主义前途命运丧失信心；有的在涉及党的领导和中国特色社会主义道路等原则性问题的政治挑衅面前态度暧昧、耍滑头等，这都是信仰迷茫、精神迷失的问题，这些人都不是合格的共产党员。"没有远大理想，不是合格的共产党员；离开现实工作而空谈远大理想，也不是合格的共产党员。"① 今天衡量一名共产党员、一名领导干部是否具有共产主义远大理想，是有客观标准的。这个标准，习近平总书记归纳为"四个能否"，就是要看他"能否坚持全心全意为人民服务的根本宗旨，能否吃苦在前、享受在后，能否勤奋工作、廉洁奉公，能否为理想而奋不顾身去拼搏、去奋斗、去献出自己的全部精力乃至生命"②。

① 《习近平谈治国理政》第一卷，外文出版社 2018 年版，第 23 页。
② 《十八大以来重要文献选编》上，中央文献出版社 2014 年版，第 117 页。

三、长期执政容易产生精神懈怠的危险①

　　长期执政容易产生精神懈怠，这是政党执政的一般规律。世界上一些长期执政的大党、老党因精神懈怠和腐败而丧失执政地位的教训是深刻的。我们党早在准备执政之时就意识到了这一点。当新民主主义革命胜利曙光初现的时候，毛泽东同志就预见到党执政后可能会出现的精神懈怠和脱离群众现象，并未雨绸缪，三次向全党敲响警钟：第一次是在抗日战争胜利在望的 1944 年。该年 3 月，郭沫若著文《甲申三百年祭》，纪念明末李自成起义三百周年。郭沫若在这篇文章中，总结了李自成起义军由胜利到失败的历史教训：一是骄傲自满，由于"在过短的时期之内获得了过大的成功"，领袖们进城后"似乎都沉沦进了过分的陶醉去了"；二是不能保持革命队伍初期时的优良作风，生活腐化；三是发生宗派斗争。毛泽东同志对郭文非常重视，告诫全党"引为鉴戒，不要重犯胜利时骄傲的错误"②。1944 年 11 月 21 日，毛泽东同志致函郭沫若，再次讲到这个问题："小胜即骄傲，大胜更骄傲，一次又一次吃亏，如何避免此种毛病，实在值得注意。"③ 毛泽东同志后来多次提到李自成，就是要警惕 300 多年前李自成的悲剧在共产党身上重演。第二次是在 1949 年 3 月，党的七届二中全会预见到党在全国取得执政地位后将面临的严峻考验，提

---

① 本部分内容发表于《中国井冈山干部学院学报》，参见桑学成、王同昌：《全面从严治党的难点与着力点》，《中国井冈山干部学院学报》2015 年第 4 期。

② 《毛泽东选集》第三卷，人民出版社 1991 年版，第 948 页。

③ 《毛泽东书信选集》，人民出版社 1984 年版，第 241 页。

出了"两个务必"的方针。毛泽东同志在向全会的报告中告诫全党："因为胜利，党内的骄傲情绪，以功臣自居的情绪，停顿起来不求进步的情绪，贪图享乐不愿再过艰苦生活的情绪，可能生长。……可能有这样一些共产党人，他们是不曾被拿枪的敌人征服过的，他们在这些敌人面前不愧英雄的称号；但是经不起人们用糖衣裹着的炮弹的攻击，他们在糖弹面前要打败仗。"他提出："务必使同志们继续地保持谦虚、谨慎、不骄、不躁的作风，务必使同志们继续地保持艰苦奋斗的作风。"①"两个务必"的提出是对历史经验的总结，也是对未来的忠告，体现了中国共产党人的清醒和自觉。第三次是在七届二中全会之后，1949 年 3 月 23 日，中央机关从西柏坡迁往北平，毛泽东同志形象地称之为"进京赶考"，响亮地向世人宣告："我们应当都能考试合格，决不当李自成，不能退回来，退回来就失败了。"②正是靠着这样一种精神状态，我们党夺取了全国政权，并取得了社会主义革命和建设的伟大胜利。

如果把执政比喻为一场"赶考"，应该说，我们党执政 70 年来考试是合格的。但是，随着执政时间的延长和执政绩效的成功，一部分党员干部产生了精神懈怠和骄傲自满的情绪，想当然地认为，我们党的江山是铁打的江山，根基很牢固，不会因为精神懈怠这样的"小节"而危及党的执政地位和执政根基。如果任由这种情绪发展下去，将给党造成致命的伤害。正如习近平总书记在党的群众路线教育实践活动总结大会上的讲话中强调的"全党同志必须在思想上真正明确，党的

---

① 《毛泽东选集》第四卷，人民出版社 1991 年版，第 1438—1439 页。
② 《毛泽东年谱：1893—1949》下，人民出版社、中央文献出版社 1993 年版，第 469 页。

执政地位和领导地位并不是自然而然就能长期保持下去的，不管党、不抓党就有可能出问题甚至出大问题，结果不只是党的事业不能成功，还有亡党亡国的危险"①。因此，如何克服长期执政容易产生精神懈怠所带来的消极影响，是落实从严管党治党任务必须严肃对待和认真解决的重大课题。

四、重发展轻党建的错误观念根深蒂固

党的十一届三中全会作出把党和国家的工作重点转移到以经济建设为中心上来的战略决策，开启了当代中国发展进步的闸门，对当代中国的发展具有决定性历史意义。邓小平同志指出，"社会主义现代化建设是我们当前最大的政治"②，能否实现现代化，决定着我们国家的命运、民族的命运。改革开放以来，我们始终坚持"一个中心、两个基本点"的基本路线不动摇，牢牢把握发展这个执政兴国的第一要务不放松，取得了举世瞩目的成就，综合国力和人民生活水平上了大台阶。但也必须看到，在以经济建设为中心取得巨大成就的同时，在一部分党员干部中形成了重发展轻党建的错误思想观念。在一些领导干部眼中，抓党建同抓发展相比要虚一些，不容易出显绩，一年开几次会布置一下就可以了，不必那么上心用劲，认为把经济发展指标搞上去才是最大政绩，因而出现了抓发展与抓党建"一手硬、一手软"

---

① 习近平：《在党的群众路线教育实践活动总结大会上的讲话》，人民出版社 2014 年版，第 13 页。

② 《邓小平文选》第二卷，人民出版社 1994 年版，第 163 页。

的现象。有的地方领导当行政首长埋头抓经济，当了书记后还是埋头抓经济工作，把党的建设放在可有可无的位置上。也有一些人认为，在发展社会主义市场经济条件下，从严治党面临两难选择：过宽没有威慑力，会导致越来越多人闯"红线"，最终法不责众；过严会束缚人手脚，影响工作活力，干不成事，甚至还会影响自己的选票。虽然近年来各级党组织按照"抓好党建是最大政绩"的理念，压紧压实党组织抓党建的主体责任，重发展轻党建的状况有了很大改观，但党建责任落实不够，导致抓而不实等问题仍然存在，必须持续用力，久久为功。殊不知，全面深化改革与全面从严治党，中心工作和党的建设不是对立的、矛盾的关系，而是统一的不可偏废的关系。任何把全面从严治党同改革开放、同发展社会主义市场经济对立起来的观念都是错误的。只有党坚强有力，事业才能兴旺发达，国家才能繁荣稳定，人民才能幸福安康。因此，从严管党治党必须破除重发展轻党建的错误思想。

第二节　社会多样化发展导致党建工作难度加大

经过改革开放 40 多年的发展，我国经济社会状况已经发生深刻变化，社会经济成分、组织形式、就业方式、利益关系和分配结构等方面日益呈现多样化趋势。这种变化既给经济社会发展注入了新的活力，也给管党治党带来新的挑战，增加新的难度。

一、思想多元化带来社会形成共识的难度

意识形态文化安全是整个国家安全体系的重要组成部分。虽然我国经济社会发展取得了西方发达国家难以企及的成就，但在意识形态领域"西强东弱"的局面没有改变，美国等西方国家基于优先发展起来的现代传播体系和强大的信息技术综合实力处于话语霸权地位。

意识形态输出是美国政府"公共外交"战略的重要组成部分。美国前国际交流署署长约翰·莱因哈特说，公共外交战略是通过理解、增进和影响外国公众的方式促进美国国家利益的实现，是"美国政府进入国际市场的活动"。冷战时期，美国政府实施"公共外交"的重点是苏联，通过掌控舆论导向进行意识形态操纵。"我们不强迫你去做，我们要潜入你的心灵，进入你的潜意识，达到你自己愿意去做。"[1]谢·卡拉·穆尔扎对苏联解体的历史进行研究后得出结论，认为美国对苏联的意识形态操纵导致苏联自行放弃社会主义意识形态的严重后果。21世纪以来，意识形态操纵手法开始与互联网紧密结合，形成"网络外交"的新方式，从2009年伊朗大选、2011年中东北非地区的"颜色革命"中可以看出，美国意识形态输出的威力更大，能够改变目标国家的政治格局。

西方国家进行文化渗透或颜色革命的方式主要有三种：一是利用一切手段进行全方位的文化宣传，尤其运用广播、电视、网络等进行覆盖式宣传。美国颁布的《2002年网络政府法案》，目的就是制定一

---

① ［俄］谢·卡拉·穆尔扎：《论意识操纵》，社会科学文献出版社2004年版，第52页。

个以运用互联网为核心的措施，服务于世界公众对美国政府的认同。二是以文化商品为载体，向大众渗透西方价值观。美国频繁向境外提供电子期刊、电子学习资源，利用经济手段进行文化"植入"，将自己想让世界看到的一面传播出去。三是以教育和学术交流为名，宣扬西方价值观念，挑选、扶持或培育认同美国价值观的学者，通过资助著作出版、国外考察、提升其媒体曝光率，制造"名人效应"，推广西方意识形态。据说美国国家民主基金会（NED）2012 年在中国问题上花费 750 万美元。① 他们用重金捧出互联网时代的意见领袖，并花费巨资支持包括各种基金会、人权中心在内的无政府组织的活动。中国社会科学院侯惠勤 2013 年 9 月组织的调研显示，49.65% 的受访者认为美国利用网络对中国进行文化渗透"这种现象有一些，但不必过度关注"，40.89% 的受访者认为"这种情况非常多，且非常危险"，6.33% 的受访者认为"美国不至于，不会这样做"，2.69% 的受访者认为"美国希望中国越来越好"。这表明，国人对西方敌对势力的文化渗透有了一定程度的觉醒，但多数人对其危害认识不足。②

当今时代，各种思想文化相互激荡、各种诉求相互碰撞、各种力量竞相发声。思想的交流、交融、交锋激烈，社会思潮纷纭激荡。思想舆论领域大致有红色、黑色、灰色三个地带。红色地带是我们的主阵地，要坚持马克思主义的主体地位，坚持正确舆论导向，唱响时代主旋律。黑色地带主要是负面的东西，一些腐朽落后思想暗流涌动，一些西方错误思潮兴风作浪。意识形态领域形势错综复杂，一方面，

① 李江静：《西方国家推行话语霸权的隐蔽性策略及其应对》，《红旗文稿》2017 年第 3 期。
② 黄明理：《当前我国意识形态文化安全现状探究》，《党政研究》2015 年第 4 期。

马克思主义在意识形态领域的主体地位，依然受到"左"和"右"两方面的干扰和挑战，压缩"黑色地带"的地盘、争取"灰色地带"转为"红色地带"的任务艰巨；另一方面，由于西方敌对势力的遏制渗透和抹黑，中国在国际舆论中长期处于被动"挨骂"状态，中国的国际形象在很大程度上被扭曲。习近平总书记指出："落后就要挨打，贫穷就要挨饿，失语就要挨骂。形象地讲，长期以来，我们党带领人民就是要不断解决'挨打'、'挨饿'、'挨骂'这三大问题。经过几代人不懈奋斗，前两个问题基本得到解决，但'挨骂'问题还没有得到根本解决。"①进入21世纪以来，国际思想文化领域既呈现交流交锋特点，又在交流互鉴中多元共生、并行不悖。人们既日益感受到各国人民在互联互通中逐步萌生、接纳人类命运共同体意识，同时也注意到民粹主义、极端主义思潮的影响和危害。2008年的美国次贷危机引发资本主义世界金融危机，2011年纽约爆发"占领华尔街"抗议活动，并很快蔓延至全球多个国家和地区。美国大选和英国脱欧等一系列不确定事件表明，西方民主陷入难以自拔的制度困境。走向西方民主的乌克兰又出现战乱和分裂，加上东南亚地区的民主病症和北非、中东地区的混乱，等等，促使世界思想文化领域发生重大变化。变化之一，就是人们不再盲目迷信西方民主制度，西方自由民主意识形态开始从"神坛"跌落。因此，我们既要进行"具有许多新的历史特点的伟大斗争"，维护文化安全，同时，又要抓住机遇，迎接挑战，积极参与思想文化领域国际对话，争取、增强国际话语权。

---

① 习近平：《在全国党校工作会议上的讲话》，人民出版社2016年版，第20页。

二、 思想复杂性增加党内统一思想的难度

市场经济的发展与党的建设密不可分，党和人民事业发展到什么阶段，党的建设就推进到什么阶段，这是党的建设必须把握的基本规律，也是我国改革开放 40 多年历史经验的深刻总结。在改革开放初期，中国面对的是否定建立市场经济的传统，在过去相当长的一段时期，我们往往把市场经济和资本主义画等号，把计划经济和社会主义画等号。造成这种状况的主要原因，是科学社会主义经典作家关于未来社会的构想中对市场经济持否定态度，而后人又对其认识固化、僵化。因此，建立社会主义市场经济体制是与解放思想紧密相连的。各国共产党人在社会主义建设实践中逐渐认识到，在生产力发展水平不高的前提下，必须发展商品经济，利用市场经济体制来发展社会主义。中国先是打破社会主义与市场经济相矛盾的"对立论"，后随着改革的深入对市场经济的认识逐步深化。1982 年党的十二大提出"计划经济为主、市场调节为辅"的原则。1984 年十二届三中全会正式提出社会主义经济是公有制基础上的有计划的商品经济的观点。1987年党的十三大提出社会主义有计划商品经济体制，应该是计划与市场内在统一的体制，要运用计划调节和市场调节这两种形式和手段。1992 年邓小平同志南方谈话提出"社会主义也可以搞市场经济"。为此，党的十四大进一步明确，经济体制改革的目标是建立和完善社会主义市场经济体制。

运用市场经济建设社会主义是中国改革在实践领域的最大突破。市场经济本身没有制度属性，但有市场经济的一般和特殊。所谓市场

经济的一般，就是市场经济的共性，也就是一些学者主张按照西方自由放任的模式发展经济。而中国则按照市场经济的特殊，即市场经济在社会主义条件下的特点，从中国国情出发去处理政府与市场的关系。或者说，国家从来没有按照自由主义原则对市场采取放任的态度，而是通过经济杠杆、法律法规甚至行政手段，对市场加以调节和引导。党的十八届三中全会提出，经济体制改革的核心问题是处理好政府和市场的关系，使市场在资源配置中起决定性作用和更好发挥政府作用。一方面，必须不断深入市场化进程，从商品市场化到要素市场化，从实体经济市场化到金融市场化，从市场体系构造到市场秩序的不断完善等；另一方面，必须转变政府职能提高政府干预效率，有效地缓解市场失灵带来的社会发展矛盾，有效地发挥政府的作用。①

　　实践证明，中国既不走封闭僵化的老路，也不走改旗易帜的邪路，坚持社会主义和市场经济相结合，走出了既不同于苏联模式，也不同于自由资本主义发展模式的一条独特的富民强国之路。没有这条市场经济发展道路，就没有今天中国经济的繁荣局面，中国综合国力和国际竞争力就不可能由弱变强，成功实现由低收入经济体向中等收入经济体的历史性跨越。但这并不意味着人们的思想认识会统一。我们党是一个大党，统一思想历来不易，市场经济的发展使人们思想多元化、复杂性的特征越来越明显，这必然增加党内统一思想的难度。尤其是有的党组织和领导干部把经济建设和党的领导割裂开来，党内存在糊涂认识或错误观点。例如，在一些干部眼里，抓党建同抓经济

---

① 刘伟：《新常态下中国特色社会主义政治经济学的核心命题和主要任务》，《光明日报》2016 年 5 月 5 日。

相比要虚一些，不容易出成绩，一年开几次会布置一下就可以了，不必那么上心用劲，对管党治党心不在焉。党的十八大以后，全面从严治党从整体上成为社会共识，但在肯定之余，部分干部思想困惑增多，积极性不高，也有各种各样的质疑之声，主要存在两个认识误区：一是全面从严治党影响经济发展论。有人说都去抓管党治党，经济社会发展就没有精力抓了；有的说要求太严，管得太死，束缚了经济发展手脚，干不成事。二是全面从严治党导致为官不为论。党的十八大以来以习近平同志为核心的党中央从八项规定入手推进全面从严治党。截至 2016 年年底，全国已累计查处违法中央八项规定精神问题 15 万多起，处理 20 多万人，给予党纪政纪处分 10 多万人①，"四风"问题得到遏制，党风政风为之一新。现在"为官乱为"现象明显减少，依法执政、依法行政的意识和氛围明显增强。与此同时，却出现了一些"为官不为"现象，一些领导干部"不想为、不敢为、不善为"，出现"不贪、不腐、不干事"的新衙门作风。

上述这些认识都是错误的。我国经济正处于增长速度换挡期、结构调整阵痛期和前期刺激政策消化期的叠加阶段，面临不少矛盾和困难。近年来经济发展下行压力增大，这既是我国经济发展步入新常态的正常逻辑，也是经济发展周期性和国际金融危机多重因素影响的结果，与全面从严治党没有直接关系。何况，"抓好党建是最大政绩"。如果我们党弱了、散了、垮了，其他政绩还有什么意义？为官不为，并非从严治党带来的，相反正是从严治党不到位、问责落实不到位造

---

① 王一彪：《以钉钉子精神推进全面从严治党》，《党建》2017 年第 7 期。

成的，是一些干部忘记初心、不敢担当的表现。

三、利益格局深刻调整对传统党建模式带来挑战

自社会主义制度确立到改革开放以前，我国逐步形成了由工人、农民两大阶级和知识分子（包括干部）阶层所构成的社会结构。社会主义市场经济的发展极大地改变了中国社会的面貌，由于集体经济大多通过改制转变为非公有制经济，集体经济在整个公有制经济中所占比重微乎其微，当前的公有制经济主要体现为国有经济或由国有经济控股的混合所有制经济。在关系国家安全和国民经济命脉的重要行业和关键领域保持绝对控制力，而在大部分竞争性领域和行业，国有经济不再具有控制地位。所有制结构的调整，使得工人阶级在不同所有制经济中的分布发生变化。全国总工会调查显示，2006 年公有制企业职工人数占到总职工人数的 41.4%，非公有制企业职工人数占总职工人数的 58.6%。另据统计，国有及国有控股工业企业的从业人员由1978 年的 3747.78 万人下降到 2011 年的 1811.98 万人。2008 年全国农民工人数达到 2.3 亿人，其中 93.6% 的农民工的企业就业，大部分又集中在非公有制企业。因而农民工是我国非公有制企业中从业人员的重要组成部分。[①]2014 年全国农民工总量达到 2.74 亿人，其中外出农民工为 1.68 亿人，本地农民工为 1.06 亿人。

改革开放后，尤其是 20 世纪 90 年代以来，单位体制的解体、政

---

① 《第六次全国职工队伍状况调查专辑》，《工运研究》2008 年第 16、17 期。

府机构的重组、私有经济的飞速发展，催生出新的社会阶层。主要有"民营科技企业的创业人员和技术人员、受聘于外资企业的管理技术人员、个体户、私营企业主、中介组织的从业人员、自由职业人员等社会阶层"①。新的社会阶层是在公有制为主体、多种所有制共同发展的社会主义初级阶段基本经济制度确立过程中产生的，"他们也是有中国特色社会主义事业的建设者"。有学者依据经济收入、职业地位、获取社会资源能力，将社会群体进行划分排序，提出了"十阶层"理论框架。最高层是国家与社会管理者阶层，最底层是城乡无业、失业、半失业者阶层。②

"十大社会阶层"的说法不一定科学，但当下中国出现了不同的利益群体却是不争的事实，主要有机关公务员群体、知识分子群体、企业经营管理者群体、普通工人群体（包括下岗职工和农民工在内）等。在短短的十几年的时间里，中国就从一个平均主义盛行的国家，转变为贫富较为悬殊的国家。1980 年中国基尼系数为 0.34，表明当时我国个人之间收入差距较小，1986—1995 年的 10 年之间整个社会的贫富差距迅速拉大，行业之间、城乡之间、区域之间、家庭之间收入差距悬殊，尽管最高收入人群与最低收入人群的收入同时都在增加，但在 1988 年最低收入层的实际收入出现下降的现象。③2008 年基尼系数曾蹿升至 0.491，达到历史顶点，2010—2015 年全国居民收入基尼系数从 0.481 下降到 0.462。原国家卫生和计划生育委员会发

---

① 《江泽民文选》第三卷，人民出版社 2006 年版，第 286 页。
② 参见陆学艺：《当代中国社会阶层研究报告》，社会科学文献出版社 2018 年版，第 7 页。
③ 赵人伟：《中国居民收入分配再研究》，中国财政经济出版社 1999 年版，第 148 页。

布的《中国家庭发展报告（2015）》指出，我国城乡家庭收入差距明显，城市最高 20% 的家庭收入是最低 20% 家庭收入的 19 倍，农村家庭间的收入不均程度大于城镇家庭。另据北京大学中国社会科学调查中心的《中国民生发展报告 2015》分析，中国目前的收入和财产不平等状况正在日趋严重。顶端 1% 的家庭占有全国约 1/3 的财产，底端 25% 家庭拥有的财产总量仅在 1% 左右。更严峻的是，家庭收入差距存在代际传递现象，子女收入水平和父母收入水平存在正向关系。

　　社会结构的深刻变动，利益格局深刻调整，使党的功能和作用发生了变化。政党最基本的功能是利益表达和利益综合，在革命时期，政党为了凝聚本阶级的力量，团结最大多数人，以对抗统治阶级，政党"阶级斗争的工具"的特点十分明显，强调以阶级斗争的观念分清敌友，不搞阶级妥协和调和。执政后，共产党掌握着公共权力，要把它所代表的阶级意志上升为国家意志，就必须照顾、整合社会各方面的利益。这就要求党的功能及时从"冲突的力量"转向社会"整合的工具"。因此，单位制党建是中华人民共和国成立后党主导下的规划性制度变迁过程。正是通过党政单位组织结构功能上的一元化和党政单位权力资源上的一元化，基层政权成为一个体系。[①] 这种一元化的整合与领导模式的确立为基层社会整合提供了重大载体和强大能量，尤其在组织整合、利益聚合和共识培育等方面社会整合功能的发挥较好。当然，单位制党建是与高度集中的计划经济体制相适应的，随着经济体制深刻变革，社会结构深刻变动，利益格局深刻变换，人们的

---

① 卢爱国：《论单位制党建的整合功能》，《理论与改革》2016 年第 3 期。

思想观念随之发生深刻变化。2014 年有人以"中国共产党代表了谁的利益"为题进行调研，83％的人认为代表"工人、农民、知识分子的利益"，31％的人认为代表"特权阶层的利益"，19％认为代表"富人集团的利益"。而 2007 年这三个选项的百分比分别为 75％、37％、21％。① 这种调查是否科学暂且不论，但也反映出领导干部群体对党的先进性认知并不统一，对党的利益表达和整合功能感到困惑。这种现象值得警惕。当今中国，处于利益矛盾和冲突的多发期。在各个矛盾对应群体当中，干群之间的矛盾位居前列。中国人民大学社会学系 2003 年在全国城市范围内进行的抽样调查表明，社会上当官的与老百姓是第一对最容易发生冲突的群体，比例高达 44.1％；社会上穷人和富人（包括有财产的人与无财产的人）是第二对最容易发生冲突的群体，比例为 20.2％；社会上管理者与被管理者是第三对最容易发生冲突的群体，比例为 17.3％。② 另据中国社会科学院的调查，在回答"您认为哪两类人之间最容易出现矛盾和冲突"问题时，选择"干部与群众之间"的比例为 28.26％，居第一位；选择"穷人和富人"的比例为 24.02％，居第二位；选择"管理者与被管理者"的比例为 13.40％，居第三位；选择"雇主与雇员之间"的比例为 11.98％，居第四位。③ 由此可以看出，传统单位制党建模式的整合功能日趋式微，利益协调机制遇到严重挑战，亟须寻找替代性选择。

---

① 张桂珍：《领导干部意识形态能力调查与提升对策》，《科学社会主义》2014 年第 6 期。
② 郑杭生：《中国人民大学中国社会发展研究报告 2007》，中国人民大学出版社 2007 年版，第 103 页。
③ 李培林等：《中国社会和谐稳定报告》，社会科学文献出版社 2008 年版，第 325 页。

第三节　党员队伍规模不断扩张带来的管党治党压力

党员是党的"细胞"和行动主体，拥有一支强大的党员队伍，是中国共产党领导革命、建设、改革事业成功的基础。走过 98 年的峥嵘岁月，我们党已经由成立时仅有几十名党员的小党，发展成为世界上规模最大的执政党。没有什么外力能够打倒我们，能打倒我们的只有我们自己。充分认识和把握党情的新变化，才能正确认识党面临的风险和挑战，才能以刀刃向内的勇气向党内顽瘴痼疾开刀，从而始终保持党的先进性和纯洁性，确保党始终成为中国特色社会主义事业的坚强领导核心。

一、流动党员有效组织起来难度较大

党的力量来自组织。党是以组织的形式存在和发展的。个体的党员如果不通过组织化成为高度统一的有机体，党的工作就没有经常性的可靠依托，党员就难以发挥应有的作用。

流动党员是游离于组织之外的特殊群体。随着社会主义市场经济的发展和城镇化进程的加快，越来越多的劳动力和人才在产业之间转移和地区之间流动，党员由"单位人"变为"社会人"，"农村人"变成"城里人"，"外地人"变为"本地人"，出现了一个日益庞大的流动党员群体。因此，加强和改进对流动党员的教育、管理、服务是新时期党的建设面临的重大而迫切的课题。

2006 年 6 月，中共中央办公厅印发的《关于加强和改进流动党员管理工作的意见》对"流动党员"作出明确界定："流动党员是指由于就业或居住地变化等原因，在较长时间内无法正常参加正式组织关系所在党组织活动的党员。"有学者按照流动党员的实际状况将其划分为五类：一是"地下"党员，即进城务工并已在居住地工作或生活半年以上，而组织关系仍在原单位且不过组织生活的农村党员；二是"口袋"党员，即随着原单位被改制、破产、重组而下岗在家或务工，且组织关系虽已转出却没有转入社区而揣在口袋中的原国有企业党员；三是"挂靠"党员，即组织关系从原单位转出后，暂时存放在民政部门和人才服务中心的部分复转军人和大中专毕业生党员；四是"户口"党员，即一些派驻外地，但管辖仍在原单位，且在外地工作或生活半年以上而组织关系未转出的党员；五是"隐名"党员，即从原单位流入新单位后不愿亮明身份的党员。①

对流动党员的管理大约从 20 世纪 90 年代开始，1994 年 1 月中组部下发《关于加强党员流动中组织关系管理的暂行规定》，自此以后，党中央陆续颁布了一系列相关规定。同年 9 月，党的十四届四中全会通过的《中共中央关于加强党的建设几个重大问题的决定》，明确提出大批劳动力在产业间转移和地区间流动，需要采取有效措施管理好流动中的党员。自此开始进行流动党员的常规管理。2004 年 9 月，党的十六届四中全会通过《中共中央关于加强党的执政能力建设的决定》，明确指出探索党员教育管理工作的新机制，加强流动党

---

① 毛晓燕：《论市场经济条件下流动党员管理的新途径》，《理论界》2006 年第 4 期。

员管理，促进广大党员发挥先锋模范作用。2006 年 6 月，中共中央办公厅印发的保持党员先进性长效机制的四个文件，《关于加强和改进流动党员管理工作的意见》就是其中之一。2007 年党的十七大报告明确提出，加强和改进流动党员管理，加强进城务工人员中党的工作，建立健全城乡一体化党员动态管理机制。2009 年 9 月，党的十七届四中全会通过《中共中央关于加强和改进新形势下党的建设若干重大问题的决定》进一步提出，建立全国党员信息库，加强党员动态管理，健全城乡一体、流入地党组织为主、流出地党组织配合的流动党员管理服务工作制度。2012 年党的十八大报告指出，要改进对流动党员的教育、管理、服务。党员流动到哪里，党组织就覆盖到哪里。经过 20 多年的实践探索，对流动党员的认知和管理实现了"两个转变"，就理念而言，从最初注重"静态管理"向注重"动态管理"和"动静结合"转变；就方式方法而言，从最初以管理教育为主向寓教育、管理于服务之中的转变。[①] 近年来，流动党员管理工作实践探索取得明显成效，积累了许多经验。但是，流动党员管理工作仍存在一些问题，主要有三难：

其一，底数摸清难。据统计，在 2016 年的党员队伍中，工人（工勤技能人员）709.2 万名，农牧渔民 2596 万名，企事业单位、民办非企业单位专业技术人员 1324.1 万名，企事业单位、民办非企业单位管理人员 931 万名，党政机关工作人员 756.2 万名，学生 187 万名，

---

① 朱孟光：《近二十年来流动党员管理研究述评》，《中共天津市委党校学报》2015 年第 1 期。

其他职业人员 748.5 万名，离退休人员 1692.7 万名。① 由此可见，党员在各种职业人群中都有较大数量。但外来流动党员以外出务工为主，并且多数在非公企业就业，有很大一部分党员不表露自己的党员身份，导致党组织对流动党员的情况难以掌握，流动党员的数量多年来没有确切的数字。造成这种状况的原因，可能是由于就业行业受市场波动影响大及现代用工体制灵活性强等因素的影响，除少数在民营科技企业、律师事务所、会计师事务所等单位就职的流动党员收入相对较高，生活较稳定，大部分流动党员无固定工作岗位和固定职业，收入水平低，生活缺乏稳定性。从客观上说，是因为流动党员外出方式多，活动区域大，从业范围广，流动性大。从主观方面看，一是部分基层党务工作者思想认识偏颇，认为流动党员在党员队伍中只占少数，抓与不抓、管与不管、管理教育得好坏，无碍大局。只要让流动党员不在家里闹事、不到外边惹事、不给单位出难题就行。二是一些流动党员组织观念淡薄，党员意识不强。个别流动党员还会见利忘义，出现了一些违法乱纪的现象，甚至走向犯罪的深渊。

其二，活动开展难。首先是流动党员组织生活难参加。流动党员返家时间不同步，有的农忙返家，有的节假日返家，农忙返家的，忙于干活，节假日返家的，忙于拜亲访友，很少参加或不参加党组织的活动。其次是组织活动难开展。由于流动党员多数在非公企业就业，有的非公企业尚未建立党组织，无人组织活动，有的虽然建立了党组织，由于活动经费短缺，党员活动难以组织。最后是主体结构太复

① 中共中央组织部：《2016 年中国共产党党内统计公报》，《人民日报》2017 年 7 月 3 日。

杂，流动党员文化程度、年龄层次、工作岗位差异较大，不同文化程度、年龄层次、工作岗位的党员协调起来存在极大难度。因此，流动党员参加活动的积极性不高，满足于被动应付，很少主动组织流动党员参加集体学习、专题会议等活动。[①]

其三，管理对接难。按照对流动党员的管理要求，实行流出地党组织跟踪管理、流入地党组织主体管理、有关部门党组织协同管理、街道社区党组织托底管理，保证"离乡不离党""流动不流失"。但目前流动党员管理体制仍沿用"条归条、块归块"的办法，且条块之间的管理责任分工不明，突出表现在两个方面：一是被动管理。一些基层党组织夸大流动党员管理的难度，采取"你来我管"的模式，很少主动联系、主动服务，因而制度缺乏创新、管理缺乏实效。二是管理失控。一部分流动党员游离于党组织之外，一部分流动党员"两不管"，即流出地党组织不能管，流入地党组织拒绝管，缺乏科学有效的管理机制。

二、基层创新型党组织建设滞后

基础不牢，地动山摇。党的基层组织是党执政的基础，是团结带领群众贯彻路线方针政策的战斗堡垒。党的工作最坚实的力量支撑在基层，最突出的矛盾问题也在基层。基层党组织不能成为党的建设的"薄弱环节"。因此，固本强基，要防止"木桶效应"，扎实做好抓基

---

① 方华明：《新形势下流动党员教育管理对策浅析》，《人民论坛》2013 年第 2 期。

层打基础的工作。只要基层党组织牢不可破，党员队伍坚不可摧，党的执政地位就坚如磐石，党和人民的事业就无往而不胜。

有一个严密而强大的基层组织体系是我们党的力量所在。中国共产党现有基层组织 451.8 万个，其中基层党委 22 万个，总支部 27.7 万个，支部 402.1 万个。这是世界许多政党不可比拟的巨大优势，是我们党特有的、把党的工作覆盖到全社会的强大组织资源。总体上看，党的基层组织是有战斗力的，但也存在不少与新形势新任务新要求不符合、不适应的问题：

其一，一些基层党组织空转。党的活动是以党、国家与社会关系为现实基础，并受这种社会关系制约的。随着改革开放的深入发展，传统的单位制社会结构式微，政党、国家、社会三位一体的社会结构逐渐被政党、国家、社会各自分立的社会结构所取代。产业结构调整带动了新经济组织、社会组织快速发展，基层党建力量相对薄弱问题逐渐显现，出现党组织的缺位、党组织空转现象。

新经济组织、新社会组织是市场经济和改革开放后的产物，它没有上下级行政单位的人事、行政、资金隶属关系，导致党组织组建难，作用发挥难。因为，新经济组织主要包括个体工商户、私营企业、外商经济控制企业、港澳台经济控制企业、非国有控股股份制企业、非国有控股混合所有制企业等，它们所从事的是以利润为导向的经济活动"主业"，在这些业主看来，党组织是异质性的，所开展的多属"政治活动"，其功能定位于"政治引领"和"政治核心"。因此，非公党建涉及两个组织之间的关系，其中一方（党）通过外部结构化嵌入的方式，在另一方（非公企业）内部发挥影响力。组织异质性的"鸿沟"使得非公党建成为一个高度不确定性的领域。① 新社会组织，类型复杂多样，规模大小不一。从近年来社区社会组织发展的态势来看，每个城市社区平均有 7—10 个社区社会组织是较为客观的数据，全国 2010 年的 84488 个社区约有 59 万—85 万个社区社会组织，再加上现有 24569 个居委会社区服务站和 105544 个其他社区服务设施中还未计入社区社会组织的其他组织类型，现在城市社区社会组织数量为 72 万—98 万个。② 党的十八大提出"加大非公有制经济、社会组织党建工作力度"后，以工作覆盖和组织覆盖为标准，加强党的基层组织体系建设，以党建创新引领和推动基层社会治理和发展。当然，新社会组织无论是组织设置、功能导向、资源整合等都是较为薄弱的，况且社会组织是社会的有机组成部门，与社会大众之间存在天然的密切联系，因而社会组织与党组织之间有一定的交叉重叠，在功能上既有合作，又有冲突。因此，基层党组织要发挥战斗堡垒作用，必须找准各自的着力点。两新组织的党建工作不同于机关、高校、农村等领域党建，不同领域党组织具有不同的功能定位。非公企业党组织，主要围绕宣传贯彻党的路线方针政策、维护职工群众合法权益、推进企业先进文化建设、促进企业完成中心任务和健康发展，在职工群众中发挥政治核心作用，在企业发展中发挥政治引领作用。社会领域党组织，主要围绕贯彻党的方针政策、引导和监督遵守国家法律法

---

① 郭为桂：《组织嵌入的限度与非公党建区域化策略选择》，《中国延安干部学院学报》2016 年第 5 期。

② 焦若水、陈文江：《社区社会组织：社会建设的微观主体》，《科学社会主义》2015 年第 1 期。

规、团结凝聚职工群众、维护各方权益、促进健康发展等职能做好服务，发挥作用。

其二，一些基层党组织权能失衡。社会主义市场经济的繁荣发展，使得传统的以单位为依托的党组织设置模式出现解体，借助行政和企业组织的纵向管理体制架构已被分解。这对于作为"神经末梢"的基层组织来说则带来了边缘化的影响：一是基层党组织可掌控的经济和社会资源越来越少，各阶层群众对党组织的依赖性明显减弱，党组织"一呼百应"的传统意义上的号召力、影响力消减。二是社会结构转型必然要求基层党组织的职能发生转变，而部分基层党组织软弱涣散，有的职责不清，有的权、责、能失衡，表现为权力小、责任大、能力弱，难以发挥领导作用。例如，高校二级党组织、基层党支部在党组织整体功能中发挥着"地基性"作用，强化其政治功能和服务功能具有"根基性"意义。但高校党建领导和工作队伍总体素质滞后于驾驭党组织整体功能发挥的能力诉求。有人认为，二级院系党建队伍存在地位不高、身份边缘、资源匮乏的现象。使得一些党建工作者在岗位上以"职业型谋生"替代"事业型发展"，缺乏加强综合性党建能力建设的内生动力。高校由于基层党支部数量规模大，党支部建设没有得到足够重视，使得基层党支部书记普遍年轻化甚至"青年化"（经验和能力双重缺失），从而导致基层党建思想性不足、政治性缺席、内涵性缺乏，娱乐化、随意化甚至庸俗化盛行等现象。①

其三，党建工作的惯性思维和传统方法，滞后于现代社会发展。

---

① 陈荣武：《高校党组织整体功能的实现路径研究》，《思想理论教育》2016 年第 11 期。

在相当长的一段时间内，我们习惯于由一个全能的执政党及其主导的政府事无巨细地包揽社会一切事务，从吃喝拉撒到生老病死，无所不管。这种体制下的党建工作呈现为"金字塔"式层级传递模式，表现为单位各自为阵与各自为政的党建工作方式；在一定界域框架内相对封闭的党建工作空间；单向度的和较为独立的、静态的"自我"的工作思维；同质化的工作手段、载体和渠道。而随着经济体制深刻变革，社会结构深刻变动，利益格局深刻变换，思想观念深刻变化，对基层党组织建设提出了新的挑战。许多基层党组织仍然存在社会治理就是"管控"的观念和思维模式，习惯于用传统思路和办法去解决矛盾、处理问题。"新办法不会用，老办法不管用，硬办法不敢用，软办法不顶用。"不善于综合运用经济手段、法律手段、民主协商的方法解决新矛盾，不善于用新思想、新办法、新载体解决新问题。尽管一些同志作了许多工作，有时还很辛苦，但不是不对路子，就是事与愿违，甚至搞出一些南辕北辙的事情来。

三、党员队伍规模庞大增加管理难度

党员是党的肌体的细胞和党的活动主体。截至 2018 年年底，党员总数达到 9059.4 万名，基层组织 461 万个。党的规模日益壮大，生机与活力进一步增强。今天的中国共产党同中华人民共和国成立以前相比，同改革开放以前相比，从社会地位到历史任务，从阶级基础到群众基础，从党员发展规模到队伍构成成分，从国内环境到国际环境等都发生了根本性变化，这些变化决定了执政党建设的内容和规律。

从党员队伍发展看，规模在扩大，结构在优化，素质在提高。据统计，具有大专及以上学历的党员，2013 年为 3606.8 万名，占党员总数的 41.6%，较 2012 年提高 1.6 个百分点；2014 年为 3775.5 万名，占党员总数的 43.0%，较 2013 年提高 1.4 个百分点；2015 年为 3932.4 万名，占党员总数的 44.3%，较 2014 年提高 1.3 个百分点；2016 年为 4103.1 万名，占党员总数的 45.9%，较 2015 年提高 1.6 个百分点。这说明，党员的文化程度在逐步提高，党在高学历人群中的影响力和凝聚力日益增大。同时，党员年龄结构比较合理，2016 年，30 岁及以下党员 1369 万名，31—40 岁党员 1742.7 万名，41—60 岁党员 3420.4 万名，61—70 岁党员 1387.9 万名，71 岁及以上党员 1024.6 万名。在党员队伍中，青壮年党员占绝大多数，其中 40 岁及以下党员占 34.78%。年轻党员充满激情和活力，为党的事业发展源源不断输入新鲜血液。

党的建设是一门科学。仅就党员规模而言，所处的历史方位不同，对规模的要求和历史评价也不同。政党是历史的产物，总是处在一定的历史方位上，党的建设也总是在一定的历史起点上进行。在执政之前，党的中心任务是夺取政权、变革旧的生产关系，为了凝聚本阶级的力量，团结最大多数人，以对抗统治阶级，规模越大越好。中国共产党领导新民主主义革命的过程，实际上就是一个争取、扩大党员队伍的过程，从 1921 年登上历史舞台到 1949 年中华人民共和国成立，党员从 50 多人发展到 448.8 万名。这说明党的领导是民心所向，众望所归，是历史的选择，人民的选择，不存在党员队伍规模大的问题。因为革命年代加入党组织面临生与死的考验，"抛头颅、洒热血"确是现实生活的写照，严酷的斗争环境正是陶冶和净化党员队伍的过

程。1927 年大革命失败前，中国共产党成立不到 6 年时间发展到近
6 万名党员。1927 年春夏，国民党叛变革命，被杀害的共产党员和
革命群众达 31 万之多，其中党员 2.6 万多人，党员锐减到 1 万多人。
共产党一次次遭受挫败，一次次浴火重生，在应对和化解各种危局和
困境中不断发展壮大。

革命成功以后，共产党成为执政党和领导党，党的活动环境和活
动内容发生了很大变化，个别投机分子、企图利用执政党党员的称号
谋取私利的异己分子，混入党内。改革开放后，市场经济使党员来源
多元化，党员的社会成分、社会职业趋于多样化，给党的建设带来极
大的挑战。因此，党员队伍的壮大使得对党员组织和管理的任务比过
去艰巨繁重得多。为此，学界 2013 年前后围绕党员规模问题进行了
讨论。其中，山东大学政治学与公共管理学院教授张锡恩建议，可以
通过实行"荣誉党员"分离和"预备党员"延缓分离，将正式党员缩
编 3000 万左右，加上生老病死的自然淘汰，党员队伍可望回归到党的
十四大时的 5100 万左右。或许这是可以思考的党员"适度规模"的参
考坐标。[①] 张锡恩关于中共党员规模应当"瘦身"的观点引起舆论热议。

党员规模发展壮大有一个历史过程。中国共产党从 1921 年登上
历史舞台到 1949 年中华人民共和国成立时，党员从 50 多人发展到
448.8 万人，平均每年增加 16 万人。中华人民共和国成立后，党员发
展出现井喷期，到 1956 年 9 月八大召开前，党员人数从 448.8 万增长
到 1070 万，以 19.77% 的年均增长率快速增加。从 1956 年到 2016 年

---

① 张锡恩：《可把党员分成三类进行管理——关于健全党员退出机制的思考》，《人民论
坛》2013 年 5 月 18 日。

年底，党员人数从 1070 万增加到 8944.7 万，年均增长率达 12.26%。

　　判断一个政党组织规模的大小，应从绝对规模和相对规模两个维度分析。绝对规模是指党员总数的多寡，中国共产党作为世界上最大的政党，一直被研究者列入"超大型政党"的行列。相对规模主要指党员密度，有时也包括党员的地区、阶层、职业的分布和政党体制内部各政党之间的比较。党员密度，又称政党密度，可用党员数/人口数、党员数/选民数来测量。① 由于各国人口规模差别巨大，因此，党员密度的测量标准更具比较意义。根据胡小君的研究，欧洲国家政党密度最大，奥地利 20 世纪 70 年代初达 26.2%，80 年代末达 21.8%，瑞典分别达 26.2% 和 21.8%，挪威分别达 15.5% 和 13.5%。1984 年，苏东共产党国家中，罗马尼亚最高，达 15%，民主德国 13.2%，捷克斯洛伐克 10.5%，苏联 6.7%。中国 2012 年达 6.29%（在另一处又说是 8.68%）。中共党员密度在国际上总体处于中游水平。刘学申的研究表明，中共党员密度 1949 年为 0.83%，1955 年为 1.5%，1985 年为 4.2%，2000 年为 5.1%，2014 年为 6.4%。②

　　党员密度高好还是低好？多少合适？目前尚无科学数据和研究结论。胡小君的研究对欧洲国家什么党有那么高的党员密度、哪一年的比例，都语焉不详。由于各国人口基数存在很多差异，加上欧洲发达国家大都实行多党制，单独计算共产党员在总人口中的比例，似乎没有什么意义。通过比较苏东国家的党员密度可以得出结论，数量增长

---

① 胡小君：《中国共产党党员规模问题："膨胀"与"虚化"》，《江汉论坛》2014 年第 1 期。

② 刘学申：《改革开放以来中国共产党建党模式的转型》，《云南行政学院学报》2016 年第 2 期。

不一定带来党整体力量的加强，执政党的地位不会随着党员密度的提高而日渐巩固。苏共就是一个典型的例子。人们常常举例说，苏联共产党只有 20 万党员时打败了资产阶级临时政府，建立了苏维埃政权；200 万党员时打败了德国法西斯，保卫了红色政权；2000 万党员时却自己打败了自己，丢掉了红色政权。苏共的情况表明，一个政党是不是强大，是不是有力量，并不是党员人数多就能解决问题。

习近平总书记指出："马克思主义政党的力量和作用，既取决于党员数量，更取决于党员质量。"①在共产党执政的条件下，粗放式发展党员、不断膨胀的超大型党员规模会给党和国家带来治理难题。从管理学角度看，组织规模越大，成员数量越多，则组织层次需要设置更多。党务管理所需人力、物力资源巨大，管理成本高企，财政支出增加；管理幅度过大，官僚主义难以避免；组织架构僵硬，管理效率低下，难以有效管理；从党的执政视角看，党员质量下降，影响党的执政能力；党员身份"虚化"影响党组织的凝聚力、向心力；党内个别腐败现象，可能还会使党丧失战斗力和先进性，进而影响党的执政地位。

执政后党的规模并不是越大越好。从 1956 年到 1978 年，党员人数从 1070 万名增加到 3698.1 万名，年均增长率为 11.16%。改革开放以来至 2012 年，党员人数从 3698.1 万名增加到 8512.7 万名，年均增长率下降到 3.82%。2013 年 1 月，习近平总书记主持召开中央政治局会议，研究部署加强新形势下党员发展和管理工作，明确提出"控制总量、优化结构、提高质量、发挥作用"的总要求。按照要

---

① 《十八大以来重要文献选编》上，中央文献出版社 2014 年版，第 351 页。

求，各地各部门在保证发展党员质量的前提下，严格控制党员数量增长速度。据中组部中国共产党党内统计公报的数据，2013 年至 2016 年党员总数分别为 8668.6 万名、8779.3 万名、8875.8 万名、8944.7 万名，虽然总数在增加，但增幅分别为 1.8%、1.3%、1.1%、0.8%，呈逐年下降趋势。2013 年至 2016 年每年发展党员的数量也均有减少。2013 年全国共发展党员 240.8 万名，较上年减少 82.5 万名，降幅为 25.5%；2014 年全国共发展党员 205.7 万名，较上年减少 35.1 万名，降幅为 14.6%；2015 年全国共发展党员 196.5 万名，较上年减少 9.2 万名，降幅为 4.5%；2016 年共发展党员 191.1 万名，较上年减少 5.4 万名，降幅为 2.7%。党员增幅逐年下降是近年来我们党注重发展党员质量、严格把关的结果。

第四节　干部管理宽、松、软的问题尚未彻底解决

治国安民、经纬天下，关键在党、关键在人。关键在党，就是要确保党在实现中华民族伟大复兴的历史进程中始终成为坚强领导核心；关键在人，就是要建设一支忠诚干净担当的高素质干部队伍。

2013 年 6 月，习近平总书记在全国组织工作会议上强调："党要管党，首先是管好干部；从严治党，关键是从严治吏。"[1]2014 年 12 月，习近平总书记在江苏考察调研时，首次把全面从严治党纳入"四

————————

[1] 中共中央宣传部：《习近平新时代中国特色社会主义思想学习纲要》，学习出版社、人民出版社 2019 年版，第 222 页。

个全面"战略布局，并针对干部管理工作，第一次系统阐述了"管理
要全面、标准要严格、环节要衔接、措施要配套、责任要分明"五个
方面的要求，提出了"要求严、措施严，对上严、对下严，对事严、
对人严"的"六个严"。这回答了对干部管理"由谁管、管什么、怎
么管"的问题，构成了干部管理的紧密链条，把从严治吏的认识提到
了新的高度，为全面从严治党、从严治吏提供了重要遵循。

　　党的十八大以来，以习近平同志为核心的党中央旗帜鲜明管党治
党，驰而不息狠抓作风，雷霆万钧反对腐败，坚持不懈澄清吏治，党
风政风为之一新。广大党员干部的言行发生了显著变化：搞形式少了，
求实质多了；求享乐少了，讲奉献多了；随意散漫少了，按章办事多
了；迎来送往应酬少了，干事创业时间多了；党员干部遇到矛盾和问题
时，回避少了，主动承担多了；等等。[①]风清气正的政治生态趋于稳定
化、常规化。但是，干部管理工作与全面从严治党的要求相比，与人
民群众的热切期盼相比，仍有许多差距，存在许多问题。如干部能上
不能下、考核评价难、干部交流渠道不畅、少数人选人、任人唯亲等，
干部管理监督失之于宽、失之于软。一些老问题还没有从根本上得到
解决，同时，吏治改革又面临一些新情况新问题。概括起来主要有：

一、干部管理科学化水平仍有待提升

　　党管干部是干部工作始终坚持的一项根本原则，实质是保证党

---

① 张超：《用"心常态"适应新常态》，《中国国防报》2015 年 3 月 26 日。

对干部人事工作的领导权和对重要干部的管理权。中华人民共和国成立初期，党管干部的模式基本上沿用了战争年代的"一揽子"管理模式。这种模式是一种过分集中的管理模式，它由党委组织部门直接管理，但管理幅度过大往往导致管理失效。20世纪60年代党把"一揽子"管理模式变为分类分级的管理模式，根据干部的工作性质将所有干部分为九类，归口不同的党委部门进行管理。同时对干部进行分级管理，即重要干部归中央管理，其他干部由中央局、分局及地方党委分别进行管理。后来演化为党的一元化领导模式，党管干部变成党管一切，管干部变为任命干部，从而在一些地方使得干部家长制作风盛行、下级对上级的人身依附现象严重。"从党和国家的领导制度、干部制度方面来说，主要的弊端就是官僚主义现象，权力过分集中现象，家长制现象，干部领导职务终身制现象和形形色色的特权现象。"① 为了改变这种状况，必须进行体制改革。1983年10月，经中央批准，中组部下发的《关于改革干部管理体制若干问题的规定》提出了分级分类管理和"管少、管好、管活"的原则。按照这一精神，1984年7月，中央决定改革现行干部管理体制，适当下放干部管理权限，确定了下管一级（过去下管两级）的管理体制。1993年公务员制度建立，党开始真正实现对干部的分类管理。职位分类将公务员的职务分为领导职务和非领导职务两类，并将职务划归为不同的级别，建立职务与级别的对应关系。职位管理主要是对行政系统干部的管理模式，其他系统的干部实行

---

① 《邓小平文选》第二卷，人民出版社1994年版，第327页。

参公管理。1995 年全国人大常委会通过《中华人民共和国法官法》和《中华人民共和国检察官法》，公务员制度、法官制度、检察官制度初步建立，机关、事业、企业干部人事分类管理的格局逐步形成。2005 年，随着《中华人民共和国公务员法》正式颁布，明确将"分类管理"确定为公务员管理的基本原则，并划分了综合管理、行政执法、专业技术等类别，同时要求在适当范围内实施公务员聘任制。

但是，从干部管理科学化的角度看，目前的分级分类干部管理体制仍然存在一些问题。① 一是从干部分级管理看，管理幅度较大。理论上下管一级的管理体制，实际上由过去下管两级变为目前的"下管一级半"。例如，县级党政主要负责人应由地（市）委来管理，但由于县域经济发展的特殊重要性，绝大多数省区市对县级党政主要负责人实行直接管理，即省管干部。目前，由各省、市委直接管理的干部多在千人以上，而由省、市委直接管理其实是由组织人事部门管理，由于被管理干部分布在省、市不同地区、不同部门、不同岗位，管理幅度较大，除了任免管理做得较好外，经常性教育、考察、监督等工作难免力不从心。二是从干部分类管理看，尽管对干部进行了归口管理，但实际上管理方式仍是单一的，无视干部工作性质的差异而实行统一的管理方法。例如，企业、事业单位领导人员大多参照党政领导干部进行管理，带来了管理上的政企不分、政事不分等弊端。2015年中共中央办公厅印发了《事业单位领导人员管理暂行规定》，对事

———————

① 林学启：《完善干部分级分类管理体制》，《学习时报》2012 年 2 月 13 日。

业单位领导人员管理的基本原则、基本条件、基本制度等作出了规定。2017 年，中组部又分别会同中宣部、教育部、科技部、国家卫生计生委印发了《宣传思想文化系统事业单位领导人员管理暂行办法》《高等学校领导人员管理暂行办法》《中小学校领导人员管理暂行办法》《科研事业单位领导人员管理暂行办法》《公立医院领导人员管理暂行办法》对宣传思想文化事业单位、高校、中小学校、科研院所和公立医院等出台更具体的、体现行业特色的管理办法。这是针对分类管理改革需要解决问题的精准施策，将对整个事业单位领导人员队伍建设将起到示范和引领作用。

邓小平同志指出："党要管党，一管党员，二管干部。对执政党来说，党要管党，最关键的是干部问题，因为许多党员都在当大大小小的干部。"① 管党治党一刻也不能松懈。党要管党，首先是管好干部。好干部是选出来的，也是管出来的。党的十八大以后全面加大了干部管理监督的力度，干部队伍呈现出新气象。同时也要看到，有的地方和单位对党员干部重用轻管，特别是对领导干部疏于教育、疏于管理、疏于监督的问题仍然存在。一些垂直管理系统的干部，不少方面地方管不了，上级管不着。一些干部中好人主义盛行，不敢批评、不愿批评，不敢负责、不愿负责的现象相当普遍。好人主义培养不出好干部，对干部的缺点毛病视而不见、听之任之，结果必然是害了干部。近年来，一些干部"边腐边升""带病提拔"现象深受社会和公众诟病。造成这一现象的重要原因之一就是干部管理失之于宽、失之

---

① 《邓小平文选》第一卷，人民出版社 1994 年版，第 328 页。

于软，在执行"好干部"标准上不严格。据中组部党建研究所 2015
年重点调研课题——（陕西省）干部"带病提拔"问题调查显示，这
一原因导致干部"带病提拔"的达到 32.3%。从某种意义上说，干部
带"病"源于思想不正，主因是对干部管理不严不实，致使预警缺失，
干部染"病"无人提醒，生"病"无人过问，久而久之"小病"成"大病"，
"普通病"演变成"传染病"，甚至发展成"疫情"。① 因此，要以严的
标准要求干部，以严的措施管理干部，以严的纪律约束干部。各级领
导干部都要在从严管理干部上履职尽责，做到真管真严、敢管敢严、
长管长严。

二、考核和激励干部担当作为的机制尚不健全

近年来，"为政不廉"问题得到有效遏制，但不少地方党政部门
出现了"为官不为"的现象，在基层干部群体中尤为明显。有调查显
示，71.7% 的受访者表示经常感受到"为官不为"，七成以上受访者
认为基层干部最容易出现"为官不为"，47.1% 的人认为"更多地发
生在县级部门"，23.5% 的人认为是"乡镇部门"。② 陕西省的调查也
显示"为官不易"消极论调增强。在"您认为全面从严治党以来，确
实感觉为官不易"的回答中，结果显示，从 1—5 分别为 10.1%,9.6%,

---

① 杜金根：《干部考核视域下的"带病提拔"问题及其破解之道》，《理论导刊》2017 年
第 1 期。

② 人民论坛问卷调查中心：《部分官员不作为真实原因调查分析报告》，《人民论坛》
2015 年第 5 期。

28.5%，23.2%，28.5%。① 赞同和完全赞同的比例达 51.7%，"使一些干部感叹'为官不易'，'官不聊生'，进而出现'为官不为'。"②

"为官不为"是一种官场病，实质是庸政、懒政、怠政，往往会造成误政，表现为拖拉懒散、推诿耍滑、欺上瞒下、无利不为、效率低下等。过去"不作为"更多的是普通公务员和极少数领导干部，而当下中国，参与群体具有不断扩大趋向，不作为政治的行为模式被不断复制模仿，诱发党内政治生态的"内卷化"风险。所谓"内卷化"，意思是指一个社会、组织或个人，既无渐进式增长，亦无突变式发展，进入简单循环、自我重复、原地踏步的状态。③

为官不为主要有三种情况：一是动力不足而"不想为"；二是能力不足而"不能为"；三是担当不足而"不敢为"。造成"为官不为"的原因，有人归咎于党员干部的"当官图利的腐败之心"，如申建林认为，懒政怠政与腐败一样，同源于当官图利的腐败之心。当制度不力、风声不紧、办事有腐败之利时，就表现出极大的事业心和工作热情，而当制度紧收、腐败丢官、做事只有辛苦而无意外之财时，就转而消极逃避、无所事事、以图安逸，并保住官位。懒政怠政和腐败都是腐化的表现，是腐化的官员根据不同情势作出不同图利方

---

① 何文兰、张燕玲：《新形势下如何调动和提升党员干部工作积极性》，《中国井冈山干部学院学报》2016 年第 5 期。该文说明从 1—5 表示"不赞同"的程度从高到低，1 表示"完全不赞同"，5 表示"完全赞同"。

② 何文兰、张燕玲：《新形势下如何调动和提升党员干部工作积极性》，《中国井冈山干部学院学报》2016 年第 5 期。该文对 3 表示什么未明示，是否为"不知道、不清楚"？且本项比例相加为 99.9%，调查是否科学，存疑——引者注。

③ 邹庆国：《从不作为政治到责任政治：净化党内政治生态的一个维度》，《江汉论坛》2017 年第 2 期。

式的选择。^① 有人认为是党员干部对从严治吏的新常态心态上难适应不习惯所致。文丰安认为基层领导干部有的感叹工作标准太高、要求太严，"压力山大"；有的抱怨禁令太多、福利太少，感觉"越来越不自由，越干越没意思"；有的党员干部抱怨"为官不易"抱着"只要不出事，宁愿不做事""不求过得硬，只求过得去"的态度，消极应付，不敢担当为官不为；等等。^② 理论界大多从党员干部的主观方面分析其原因，其实为官不为是一种贯通古今、遍及中外的官场通病，"官僚主义"现象，可以看作官员懒政"不作为"的另一种表述。官僚政治是官僚主义发展最成熟的形态。著名经济学家王亚南在《中国官僚政治研究》一书中，把官僚政治分为技术性（或作风性）和体制性官僚政治。受此启发，我们把官僚主义分为作风性的官僚主义和体制性的官僚主义。张国清就认为，之所以为官不为是因为，一些公务员只对上负责；技术性、专业性比较强的工作岗位难以受到监督；存在"谁都能管又谁都不愿意管"的责任空白地带；队伍人员固化，"进去不易，出去也难"；一些公务员为了谋求物质利益而利用公权寻租，不愿做没有私利的事情。^③ 为官不为的原因较为复杂，一些党员干部习惯享乐，宗旨意识淡薄，精神懈怠不作为是重要原因，也须从制度因素尤其是干部管理制度方面去探寻为官不为的客观原因。

---

① 申建林：《庸官懒政几个典型表现》，《人民论坛》2015 年第 15 期。

② 文丰安：《新常态下基层领导干部工作思维及行为方式转型思考》，《观察与思考》2016 年第 11 期。

③ 张国清：《惩治懒怠者：中国政治改革将迈出重要一步》，《人民论坛》2015 年第 15 期。

（一）考核机制不科学，提供了"不想为"的土壤

在相当长的一段时间，在经济发展"一俊遮百丑"的评价体系下，考核指标常常以目标责任制的形式被量化分解，层层下派给各级政府。"上面千条线，下面一根针"，层级越下，指标越多，压力越大。有的领导干部认为"抓经济容易出成绩，抓党建不容易出成绩""党建务虚，经济务实"，一方面，以 GDP 论英雄的激励机制可能造成党建与业务两张皮，导致"重业务轻党建"，客观上使管党治党失之于宽、失之于松；另一方面，以 GDP 论英雄的同时又强调"稳定压倒一切"，"维稳"纳入"一票否决"的惩戒式考核体系。过去"一票否决"的考核压力下，一些领导干部积极作为，或招商引资，或"跑部钱进"，或建立开发区，要政策要项目要投资，圈地造楼、修路造厂等，想方设法把经济搞上去。以至于一些地方乱作为，在用人标准上出现重才轻德的不良倾向，把市场经济看成"能人经济"，大胆启用那些所谓"敢闯""敢干"的干部。"能吏"仇和就是典型，主政江苏宿迁时曾被称为"最富争议的市委书记"，赴任云南后仍争议不断。仇和出事前曾自嘲"我是一路被举报，仕途一路有惊喜"。① 而在当下依法行政环境中，用人导向发生改变，坚持德才兼备，以德为先，坚决纠正唯票、唯分、唯 GDP、唯年龄的"四唯"取人偏向，克服了选人用人上的简单化、片面化问题。当然，纠正"四唯"取人偏向，应防止从一个极端走向另一个极端，改变唯 GDP 的政绩考核评价模式，不是不重视经济发展。可一些官员却误认为这是"去 GDP 化"、

---

① 朱顺忠：《干部眼中的仇和：当一把手时任性，当副手时沉寂》，《法制晚报》2015 年 5 月 4 日。

不重视经济发展了，因而不再轻易上马地方"工程"，不再热衷跑马圈地的项目，等待观望，无所事事。有的单位宁肯贻误工作也不配备干部；[①] 有人做项目审批时怕担风险，采取"门好进，脸好看，事不办"的消极对策。有些地方甚至中断或放弃很多关系国计民生的惠民项目。

而对这些不作为的干部，现有的考评机制尚不能真正发挥优胜劣汰的作用。科学规范的考核机制是考准、考实干部的关键。实际生活中考核指标设置共性多、个性少，年度考核多、平时考核少，考核显绩多潜绩少等，千人一面的考核，很难将干部的优缺点刻画出来，实际生活中又偏重于述职述廉、查阅档案资料等常规静态方法，往往不能全方位、多角度地对干部进行综合评价，而考核结果与奖惩、晋升、加薪关联度不够紧密。"干与不干一个样，干多干少一个样，干好干坏一个样"的老问题仍然存在。考核不合格的或不适合该岗位的有时也不能及时调整或调离该岗位，"能上不能下"的顽疾尚未根除，一旦当上领导，只要没有触犯党规国法，没有大的失职渎职，就不会被淘汰，形成"太平官永远太平"的怪圈，给"为官不为"的滋生提供了土壤。

（二）激励机制不完善，提供了"不能为"的空间

有效的正向激励是促进干部干事创业的重要手段。在市场经济发展过程中，社会价值观念也发生了深刻变化。物质激励对调动干部积极性起着重要作用，各地之所以竞相招商引资、争取项目、技术、人

---

① 邹庆国：《从不作为政治到责任政治：净化党内政治生态的一个维度》，《江汉论坛》2017 年第 2 期。

才等，除了权力行为所带来的政绩，还因为各地出台了许多招商引资的物质奖励条件和措施。现在对干部政绩考核的改变，让一些领导干部感觉既不能得实惠，又不能得名声，"出力不讨好的事不能干"。同时，全面从严治党以来，干部的工资福利行业差距缩小，奖金、补贴越来越规范，干部不再是社会的"宠儿"。有些干部看到福利待遇减少，各种约束增加，不再愿"啃硬骨头"，工作拈轻怕重，得过且过。

除了适当的物质激励、精神激励外，职务激励是调动干部工作主动性、创造性的重要动力机制。但目前的干部晋升渠道有限，任人唯亲、论资排辈现象仍不同程度地存在。在有些地方和部门，一些德才平平、投机取巧的人屡屡得到提拔重用，一些踏实干事、不跑不要的干部却没有进步机会，干部群众对此意见很大。福建省调查显示，有47.6%的人认为，任人唯亲是选人用人上不正之风的一种突出表现。①任人唯亲以亲疏为标准而不以德才为标准，客观上破坏选人用人的根本原则，不仅容易在党内拉帮结派，形成团团伙伙，更会造成干部的负向激励。论资排辈、平衡照顾在干部提拔使用中也比较常见。在上述福建的问卷调查中，有34.7%的人认为它是影响干部使用、晋升中的突出问题。在基层，事业编制的干部晋升空间更窄。事业编制的干部与行政编制的干部处在相同岗位，也承担大量繁重工作，但由于身份限制，加上核定配备职数较少，使得许多能力强的事业干部无法被委以重任。而基层行政干部选拔更强调年轻化，有的由于年龄偏大，加上职数受限，政治上看不到前途，就消极懈怠。因此，晋升门槛

---

① 中共福建省委党校课题组：《健全和落实干部使用、晋升机制研究》，《中共福建省委党校学报》2017 年第 3 期。

多、层级多，一些踏实干事的干部不能得到提拔重用，伤害了勤恳工作的干部积极性，久而久之，一些干部在熬年头中消磨了锐气，使其不愿为、不能为。

为官不为还有一种情况，是个别干部本领恐慌不能为。从总体上看，多数干部具有较高的政治素质、较强的开拓意识，具有奋发有为的干劲和激情。但也有些干部缺乏与时俱进的创新意识和工作方法，习惯于凭借手中的权力办事，善于用行政命令方式直接干预，甚至包办代替，能力素质跟不上时代要求，过去熟悉的东西现在也许已经过时，有人仍凭经验办事。过去不熟悉的东西现在需要大量补充、运用，有人却不善于学习、提高自己素质，"仕而不学"现象时有所见。从而出现了老办法不能用，新办法不会用的尴尬局面，造成一些干部"有想法没办法"，对工作开拓创新无能为力。

（三）责任机制不健全，提供了"不敢为"的借口

有权必有责，有责必尽责，失责必追究。党的十八大以来，法治中国建设向纵深发展，责任政治的意识增强，问责制的执行力度增大，实现了两个转变：一是由依法行政为主转变为依法执政、依法行政一体建设，法治政府、法治型政党①共同推进。责任主体由政府为主变为政党领导、政府主导。二是责任追究由以"事故""过错"追究、重事后惩处为主，转变为向"过错""乱作为""不作为"的全面

---

① 现代法治的基本原则就是依法约束、限制公权力，政党权力也是一种公权力，法治型政党是法治理念和原则在政党上的具体体现。参见王韶兴：《政党权力的科学内涵与基本特征》，《学习与探索》2008 年第 2 期；尹奎杰：《法治型政党建设初论》，《中共杭州市委党校学报》2017 年第 1 期。

问责。"风暴式"问责使"乱作为""胡作为"的现象明显减少。但由于为官不为具有较强的隐蔽性，其表现不像"乱作为"那样具有强烈的行为特征或民怨（民愤）特点，不大容易察觉、认定和处理。权力边界不清晰、运行不规范、职责不明确，往往是干部乱作为、胡作为的根源，也是干部不作为的借口。

来自山西省的调研报告显示，"过去，党员干部不作为，大多集中在无利益区域，出现'九龙治水'而无人治水等问题，但反腐高压态势下，过去争着抢着去作为的领域和环节现在变为不作为的领域和环节"①。例如，过去上马工程项目可以吃回扣，现在没有人敢拿回扣了。而争项目必然有人情、得花钱，在"三公"消费透明公开的情况下，谁冒着风险去干事？很多干部担心做多了或做不好会"引火烧身"，工作风险预期增加。况且，在城市拆迁改造、农村土地征用、群体性事件处理等利益冲突相对激烈和社会抗争强度较高的区域，人们的维权意识越来越强。为规避责任风险，一些干部采取消极不作为的方式行事。"只要不出事，宁愿不干事。"许多城市垃圾焚烧厂难以建立，就是一些干部不作为的反映。不出事逻辑，成为一些基层政府和官员的直接选择。

改革进入"深水区"，任何改革举措都会触动某些个体或群体利益，出现分歧和矛盾在所难免。同时，改革是前无古人的创新事业，必然伴随着各种困难和风险，打好改革攻坚战，更容易出现失误和麻烦。党员干部工作中出现失误并不可怕，人非圣贤，孰能无过。

---

① 山西省党建研究会课题组：《反腐高压态势下党员领导干部"不作为"问题研究》，《中国延安干部学院学报》2015年第2期。

面对工作中的失误，要积极主动地改正错误，迎难而上，开拓进取。党的十八届六中全会明确提出：要建立容错纠错机制，宽容干部在工作中特别是改革创新中的失误。这一规定有利于改革创新者卸下包袱，面对失误敢于承担责任，有利于解决为官不为的突出问题。但各地大多尚未出台建立容错纠错机制的实施细则和配套措施，使一些想干事的干部心存顾虑，步履迟缓。因此，应把容错纠错机制纳入问责制度框架内构建，通过完善权力清单、细化职责、规范程序、加强监督，既为敢于担当的干部担当，为敢于负责的干部负责，促使大批党员干部在攻坚克难、破解难题上走在前列，又要防范容错免责机制演变为责任推卸的工具，加大治庸治懒力度。对不作为、敷衍塞责的干部批评、警告，对关键时刻不担当、失职渎职的干部严肃问责，造成严重后果的严肃追责、依纪依法处理，不能让昏官、庸官、懒官占便宜、混日子，营造奖优罚劣、干事创业的良好制度氛围。

第五节　制度执行不力产生的"制度陷阱"

习近平总书记指出："从严治党靠教育，也靠制度，二者一柔一刚，要同向发力、同时发力"，要"坚持思想建党和制度治党紧密结合"。①党员个人的思想和品德十分重要，加强道德建设和世界观的

---

① 习近平：《在党的群众路线教育实践活动总结大会上的讲话》，人民出版社2014年版，第16页。

改造是党的建设不可或缺的内容。但没有制度的约束，个人的品德缺乏持久的保障。因为，制度是一种规范，也是行为的导向，规定人们可以做什么不可以做什么。制度一旦形成，既不会厚此薄彼，偏向一部分人，损害另一些人，只是公正地对待一切社会成员，也不会朝令夕改，要求所有人都去遵守它。习近平总书记形象地把制度比作"笼子"，制度建设能构筑拒腐防变的铜墙铁壁。一些党员干部之所以堕落为腐败分子，一方面是他们主观上背弃理想信念，经不起权力、金钱、美色的诱惑，蜕化变质；另一方面，一些领域的制度和体制还不完善，有些制度形同虚设，成为"稻草人"，客观上为形形色色的腐败行为提供了可乘之机。习近平总书记指出："我们的制度有些还不够健全，已经有的铁笼子门没关上，没上锁，或者栅栏太宽了，或者栅栏是用麻秆做的，那也不行。"[①]"没有健全的制度，权力没有关进制度的笼子里，腐败现象就控制不住"[②]，要强化对权力运行的制约与监督，形成不敢腐、不能腐、不想腐的有效机制，铲除腐败现象的生存空间和滋生土壤。

制度治党是以习近平同志为核心的党中央全面从严治党的鲜明特点，党的十八大以来坚持不懈制度治党取得显著成绩，赢得党心民心。但是制度建设方面的一些问题依然存在，归纳起来主要有以下几点：

---

① 《习近平关于党风廉政建设和反腐败斗争论述摘编》，中央文献出版社、中国方正出版社 2015 年版，第 129 页。

② 《习近平关于党风廉政建设和反腐败斗争论述摘编》，中央文献出版社、中国方正出版社 2015 年版，第 125 页。

一、制度虚置影响党的公信力

把权力关进制度的笼子里，首先要建好笼子。只有建好制度、立好规矩，把法规制度落实到制约和监督权力的各个方面，才能筑起遏制腐败的堤坝。但在一些地方和部门对制度建设重视程度层层递减的情况，呈现出"上热中温下凉"的局面，存在诸多制度建设被忽视的情形。或者说，制度实施一段时间后便无声无息，形成"说在嘴上，写在纸上，贴在墙上"的空转现象，有人称之为"制度休眠"和"制度迟钝"。①

之所以出现这种情况，一是因为有些制度过时了，属于多年不变的"老皇历"，不合时宜，这需要及时更新、完善；二是有些制度是可能为了政绩工程与应景需要而设计的，缺乏必要的科学论证，超越当地当前的经济社会实际发展水平，存在较大"盲区"而无法实施；三是有些制度是出于美好的愿望而良苦用心推出，缺乏合法性审查，缺乏全面性和长期性，甚至存在合情不合法而在现实生活中得不到执行。这些制度也许看上去很美，用时却没有可操作性，最后只能增加制度文本的冗繁。②因此，2012年6月至2014年11月，历时2年的党的法规清理工作全部完成，共梳理出中华人民共和国成立至2012年出台的党内法规和规范性文件1178件，废止322件，宣布失效369件，继续有效487件，其中42件须适时进行修改。这是加强党的制度建设的基础性工程，要进一步"建立健全清理工作长效机制，

---

① 赵刚印：《改善党群关系的制度设计》，《文汇报》2014年2月20日。
② 夏赞忠：《党内民主法规制度研究》，中国方正出版社2008年版，第22—24页。

把定期清理、即时清理、全面清理、专项清理结合起来"①。党的法规的清理、修订，适应了时代需要，为现代化建设提供了有力保障。但在一些地方仍不同程度存在有规不依问题。制度成为摆设，形式主义会愈演愈烈。而许多形式主义实际上又是官僚主义在各领域工作中的表现，典型表现为文山会海。任其发展下去，就会形成"破窗效应"，不仅严重影响群众对制度的信心，而且会影响群众对党的信任，致使党和政府的公信力下降。最终，制度虚置像一座无形的墙把党和人民群众隔开，我们党就会失去根基、失去血脉、失去力量。

二、 制度剪切或附加影响党的向心力

制度不是随意制定的，也不是任意改变的。制度一经形成，就要严格遵守。习近平总书记指出："要坚持制度面前人人平等、执行制度没有例外，不留'暗门'、不开'天窗'，坚决维护制度的严肃性和权威性。"②当前，从严治党面临的问题不是制度供给不足，而是制度成为橡皮泥，搞"上有政策，下有对策"，实行制度剪切的问题。

所谓制度剪切，就是根据个人或集团的需要有选择地执行制度。有学者把它归纳为四个方面：第一，积极执行对自身有利的制度，而不遵守对自身不利的制度；第二，若制度执行起来特别简单，则会去执行；若执行起来尤其困难，则剪切者就不会去执行；第三，若领导

---

① 人民日报评论员：《加强党的制度建设的基础工程》，《人民日报》2013年8月29日。
② 习近平：《在党的群众路线教育实践活动总结大会上的讲话》，人民出版社2014年版，第18页。

管理严格时，执行者就会去执行制度；而领导管理松懈时，他们就不会去执行制度；第四，剪切者经常会钻制度的漏洞，使得制度得不到完美执行。①

与制度剪切相反，有些地方则"自创"条例附加在原有的制度基础上。这主要表现为激励性制度的执行措施。为了满足自己的利益，对原有制度"灵活""创造"，导致制度的制约对象和范围超越了制度原本的框架。② 实质是扩大制度执行的范围，属于过度执行。

制度在执行中遇到的问题多种多样，制度剪切、制度附加往往是制度执行的常态，而象征性执行、敷衍性执行、替代性执行也时有发生。无论何种情况，他们都把制度法规当成橡皮泥，合意则守之，不合意则避之；有利则执行，无利就不执行。欺上瞒下，想着法子钻空子，千方百计避约束。这都是今后需要着力解决的问题。

三、"制度陷阱"影响党的先进性和纯洁性

钱穆在《中国历代政治得失》一书中曾指出，中国的政治制度，相沿日久，一天天地繁密化，使中国政治有后不如前之感。"一个制度出来毛病，再订一个制度来防制它，于是有些却变成了病上加病。"③ 这被人们称为"制度陷阱"，用以警示以制度解决制度问题，结果可能事与愿违，制度越多，漏洞越大。

---

① 邵从清：《论提高党内法规制度体系执行力》，《山东社会科学》2016 年第 12 期。
② 邵从清：《论提高党内法规制度体系执行力》，《山东社会科学》2016 年第 12 期。
③ 钱穆：《中国历代政治得失》，生活·读书·新知三联书店 2012 年版，第 177 页。

王岐山同志指出："任何一项制度都不可能解决所有问题，不能把亟待破解的难题淹没在大量制度条文中，也不能把重要的政治信号变成学术研讨，导致制度迟迟出不了台、贻误了时机。要重视制度建设，但也要避免落入'制度陷阱'。"①

党的制度建设是由制度制定、制度执行、制度监督构成的一个体系，各体系内部的子系统密切配合、协调一致，这样才能保证党的建设制度顺利运行，有效发挥整体功能。所谓"制度陷阱"，就是指没有制度效应，制度没有发挥预设的效力、取得执行效果。主要表现形式为：

（一）对"一把手"权力的监督制约制度软化

不受监督的权力容易导致腐败，绝对权力导致绝对腐败，这是万古不易的一条经验。因而，西方发达国家以"三权分立"的制度设计防止权力滥用。中国不会按照西方通过政党竞争来进行制度制约和监督，中国共产党是在自我监督中根本解决腐败问题。王岐山同志指出："我们一党长期执政、全面执政，最大挑战是对权力的有效监督，实现党的历史使命必须破解自我监督这个难题，形成发现问题、纠正偏差的有效机制。"②

从制度设计上看，对权力的监督形成体系，包括立法监督、行政监督、司法监督，民主监督、法律监督、舆论监督，上级监督、同级监督、下级监督，党内监督、社会监督、群众监督，等等。权

---

① 王岐山：《用担当的行动诠释对党和人民的忠诚》，《人民日报》2016 年 7 月 19 日。
② 王岐山：《巡视是党内监督战略性制度安排　彰显中国特色社会主义民主监督优势》，《人民日报》2017 年 7 月 17 日。

力监督是全方位的，但监督的效果并不理想，出现"上级监督不到，同级监督不了，下级监督不敢"的尴尬，以至于"组织监督时间太短，纪委监督为时太晚"。据统计，党的十八大以来被查处的领导干部腐败中，担任或曾经担任"一把手"的领导职务的占80％以上，这说明刚性的制度约束变成软约束。著名经济学家缪尔达尔提出"软政权"① 现象，认为腐败是"软政权"的产物，同时它又会导致政权进一步软化。在这种情形下，"正式的制度被潜规则排挤，潜规则则成为正常的社会规制手段"②。权力集中于个人或少数人手里，多数办事的人无权决定，少数有权的人负担过重，必然造成官僚主义，必然要犯各种错误。习近平总书记指出："一把手违纪违法最易产生催化、连锁反应，甚至造成区域性、系统性、塌方式腐败。许多违纪违法的一把手之所以从'好干部'沦为'阶下囚'，有理想信念动摇、外部'围猎'的原因，更有日常管理监督不力的原因。"③ 实践证明，权力制约监督乏力，是造成"前腐后继""屡禁不绝"的制度因素之一。有人借用马克思对资本贪婪的分析指出："当权力失去20％的监督时，它就蠢蠢欲动；当权力失去40％的监督时，它就破门而出；当权力失去60％的监督时，它就铤而走险；当权力失去80％的监督时，它就敢于践踏一切法律；当权力失去100％的监督时，它就不怕上断

---

① ［瑞典］冈纳·缪尔达尔：《世界贫困的挑战——世界反贫困大纲》，顾朝阳等译，北京经济学院出版社1991年版，第184页。

② 胡键：《理解中国的改革：当代中国社会主义现代化建设的理论与实践研究》，学林出版社2015年版，第138页。

③ 习近平：《在第十八届中央纪律检查委员会第六次全体会议上的讲话》，人民出版社2016年版，第27—28页。

头台。"①

（二）制度之间衔接、配套问题

党内法规制度分为党章、准则、条例、规则、规定、办法、细则等，党章、准则、条例为主干性、支撑性的党内法规，这只是层级的划分，还缺少内容方面的分类，如经济、行政、民事等不同门类。在实践中，中央纪律检查委员会、中央各部门和省级党委都有权制定规则、规定、办法、细则等，由于制定主体多元、分散，有些法规制度"碎片化"，且互不关联、规则打架的问题比较突出。据不完全统计，从党的十六大到十八大期间，中央纪委、国家监察委员会共制定或修订法规或规范性文件多达 160 余件，会同相关部门起草制定 40 多件，地方和部门起草 1000 多件。从而导致各种具体法规各自为政，貌似轰轰烈烈，实则起不了多大作用。比如，党中央先后制定了《关于严禁党政机关和党政干部经商、办企业的决定》《关于党政机关县（处）级以上领导干部收入申报的规定》《中国共产党党员领导干部廉洁从政若干准则》等 20 多部防止利益冲突的重要政策法规，但这些规定存在分散、零乱的缺陷，对党员领导干部的行为约束较为软弱。② 再如，《地方组织法》虽屡次修改，但差额选举制度保留至今，该法第二十二条规定，地方国家机关正职领导人一般要进行差额选举，特殊情况下可以等额选举，而副职领导都应当实现差额选举。从实践来看，这一规定被约定俗成为等额选举，甚至一些地方的《选举办法》

---

① 李永忠：《十八大后制度反腐展望》，《人民论坛》2012 年第 33 期。

② 陈洪连、李慧玲：《防止利益冲突制度建设的价值意蕴与实现路径》，《北京航空航天大学学报（社会科学版）》2017 年第 1 期。

竟然规定正职必须实行等额选举。因而全国范围内正职领导差额选举的实例在 20 世纪 90 年代以来非常罕见，至今没有省长差额选举的实例。据不完全统计，市长差额选举仅有江苏省的宿迁、南通两市，县长差额选举也是个位数，有哈尔滨的五名县长、济南市平阴县县长、黄冈市黄州区区长和浠水县县长。副职差额选举一般以最低"差配"陪选的方式变通实现。人民代表大会的选举权有名无实。

七类法规构成的党内制度体系至少包含三个层次的内容：在微观层面，制度内容不能矛盾、冲突，应相互协调；在中观层面，各项制度之间在程序方面是严密的，可以衔接成统一的制度体系；在宏观层面，党内各项配套制度是完备的，与国家的法律法规彼此协调。党内法规与国家法律制度是相辅相成的关系，但目前，部分党内法规仍然不同程度存在不协调、不衔接、不一致问题。有的法规用语模糊，可操作性不强。有的党内法规存在与国家法律不衔接的问题，比如，"双规"改为"留置"前，党内法规与国家法律的规定存在一定的冲突。又如，我国刑法中有"巨额财产来源不明罪"，但缺乏与之配套的财产申报制度，致使这一法律未发挥更大的惩戒作用。

中国已制定了大量的预防和治理腐败的制度，但这些制度大多属于头痛医头、脚痛医脚的应急方案，对腐败犯罪的处罚实际上存在着一种立法的重刑化与司法的轻刑化并存的怪异现象。从立法规定上看，对贪污受贿等腐败犯罪的刑罚较重，如贪污、受贿在 10 万元以上，可以判处 10 年以上的有期徒刑甚至无期徒刑，但实际上对腐败犯罪的处理存在"一宽、二少、三多"现象，即对腐败犯罪构罪的数额起点越来越宽；判处 10 年以上重刑的少，判处无期徒刑的更少；不起诉、免刑和缓刑的越来越多。甚至有的地方明确规定招商引资过程中的一些违法犯罪行为不予查处,有的部门内部规定贪污受贿数额在5万元以下不予追究或不作犯罪处理。①

　　总之,造成上述难点的症结,既有长期执政容易产生松懈情绪带来的钝力影响,又有既得利益作祟造成的管党治党动力不足;既有把改革开放与从严治党对立起来,担心从严治党会影响社会稳定等错误观念造成的思想障碍,又有体制机制弊端特别是长效机制缺失产生的制度匮限;既有党员主体地位发挥不好造成的监督乏力和党员队伍规模不断扩张带来的管党治党压力,又有干部精神上缺"钙"导致各种出轨越界、跑冒滴漏和干部管理失之于宽、失之于软的问题。这些难点与症结既是影响管党治党效果的主要障碍因素,又是造成应然与实然之间差距的主要原因。新形势下全面从严治党,我们要在全面深化改革的进程中,通过制度建设保持和发展党的先进性和纯洁性,着力增强党自我净化、自我完善、自我革新、自我提高能力,经受住"四大考验",从根本上消除党所面临的"四大危险",铲除腐败现象滋生蔓延的土壤。不忘初心,继续前进,努力向历史、向人民交出新的更加优异的答卷。

---

① 杜雄柏:《反腐败立法中几种关系的协调与处理》,《南华大学学报》2016年第6期。

第三章

新形势下全面从严治党的着力点

第一节　着力营造风清气正的政治生态

2014 年 10 月 8 日，习近平总书记在党的群众路线教育实践活动总结大会上发表重要讲话时指出："这些年来，在一些地方和单位，'四风'问题越积越多，党内和社会上潜规则越来越盛行，政治生态和社会环境受到污染，根子就在从严治党没有做到位。"① 这句话体现了我们党对党的自身建设在认识上的进一步深化，也表明了全面从严治党是根治政治生态恶化问题的良方。换言之，全面从严治党的主要目标就是要着力营造风清气正的政治生态。

---

① 习近平：《在党的群众路线教育实践活动总结大会上的讲话》，人民出版社 2014 年版，第 13 页。

一、风清气正的政治生态的科学内涵[①]

（一）何谓政治生态

生态（eco—）一词源于古希腊的 oikos，意指家（house）或者我们的环境。政治生态中的"生态"本是一个自然科学尤其是生物学的用语，强调的是生物在自然环境下生存和发展的状态，以及生物与有机及无机环境之间的关系。1858 年，H. D. Thoreau 在一封信中较早地使用了生态学（ecology）这一学科名词。1889 年，海克尔进一步认为："生态学是一门自然经济学，它涉及所有生物有机体关系的变化，涉及各种生物自身以及它们和其他生物如何在一起共同生活。"在今天，生态学已经发展成为"研究生物与其环境之间的相互关系的科学"，并可按研究对象的不同，分为三个分支：一是个体生态学，研究一个生物个体或一种生物的多个个体与环境的关系；二是种群生态学，研究生物种群与环境的关系；三是群落生态学，研究生物群落与环境的关系。

作为学术话语的政治生态学是一门比较年轻的学科。"从广义上讲，该术语主要被用来描述环境对政治行为的影响……政治生态学的特点在于试图测定不同环境对于这些环境周围的一种或多种被看成是特征相似的个人或团体所产生的影响。"[②] 作为政治学与生态学相互交叉所产生的一个分支学科，政治生态学是运用生态学的理论、观点和

[①] 参见桑学成、周义程：《营造风清气正的政治生态：概念辨识与着力点考量》，《江苏社会科学》2018 年第 1 期。

[②] ［英］戴维·米勒、韦农·波格丹诺主编：《布莱克维尔政治学百科全书》，邓正来主编（中译本），中国政法大学出版社 2002 年版，第 484 页。

方法来研究社会政治现象的一门学问，其试图从政治与其环境的相互关系中研究社会政治现象的产生与发展。① 政治生态学不同于生态政治学，前者研究的主要对象是政治，重点从生态学角度研究政治问题，后者研究的主要对象是生态，重点从政治学角度研究自然环境问题，尤其关注人与自然的关系问题。生态政治学在国外形成了政治学的一个重要派别，其与环境政治学、绿色政治学是可以互换使用的，并无严格区分。当然，"如果一定要说这三个术语之间有什么区别，那么'环境政治'是就问题产生的领域而言，'生态政治'是就问题所涉及的本质而言，'绿色政治'则是一种关于以上两个术语的具有文学色彩的词汇"②。在国外，鲜有学者对政治生态学进行专门的研究，但有为数不多的学者在相关论著中提及政治生态问题。古希腊思想家亚里士多德在《政治学》一书中对政体作了分类，探讨了不同政体之间的差别，并从自然条件和人文条件方面剖析了这些差别的成因。另外，他还从心理作用、政事措施、社会变迁等方面引发城邦内讧甚至政变的多种情形作了分析。③ 耶格尔（Werner Jaeger）在《亚里士多德：思想发展史要义》一书中甚至认为，亚里士多德将政治学题材划入他当时已经用来研究自然其他层面的方法范畴内，这是他对政治的主要贡献。④ 约翰·麦克里兰亦强调："亚里士多德以生物学家

① 中国大百科全书总编辑委员会《政治学》编辑委员会、中国大百科全书出版社编辑部编：《中国大百科全书：政治学》，中国大百科全书出版社1992年版，第327页。

② 芮国强：《生态政治学概念辨析》，《学术界》2003年第4期。

③ [古希腊] 亚里士多德：《政治学》，吴寿彭译，商务印书馆1965年版，第7页。

④ [英] 约翰·麦克里兰：《西方政治思想史》，彭淮栋译，海南出版社2003年版，第71页。

的眼光探究政治生活的发展，大致就像探究其他自然现象的生命发展。"①法国启蒙思想家孟德斯鸠在《论法的精神》一书中，从地理环境的角度分析了政体与环境的关系，揭示了造成政体差异的环境因素。孟德斯鸠还论证了法律与地理环境的联系。例如，他认为，热带及亚热带的国家之所以盛行严刑峻法，就是因为那里的酷热容易使人暴躁和不理智；温带和寒带的国家之所以刑法较为宽和，就是因为那里的适中温度或严寒气候使人冷静和富有理智。②法国政治思想家托克维尔在《论美国的民主》一书中指出，"习惯、思想和民情"是"有助于美国维护民主共和制度的偶然的或天赐的原因"中最重要的原因。③如果说前述学者只是在著作中相对零散地涉及政治生态问题，那么美国政治学家、政治行为主义的倡导者、政治系统论的创立者戴维·伊斯顿则比较系统地开展了政治生态研究。他在《政治生活的系统分析》一书中指出，政治系统是为社会规定有价值物的权威性分配（或强制性决定），并且予以实施的行为或互动行为。它由政治团体、体制和权威机构等部分构成，并"处于自然的、生物的、社会的和心理的环境包围之中……处于来自于其他系统的影响之下……政治系统正是在与环境的相互影响与作用中确立自己的存在价值"④。政治系统与环境之间形成互动的联系，系统的持续依靠不断地输入、输出、反

---

① ［英］约翰·麦克里兰：《西方政治思想史》，彭淮栋译，海南出版社 2003 年版，第71 页。

② 谢明：《公共政策导论》，中国人民大学出版社 2012 年版，第 60 页。

③ ［法］托克维尔：《论美国的民主》，董果良译，商务印书馆 1993 年版，第 323 页。

④ ［美］戴维·伊斯顿：《政治生活的系统分析》，王浦劬译，华夏出版社 1999 年版，第20 页。

馈、再输入过程来实现。阿尔蒙德和小鲍威尔在《比较政治学：体系、过程和政策》一书中也强调："政治体系也是一个生态学的概念，因为它强调了政治领域与环境之间的相互作用。"[①] 他们还认为，生态学研究法的好处在于把我们的注意力集中于一些较大的政治问题上。如果我们要对政治作出合理的判断，就必须把政治制度置于其周围环境之中，看出这些环境如何对政治选择施加限制，又如何给政治选择提供机会。

值得欣慰的是，与政治生态学密切相关的行政生态学则在行政思想和流派中占有一席之地。1936 年，哈佛大学教授 J. 高斯发表了《美国社会与公共行政》一文，率先探讨了社会环境与公共行政的关系问题，提醒公共行政学者要关注美国的社会环境，并建立"有美国特色的公共行政学"。1947 年，高斯又发表了《政府生态学》一文，指出可以借用生态学的相关理论和术语来为公共行政学的发展寻找新的生长点。[②] 高斯的研究在当时并未引起学界的重视，后来经过美国著名行政学家弗雷德·W. 里格斯的发展，才使行政生态学产生了广泛的影响。1957 年，里格斯发表了《比较公共行政的模式》一文，1961 年，他出版了《行政生态学》一书，1965 年，他出版了《发展中国家的行政：棱柱形社会的理论》一书，1973 年，他出版了《重访棱柱形社会》一书。[③] 里格斯在这些论著中借用生态学的理论和方法来研究公

---

① ［美］阿尔蒙德、小鲍威尔：《比较政治学：体系、过程和政策》，曹沛霖等译，东方出版社 2007 年版，第 4 页。

② 彭文显：《行政生态学》，台湾三民书局有限公司出版社 1988 年版，第 1 页。

③ 唐兴霖：《公共行政学：历史与思想》，中山大学出版社 2000 年版，第 320 页。

共行政学的问题，从而使行政生态学的影响力迅速增长。

在我国学术界，政治生态学方面最早的研究成果当属王沪宁在1989 年出版的《行政生态分析》一书。在该书中，作者尝试"用生态学的基本原理来分析行政活动和行政现象，从行政系统与社会环境之间的物质循环和能量变换考察行政活动的优化"①。作者对行政生态学作出了科学的界定，认为它"指的是借用生态学研究生命主体与其环境的相互关系和相互作用的理论和方法，来研究行政系统与社会圈的相互关系和方法，即通过生态系统的模拟来研究行政生态系统"②。在该书中，作者将行政视为一个系统，阐述了个体系统、团体系统、整体系统和系统构造问题，剖析了行政系统与行政环境（社会圈）中的政治圈、经济圈、文化圈之间的相互关系和动态平衡问题，从而将行政生态系统的分析推向了新的高度。

英国生物学家坦斯利（A. G. Tansley）在 1935 年提出了生态系统（ecosystem）这一术语。该术语意在强调，在自然界、生物与有机及无机环境之间构成了一个相互依赖、相互联系、相互作用的统一整体，由此构成了自然生态系统。同样地，政治生态中的政治行为主体及其行为方式、政治制度和规范、政治文化和政治心理等要素之间也存在相互依赖、相互联系和相互作用的关系，并构成了一个有机统一的整体，此即政治生态系统。就我国而言，政治生态中的政治行为主体包括中国共产党、全国人民代表大会、政府、政协、法院、检察院、事业单位、企业、社会组织、公民个体，等等。中

---

① 王沪宁：《行政生态分析》，复旦大学出版社 1989 年版，第 8 页。
② 王沪宁：《行政生态分析》，复旦大学出版社 1989 年版，第 28 页。

国共产党作为唯一的执政党，在各级各类政治行为主体居于领导核心的地位，并主要体现为"政治、思想和组织的领导"①。由此可见，在政治生态系统的政治行为主体要素中，作为执政党的中国共产党是最为重要的要素，它在政治行为主体中的领导核心地位意味着其对政治生态的影响最为显著和发挥着关键性作用。比如，执政党的党风是政治生态的组成部分，党风影响甚至决定政风、民风、家风。因此，为了净化政治生态，就需要"改进工作作风……营造廉洁从政的良好环境"②；需要"坚持清正廉明，形成正气弘扬的大气候，让那些看起来无影无踪的潜规则在党内以及社会上失去土壤、失去通道、失去市场"③；需要"积小胜为大胜，不以恶小而为之、不以善小而不为，通过抓党风政风带社风民风，努力营造廉洁从政的政治生态"④。

"政治生态"一词作为中国实践界使用的政治话语产生于党的十八大之后。党的十八大以来，全面从严治党成为当代中国政治新常态，中央领导集体也试图通过强力反腐来改造政治生态。2013 年 1 月 22 日，习近平总书记在十八届中央纪委二次全会上首次提出"净化政治生态"这一重大问题，他指出："改进工作作风，就是要净化

---

①　《中国共产党章程》，人民出版社 2012 年版，第 2 页。

②　张烁：《习近平在十八届中央纪委二次全会上发表重要讲话强调，更加科学有效地防治腐败，坚定不移把反腐倡廉建设引向深入》，《人民日报》2013 年 1 月 23 日。

③　《习近平在指导兰考县委常委班子专题民主生活会时强调，作风建设要经常抓深入抓持久抓，不断巩固扩大教育实践活动成果》，《人民日报》2014 年 5 月 10 日。

④　中共中央文献研究室、中央党的群众路线教育实践活动领导小组办公室编：《习近平关于党的群众路线教育实践活动论述摘编》，党建读物出版社、中央文献出版社 2014 年版，第 73 页。

政治生态，营造廉洁从政的良好环境。"①2014年6月30日，习近平总书记在中共中央政治局开展第十六次集体学习时再次提及政治生态问题。他强调："从近来反对'四风'、查处腐败案件的实际情况看，解决党内存在的种种难题，必须营造一个良好从政环境，也就是要有一个好的政治生态。古人早就提出，管理国家，'必先正风俗。风俗既正，中人以下，皆自勉以为善；风俗一败，中人以上，皆自弃而为恶'。"② 此后，习近平总书记还在其他场合多次提及"政治生态"。2014年10月8日，习近平总书记在党的群众路线教育实践活动总结大会上的讲话中指出："这些年来，在一些地方和单位，'四风'问题越积越多，党内和社会上潜规则越来越盛行，政治生态和社会环境受到污染，根子就在从严治党没有做到位。有些地方和单位看起来党在管党治党，但没有管到位上，没有严到份上。"2015年1月13日，习近平总书记在十八届中央纪委五次全会上的讲话中强调："从这两年查处的案件和巡视发现的问题看，反腐败斗争形势依然严峻复杂，主要是在实现不敢腐、不能腐、不想腐上还没有取得压倒性胜利，腐败活动减少了但并没有绝迹，反腐败体制机制建立了但还不够完善，思想教育加强了但思想防线还没有筑牢，减少腐败存量、遏制腐败增量、重构政治生态的工作艰巨繁重。"③ 在2015年3月召开的第十二届全国人民代表大会第三次会议和政协第十二届全国委员会第三

---

① 中共中央纪律检查委员会、中共中央文献研究室编：《习近平关于党风廉政建设和反腐败斗争论述摘编》，中央文献出版社、中国方正出版社2015年版，第6页。

② 《习近平在中共中央政治局第十六次集体学习时强调，坚持从严治党落实管党治党责任，把作风建设要求融入党的制度建设》，《人民日报》2014年7月1日。

③ 人民日报社评论部编著：《"四个全面"学习读本》，人民出版社2015年版，第279页。

次会议上，习近平总书记也多次谈到"政治生态"。其间，在 3 月 6 日参加江西代表团审议时，习近平总书记强调："自然生态要山清水秀，政治生态也要山清水秀。严惩腐败分子是保持政治生态山清水秀的必然要求。党内如果有腐败分子藏身之地，政治生态必然会受到污染。因此，必须做到有腐必反、除恶务尽。"① 在 3 月 7 日参加辽宁代表团审议时，习近平总书记强调："一个地方要实现政通人和、安定有序，必须有良好政治生态。政治生态污浊，就会滋生权欲熏心、阳奉阴违、结党营私、团团伙伙、拉帮结派等一系列问题，侵蚀党的思想道德基础。"② 在 3 月 8 日参加四川代表团审议时，习近平总书记又指出："政治生态是检验我们管党治党是否有力的重要标尺。"③ 营造风清气正的政治生态，是一项持久的工作。在 3 月 9 日参加吉林代表团审议时，习近平总书记再次强调："政治生态污浊，从政环境就恶劣；政治生态清明，从政环境就优良。政治生态和自然生态一样，稍不注意，就很容易受到污染，一旦出现问题，再想恢复就要付出很大代价。"④ 2016 年 1 月 12 日，习近平总书记在第十八届中央纪律检

---

① 习近平：《政治生态也要山清水秀》，新华网 2015 年 3 月 6 日，见 http://www.xinhuanet. com/politics/2015-03/06/c_1114552785. htm，访问时间：2019 年 12 月 6 日。

② 《习近平总书记关于营造风清气正的良好政治生态重要论述摘录》（2015 年 1 月— 2018 年 4 月），人民网－中国共产党新闻网 2018 年 4 月 24 日，见 http://fanfu.people. com.cn/n1/2018/0424/c64371-29945927.html，访问时间：2019 年 12 月 6 日。

③ 《坚定不移全面从严治党　营造风清气正政治生态》，人民网－中国共产党新闻网 2017 年 11 月 1 日，见 http://dangjian.people.com.cn/n1/2017/1101/c117092-29619379. html，访问时间：2019 年 12 月 6 日。

④ 《人民日报红船观澜：如何清除政治生态"雾霾"》，人民网－人民日报 2015 年 9 月 1 日，见 http://opinion.people.com.cn/n/2015/0901/c1003-27536086.html，访问时间：2019 年 12 月 6 日。

查委员会第六次全体会议上的讲话中强调："标本兼治，净化政治生态。政治生态好，人心就顺、正气就足；政治生态不好，就会人心涣散、弊病丛生……净化政治生态同修复自然生态一样，绝非一朝一夕之功，需要综合施策、协同推进。"①2016 年 6 月 28 日，习近平总书记在主持中共中央政治局第三十三次集体学习时强调："我们党 95 年的奋斗历程充分表明，严肃认真的党内政治生活、健康洁净的党内政治生态，是党的优良作风的生成土壤，是党的旺盛生机的动力源泉，是保持党的先进性纯洁性、提高党的创造力凝聚力战斗力的重要条件，是党团结带领全国各族人民完成历史使命的有力保障，是我们党区别于其他非马克思主义政党的鲜明标志。"②2016 年 9 月 29 日，习近平总书记在学习《胡锦涛文选》报告会上的讲话中要求："要加强和规范党内政治生活，增强党内政治生活的政治性、时代性、原则性、战斗性，全面净化党内政治生态。"③ 为了形成风清气正的政治生态，习近平总书记强调，必须要严肃党内政治生活，深入整治选人用人不正之风，坚持正确用人导向，"真正把忠诚党和人民事业、做人堂堂正正、干事干干净净的干部选拔出来"。④ 在参加四川代表团审议时，习近平总书记语重心长地强调，政治生态是检验我们管党治党是否有力的重要标尺。营造风清气正的政治生态作为一项持久的工作，

---

① 习近平：《在第十八届中央纪律检查委员会第六次全体会议上的讲话》，人民出版社 2016 年版，第 14 页。

② 《新形势下严肃党内政治生活学习要点》编写组：《新形势下严肃党内政治生活学习要点》，人民出版社 2016 年版，第 3 页。

③ 习近平：《在学习〈胡锦涛文选〉报告会上的讲话》，人民出版社 2016 年版，第 17 页。

④ 《做人堂堂正正　干事干干净净》，《光明日报》2017 年 3 月 8 日。

其深层含义就是"长""常"二字，要在全过程和各方面抓严抓实。2018 年 3 月 10 日，习近平总书记在参加十三届全国人大一次会议重庆代表团审议时强调："形成风清气正的政治生态，是旗帜鲜明讲政治、坚决维护党中央权威和集中统一领导的政治要求，是持之以恒正风肃纪、推动全面从严治党向纵深发展的迫切需要，是锻造优良党风政风、确保改革发展目标顺利实现的重要保障。"① 为了形成风清气正的政治生态，习近平总书记强调要抓住"关键少数"，形成"头雁效应"；要加强政德建设，让政德切实成为"整个社会道德建设的风向标"；"要慎独慎初慎微慎欲，培养和强化自我约束、自我控制的意识和能力，做到'心不动于微利之诱，目不眩于五色之惑'"②。关于怎样立政德，习近平总书记认为，"立政德，就要明大德、守公德、严私德"。所谓"明大德"，"就是要铸牢理想信念、锤炼坚强党性，在大是大非面前旗帜鲜明，在风浪考验面前无所畏惧，在各种诱惑面前立场坚定"③；所谓"守公德"，"就是要强化宗旨意识，全心全意为人民服务，恪守立党为公、执政为民理念，自觉践行人民对美好生活的向往就是我们的奋斗目标的承诺，做到心底无私天地宽"④；所谓"严私

---

① 《习近平总书记关于营造风清气正的良好政治生态重要论述摘录》（2015 年 1 月 — 2018 年 4 月），人民网 – 中国共产党新闻网 2018 年 4 月 24 日，见 http://fanfu.people. com.cn/n1/2018/0424/c64371-29945927. html，访问时间：2019 年 12 月 6 日。

② 《总书记的这些话，领导干部要切记》，新华网 2018 年 3 月 12 日，见 http://www. xinhuanet. com/politics/2018-03/12/c_1122523884. htm，访问时间：2019 年 12 月 6 日。

③ 习近平：《领导干部要讲政德》，新华每日电讯 2018 年 3 月 11 日，见 http://www. xinhuanet. com/mrdx/2018-03/11/c_137030269. htm，访问时间：2019 年 12 月 6 日。

④ 习近平：《领导干部要讲政德》，新华每日电讯 2018 年 3 月 11 日，见 http://www. xinhuanet. com/mrdx/2018-03/11/c_137030269. htm，访问时间：2019 年 12 月 6 日。

德"，"就是要严格约束自己的操守和行为。所有党员、干部都要戒贪止欲、克己奉公，切实把人民赋予的权力用来造福人民。要把家风建设摆在重要位置，廉洁修身，廉洁齐家，防止'枕边风'成为贪腐的导火索，防止子女打着自己的旗号非法牟利，防止身边人把自己'拉下水'"[①]。

习近平总书记对政治生态问题的反复强调，所指向的不仅是作为执政党的中国共产党之自身建设，而且是对当下的中国宏观政治形势之理性审视，亦是当代中国政治实践发展路向的科学定位，更是对中国建设廉洁政治的高度自觉。自从习近平总书记谈及"政治生态"以来，这一概念迅速成为我国实践界和理论界频繁使用的词汇。

在我国实践界，作为政治话语的"政治生态"主要指"'从政环境'，接近于官场环境或官场生态；但作为一个学术概念，其含义要广泛得多，它可以被理解为政治系统的各种要素，包括政治制度和规范、政治行为主体及其行为方式、政治文化和政治心理等相互作用而形成的一种总体状态和环境"[②]。政治生态是广大党员干部的党性、觉悟、作风的直观反映，又是社会中的党风、政风和社会风气的综合体现。

（二）何谓风清气正的政治生态

习近平总书记对良好政治生态的描绘，既较早地用过"山清水秀"这个词，后来也相对固定地使用"风清气正"这个词。由此可见，"山清水秀的政治生态"和"风清气正的政治生态"具有相同的含义。有

---

① 习近平：《领导干部要讲政德》，新华每日电讯 2018 年 3 月 11 日，见 http://www. xinhuanet. com/mrdx/2018-03/11/c_137030269. htm，访问时间：2019 年 12 月 6 日。

② 杜运泉：《塑造中国政治新生态》，《探索与争鸣》2015 年第 11 期。

鉴于此，有必要在对"山清水秀的政治生态"概念加以界定的基础上，重点对"风清气正的政治生态"加以界定。为了厘清"山清水秀的政治生态"之要义，首先要对"山清水秀"的含义加以阐释。"山清水秀"作为成语出自北宋著名诗人、词人、书法家黄庭坚所作《蓦山溪·赠衡阳妓陈湘》这首赠别词："眉黛敛秋波，尽湖南、山明水秀。"作者用秋波来比喻陈湘的眉清目秀。"山明水秀"则与"眉黛"和"秋波"相应，意在描述陈湘的眉如山之明，眼如水之秀。在现代汉语中，所谓山清水秀，是指山水清幽秀丽，形容风景优美。

前文已经指出，在我国实践界，"政治生态"作为政治话语主要指"从政环境"，而作为学术概念的"政治生态"则是指政治系统的各种要素相互作用而形成的一种总体状态和环境。"山清水秀的政治生态"将"山清水秀"作为政治生态的定语，意在比喻一种良好的政治生态。"清"是与"浊""污"相对立的一个字，是指自然环境清洁、干净、透明而不夹杂任何脏污之物；"秀"是指由自然环境之"清"所带来并与"清"交相辉映的一种美的状态。用"山清水秀"来概括政治生态所要实现的一种价值目标，体现了我们党对政治生活廉洁性的美好期待。[①] 由此，可以认为，作为政治话语的"山清水秀的政治生态"是指清正廉明的从政环境，作为学术话语的"山清水秀的政治生态"则指政治系统的各要素相互作用所形成的一种清正廉明的总体状态和环境。

虽然说，"山清水秀的政治生态"和"风清气正的政治生态"具

[①] 唐贤秋：《论廉洁政治生态的价值维度与构建理路》，《中国特色社会主义研究》2015年第5期。

有相同的含义。不过，为了便于对"风清气正的政治生态"之要义加以透彻理解，有必要首先对"风清气正"的含义加以阐释。"风"通常包括党风、政风、世风、民风、学风、作风；"气"通常是指骨气、节气、正气、志气、士气。"风清"一般有两种含义：一谓风轻柔而凉爽。南朝梁元帝《钟山飞流寺碑》："云聚峰高，风清钟彻。"唐戴叔伦《泊湘口》诗："露重猿声绝，风清月色多。"二谓社会清平。《魏书·邢峦传》："淮外谧以风清，荆沔于焉肃晏。""气正"也有两种含义：一是指气色纯正。例如，"神清气正"就是指神态清朗，气色纯正。二是指风气纯正。由"风清"和"气正"叠加而成的"风清气正"一词通常是指党风、政风、世风、民风、学风、作风的清朗纯正。"风清"是"气正"的基础，正如习近平总书记所言："风清则气正，气正则心齐，心齐则事成。"① 由此，结合"山清水秀的政治生态"的含义，同样可以认为，作为政治话语的"风清气正的政治生态"是指清正廉明的从政环境，作为学术话语的"风清气正的政治生态"则指政治系统的各要素相互作用所形成的一种清正廉明的总体状态和环境。

二、风清气正的政治生态的建设标准

有学者认为，判断政治生态优劣与否的标准是"在政治主体之间确立起透明、包容、规则、合作的观念，并内化为政治主体的行为

---

① 习近平：《在党的群众路线教育实践活动总结大会上的讲话》，人民出版社 2014 年版，第 6 页。

准则"①。在我们看来，政治生态建设的核心是净化政治生态，即要建设"山清水秀""风清气正"的政治生态。山清水秀是良好的自然生态之基本标准。习近平总书记强调政治生态的"山清水秀"，这实际上是比喻，体现了习近平总书记借用良好自然生态中的标准来形象地描绘良好政治生态的政治智慧。可以认为，全面从严治党是营造"山清水秀""风清气正"的政治生态之必然选择。而根据党的十八大报告提出的"三清"愿景，政治生态的"山清水秀"和"风清气正"必然体现为"干部清正、政府清廉、政治清明"。

干部清正中的"清正"是指清白正直、清廉公正。汉代王充《论衡·累害》中有这样的表述："清正之士，抗行伸志。"《三国志·魏志·毛玠传》中指出："其所举用，皆清正之士。"干部清正是对领导干部从政道德的基本要求，其基本内涵包括干部"行为清廉""为人正直""作风正派""公正从政"等。

政府清廉中的"政府"是广义的政府概念，可以视同一切行使公权力的机关。清廉是指清正廉洁，该词最早见《庄子·说剑》："诸侯之剑，以知勇士为锋，以清廉士为锷。"在《东观汉记·周泽传》也使用过这个词："拜太常，果敢直言，数有据争，朝廷嘉其清廉。"政府清廉意指一切行使公权力的机关都清正廉洁，其基本内涵包括政府"清白公正""廉洁奉公""成本低廉"等。"三清"的核心是"清"，正所谓"清则心境高雅，清则正气充盈，清则百毒不侵，清则万众归心"。

---

① 郝宇青：《"政治生态"的内涵解读》，《探索与争鸣》2015 年第 11 期。

政治清明中的"清明"是与"腐败""昏暗"相反的词汇，意指政治开明，有法度有条理。《诗经·大雅·大明》中曾言："肆伐大商，会朝清明。"政治的"清"强调政治体系、法律、法规、权力职责和运行过程的清白、清楚、清晰等；政治的"明"强调政治运行的光明、透明、开明、文明等。狭义的"政治清明"主要强调政治体系运行的"清白"，概念的逻辑重心在于政治权力运行过程呈现的结果，"清"是目的，"明"是手段。"政治清明"即"政治廉洁……广义的'政治清明'从根本上来说是政治权力的开放和包容，是政治规则和运行之'清'与'明'的统一，是政治价值、制度、机制和行为的一致"①。可见，政治清明的基本内涵包括政治"清白透明""廉洁文明""开放包容"等。

三、风清气正的政治生态的治理路径

一个池塘中，如果有几条鱼死了，那可能是鱼的问题，如果有很多鱼都死了，那就是水的生态出了问题。对政治系统来说，也是如此。一个地方，如果少数干部出了问题，那是他们个人有问题，如果很多干部出了问题，就是当地的政治生态有问题。一般来说，生态系统都有一定的自我净化、自我修复功能，如果生态问题不严重，可能会逐渐恢复生态均衡，但是，如果破坏的速度超过自我净化和自我修复的速度，那么生态系统就会失衡。对政治生态系统而言，同样如

---

① 孟伟：《政治清明：概念内涵及实现途径》，《特区实践与理论》2014 年第 6 期。

此。从党的十八大之前的政治生态现实来看，已经到了无法依靠自我修复自发地实现生态平衡的地步。因此，为了实现政治生态的"风清气正"，必须在深入学习贯彻习近平新时代中国特色社会主义思想的基础上，必须从自发走向自觉，即必须依靠执政党的政党自觉尤其是以习近平同志为核心的党中央以踏石留印、抓铁有痕的精气神持之以恒地推进政治生态的治理和重构。

（一）持之以恒地惩治腐败分子

治国必先治吏，唯有吏治清明，政治生态方能健康洁净。从政治生态学视角来看，诸如公权力私有化、商品化、关系化等公权力的异化现象造成了政治生态系统新陈代谢功能的紊乱，这恰恰是政治生态污染的源头，并成为需要"着力解决人民群众反映最强烈、对党的执政基础威胁最大的突出问题"[1]。我国历代王朝之所以没有跳出"其兴也勃焉，其亡也忽焉"的历史周期律，一个十分重要的原因就是统治集团的腐化堕落。因此，应当将通过惩治腐败分子来防治公权力异化作为治吏的首要任务，这对于营造风清气正的政治生态之意义十分重大。正如习近平总书记所言："当一个苹果烂掉时，会让一篮子苹果都烂掉。党内如果有腐败分子藏身之地，政治生态必然会受到污染。"[2]同样地，"一棵参天大树，如任蛀虫繁衍啃咬，最终必会逐渐枯萎"[3]。古今中外的历史和现实一再证明，惩治腐败分子所取得的绩

---

① 《习近平谈治国理政》第二卷，外文出版社 2017 年版，第 61 页。

② 《习近平 李克强 张德江 刘云山分别参加全国人大会议一些代表团审议》，《人民日报》2015 年 3 月 7 日。

③ 习近平：《在第十八届中央纪律检查委员会第六次全体会议上的讲话》，人民出版社 2016 年版，第 13 页。

效与政治生态的优良程度呈现出显著的正相关关系。因此，为了确保政治生态的风清气正，必然要"深入推进反腐败斗争，下大力气拔'烂树'、治'病树'、正'歪树'，使领导干部受到警醒、警示、警戒"[1]，必然要"持续保持高压态势，做到零容忍的态度不变、猛药去病的决心不减、刮骨疗毒的勇气不泄、严厉惩处的尺度不松，发现一起查处一起，发现多少查处多少，不定指标、上不封顶，凡腐必反，除恶务尽"[2]，从而最终达成这样的结果："凡是影响党的创造力、凝聚力、战斗力的问题都要全力克服，凡是损害党的先进性和纯洁性的病症都要彻底医治，凡是滋生在党的健康肌体上的毒瘤都要坚决祛除，使中国共产党始终同人民心连心、同呼吸、共命运"[3]。

可以说，持之以恒地惩治腐败分子是净化政治生态的最佳突破口。反之，惩治腐败"如果不除恶务尽，一有风吹草动就会死灰复燃、卷土重来，不仅恶化政治生态，更会严重损害党心民心"[4]。考虑到这一点，必须"要以顽强的意志品质，坚持零容忍的态度不变，做到有案必查、有腐必惩，让腐败分子在党内没有任何藏身之地！"[5] 换

---

[1] 《习近平 李克强 张德江 刘云山分别参加全国人大会议一些代表团审议》，《人民日报》2015年3月7日。

[2] 中共中央纪律检查委员会、中共中央文献研究室编：《习近平关于党风廉政建设和反腐败斗争论述摘编》，中央文献出版社、中国方正出版社2015年版，第102页。

[3] 中共中央纪律检查委员会、中共中央文献研究室编：《习近平关于党风廉政建设和反腐败斗争论述摘编》，中央文献出版社、中国方正出版社2015年版，第9页。

[4] 习近平：《在第十八届中央纪律检查委员会第六次全体会议上的讲话》，人民出版社2016年版，第8页。

[5] 习近平：《在庆祝中国共产党成立95周年大会上的讲话》，人民出版社2016年版，第24页。

言之，就是要始终坚持"有腐必反、除恶务尽"①，否则"一有风吹草动就会死灰复燃，卷土重来，不仅恶化政治生态，更会严重损害党心民心"②。

（二）抓住领导干部这个"关键少数"

从历史唯物主义角度来看，人民是历史的创造者和推动历史进步的根本性力量。不过，从辩证唯物主义角度来看，我们也不可轻视关键少数对历史发展的重要作用。孔子曰："其身正，不令而行，其身不正，虽令不从。"③榜样的力量是无穷的，领导干部严于律己、率先垂范是营造风清气正的政治生态的基础。反之，如果领导干部道德败坏、贪污腐化、骄奢淫逸，就会出现"官德降、民德毁"的恶果。同时，领导干部在国家公务员中的绝对数只是少数，但其手中往往掌握着一定的权力，因而相对于普通公务员而言，有更多的贪腐机会。

综上可见，营造风清气正的政治生态，必须牢牢抓住领导干部这个关键少数。正如习近平总书记所言："从严治党，关键是要抓住领导干部这个'关键少数'，从严管好各级领导干部。"④"营造良好从政环境，要从各级领导干部首先是高级干部做起。领导干部要坚守正道、弘扬正气，坚持以信念、人格、实干立身；要襟怀坦白、光明磊

---

① 《习近平 李克强 张德江 刘云山分别参加全国人大会议一些代表团审议》，《人民日报》2015年3月7日。

② 习近平：《在第十八届中央纪律检查委员会第六次全体会议上的讲话》，人民出版社2016年版，第8页。

③ （宋）朱熹：《四书集注》，岳麓书社1987年版，第208页。

④ 中共中央文献研究室编：《习近平关于协调推进"四个全面"战略布局论述摘编》，中央文献出版社2015年版，第149页。

落，对上对下讲真话、实话；要坚持原则，恪守规矩，严格按党纪国法办事；要严肃纲纪、疾恶如仇，对一切不正之风敢于亮剑；要艰苦奋斗、清正廉洁，正确行使权力，在各种诱惑面前经得起考验。"[1] 在这里，习近平总书记对领导干部明确提出了五个方面要求："坚守正道、弘扬正气""襟怀坦白、光明磊落""坚持原则、恪守规矩""严肃纲纪、疾恶如仇""艰苦奋斗、清正廉洁"。2015 年 3 月 9 日，习近平总书记在参加十二届全国人大三次会议吉林代表团的审议时，亦强调："要突出领导干部这个关键，教育引导各级领导干部立正身、讲原则、守纪律、拒腐蚀，形成一级带一级、一级抓一级的示范效应，积极营造风清气正的从政环境。"[2]

（三）树立正确的选人用人导向

人是政治生态系统中最活跃、最具主观能动性的主体性要素。"用得正人，为善者皆劝；误用恶人，不善者竞进。"[3] 选人用人既是反映政治生态的风向标，又是净化党内政治生态的入口关。[4] 关于这一点，习近平总书记曾一针见血地指出："用一贤人则群贤毕至，见贤思齐就蔚然成风。选什么人就是风向标，就有什么样的干部作风，乃至就有什么样的党风。"[5] 有学者对党员干部关于政治生态认知状况进行调查后发现，坚持正确的选人用人导向被广大党员干部认定为政治生态

---

① 《习近平在中共中央政治局第十六次集体学习时强调，坚持从严治党落实管党治党责任，把作风建设要求融入党的制度建设》，《人民日报》2014 年 7 月 1 日。

② 中央党校党建部编著：《基层党建工作手册》，人民出版社 2018 年版，第 134 页。

③ （唐）吴兢：《贞观政要》，岳麓书社 1994 年版，第 114 页。

④ 孟轲：《论习近平党内政治生态净化观》，《中共浙江省委党校学报》2017 年第 1 期。

⑤ 《习近平谈治国理政》第一卷，外文出版社 2018 年版，第 418 页。

建设的首选项。①

　　当前，选人用人中还或多或少地存在不科学、不公平、不公正问题。干部选拔任用中简单"以票取人""唯年龄取人""唯 GDP 取人"等现象并不鲜见；干部选拔任用中"架天线""拉关系""搞勾兑""权钱交易""权色交易""任人唯亲""任人唯圈""任人唯顺"等不正之风仍在蔓延；干部选拔任用中各种各样的潜规则、错综复杂的关系网、"劣币驱逐良币"的"逆淘汰"等问题仍然存在。作风正派、老实本分、埋头苦干、不跑不要的人经常被边缘化，没有上升的通道，从而出现官场"逆淘汰"现象。坊间很形象地这样描述这一现象："干部辛辛苦苦干五年，不如到'一把手'家里坐一天"；"不跑不送，原地不动；只跑不送，平级调动；又跑又送，提拔重用"。

　　树立正确的选人用人导向是净化政治生态系统的关键环节。因此，要按照习近平总书记 2016 年 6 月 28 日在中共中央政治局第三十三次集体学习时要求的那样，"坚持正确用人导向，真正让那些忠诚、干净、担当的干部得到褒奖和重用，让那些阳奉阴违、阿谀逢迎、弄虚作假、不干实事、会跑会要的干部没市场、受惩戒，倡导清清爽爽的同志关系，规规矩矩的上下级关系"②；要始终坚持将"信念坚定、为民服务、勤政务实、敢于担当、清正廉洁"和"忠诚干净担当"作为衡量好干部的基本标准，真正做到严格根据这一标准在五湖

---

① 杨银乔：《当前地方政治生态建设的状况、成因与对策——安徽政治生态建设的调查与思考》，《当代世界与社会主义》2012 年第 2 期。

② 中国行为法学会廉政行为研究会编：《从严治党与廉政之道》，人民出版社 2017 年版，第 133 页。

四海选贤任能；要健全干部选拔任用规程，把好动议提名关、考察考核关、程序步骤关①，坚决杜绝带病上岗、带病提拔现象，确保实现"良币驱逐劣币"的"正淘汰"。

（四）全面从严推进制度治党

新制度经济学的重要代表人物道格拉斯·诺思认为，制度可以视为"一个社会的游戏规则，它们由正式规则（成文法、普通法、规章）、非正式规则（习俗、行为准则和自我约束的行为规范），以及两者执行的特征组成"②。宽泛地说，制度就是"要求大家共同遵守的办事规程或行动准则"③。治党则是指对党的治理和建设。④因而，制度治党就是指依靠、运用制度的功能与机制，调节党内矛盾，解决党内问题，监控党的自身运作，协调党与外部环境的关系，从而稳定有序地推动党的全面建设，促进党的自我完善。⑤推进全面从严治党，必须认识到制度治党是最管用、最有力、最持久的治党方式。落实全面从严治党，必须认识到全面从严治党重在全面从严推进制度治党，必须把从严贯穿到制度建设的全过程、各环节，⑥全方位扎紧"从严治党"的制度笼子。

---

① 李敏杰：《营造良好政治生态：理论、问题及其进路》，《中共天津市委党校学报》2016年第4期。

② ［美］道格拉斯·诺思：《制度、制度变迁和经济绩效》，格致出版社2008年版，第48页。

③ 中国社会科学院语言研究所词典编辑室：《现代汉语词典》，商务印书馆2007年版，第1756页。

④ 许海清：《治党论》，辽宁人民出版社2004年版，第1页。

⑤ 谢方意：《制度治党与执政党领导方式的变革》，《中共浙江省委党校学报》1998年第5期。

⑥ 《全面从严治党在实上着力》，《吉林日报》2015年3月2日。

　　党的制度作为党的各级组织和党员必须遵守的办事规程或行为准则，包括组织制度、领导制度、工作制度和生活制度等多个方面。[①]制度治党，必须要有严格的标准、严厉的措施、严明的纪律和规矩，而这些都可以纳入制度的范畴。

　　坚持制度治党，要有完备的党内法规制度。执政党的党内法规制度是否完备，直接影响到制度治党的针对性和实效性。目前，党内法规制度建设与制度治党的要求还有不相适应的地方，突出表现在某些制度的系统性、配套性和可操作性不强。在党内现有的法规制度中，实体性制度比重偏高，程序性制度占比较少，某些制度缺乏配套性和可操作性，某些制度缺乏执行的保障机制。这些问题的存在，造成了不少制度的实用性不高，可执行性不强，严格性不够。在制定和完善制度过程中，针对新问题新现象，要认真制定新的制度，切实解决制度缺失问题；针对存在可操作性不强、有漏洞可钻等问题的制度，要及时加以完善，切实增强制度的实用性和严密性；针对已经过时的、不适用的制度，要及时清理或废止，切实解决制度时效问题。同时，要着力提升制度与制度之间的配套程度和协同程度。

　　制定和完善制度必须重视制度的严密性、科学性和操作性。关于制度的严密性和科学性，习近平总书记明确强调，最根本的是严格遵循执政党建设规律进行制度建设，不断增强党内生活和党的建设制度的严密性和科学性，既要有实体性制度，又要有程序性制度，既要明确规定应该怎么办，又要明确规定违反规定怎么处理，减少制度执行

––––––––––––––

① 《全面从严治党在实上着力》，《吉林日报》2015 年 3 月 2 日。

的自由裁量空间，推进党的建设的科学化、制度化、规范化。关于制度的操作性，习近平总书记郑重地指出，不管建立和完善什么制度，都要本着于法周延、于事简便的原则，注重实体性规范和保障性规范的结合和配套。①

执行力是制度的生命力。"徒法不能以自行"，制度的生命在于执行。制度的严肃性和权威性必须通过严格的执行来维护，制度的效力必须通过有力的执行来彰显，否则，制度就容易流于形式和成为一纸空文。全面从严推进制度治党，既要有完备的党内法规制度，又要大幅度提升制度的执行力，确保党内法规制度获得严格的遵守和执行。

制度执行务必从严。"赏不足以加善，刑不足以禁非，而政不成。"制度治党务必从严，其中最根本的就是要严格执行制度，即要使全党各级组织和全体党员、干部都按照党内政治生活准则和党的各项规定办事。

（五）发展积极健康的党内政治文化②

党内政治文化是在一定的党内政治生活中形成和发展的，对党内政治生活和政治生态发挥着规范、引领和导向的作用。有什么样的党内政治文化，就会有什么样的党内政治生活，就会形成什么样的党内政治生态。习近平总书记指出，党内政治生活、政治生态、政治文化是相辅相成的，要注重加强党内政治文化建设，不断培厚良好政治生态的土壤。我们要深入领会和贯彻这一重要思想，发展积极健康的党

① 《习近平谈治国理政》第一卷，外文出版社 2018 年版，第 379 页。

② 本部分内容发表于《光明日报》。参见桑学成：《以党内政治文化建设涵养良好政治生态》，《光明日报》2018 年 6 月 27 日。

内政治文化，营造风清气正的良好政治生态。

其一，以积极健康的党内政治文化培育健康的政治意识。良好的政治生态主要包括健康的政治意识、规范的政治行为和良好的政治制度。政治意识是政治行为主体在特定时期内遵循的政治价值取向，包括政治认知、政治信仰、政治认同等心理层面的规范。健康的政治意识有利于养成规范的政治行为，制定出良好的政治制度，从而营造良好的政治生态。习近平总书记指出："要注重加强党内政治文化建设，倡导和弘扬忠诚老实、光明坦荡、公道正派、实事求是、艰苦奋斗、清正廉洁等价值观，旗帜鲜明抵制和反对关系学、厚黑学、官场术、'潜规则'等庸俗腐朽的政治文化。"[1] 新时代加强党内政治文化建设，首先，需要坚定马克思主义指导思想，通过坚定政治信仰，坚信马克思主义的科学性和真理性，来坚定社会主义和共产主义的信念。崇高信仰始终是中国共产党人的政治灵魂，是我们党强大的精神支柱。共产党人之所以有凝聚力、战斗力，就是因为具有坚定的共产主义远大理想和中国特色社会主义共同理想，党内政治文化建设有了这种理想信念的支撑，就能使党员干部在新时代做到行动自觉，勇于为理想信念奋斗终生，善于为中国特色社会主义事业献计献策，甘于全心全意为人民服务，从而有利于增强和培育忧患意识、责任意识、使命意识等健康向上的政治意识。就能让严肃认真的党内政治生活成为全党的自觉，这样才能涵养风清气正的党内政治生态，也才能让全面从严治党具有坚实的文化基础和强有力的文化支撑。其次，营造风清气正

---

[1] 《习近平谈治国理政》第二卷，外文出版社 2017 年版，第 181 页。

的政治生态是系统工程，需要在政治意识方面做固本培元的工作。党内政治文化建设是一个长期、持久的过程，其对政治生态的良性涵养过程需要付出艰巨的、长期的努力。要发挥党内政治文化在深化全面从严治党、推进党的建设新的伟大工程中的引领功能，就必须加强理论创新、抓好理论武装。党内政治文化集党内精神文化、行为文化和制度文化为一体，而党内行为文化和党内精神文化都是通过党员和党组织的政治情感、政治认同与政治价值等表现出来，需要通过思想教育和理论学习来培育和提炼。发展积极健康的党内政治文化要坚持不懈地教育引导党员干部补足精神之"钙"、铸牢信仰之魂，弘扬以忠诚、干净、担当为核心价值追求的先进纯洁的党内政治文化，教育引导党员干部牢记党的宗旨，以健康的政治意识营造风清气正的良好政治生态。

其二，以积极健康的党内政治文化规范政治行为。只有规范的政治行为，并将之内化为党员的行为准则，才能真正形成有序、健康、和谐、共享的良好政治生态。党要管党从党内政治生活管起，从严治党从政治生活严起，加强党内政治文化建设是严肃和规范党内政治生活、推进全面从严治党向纵深发展的支点和基点。党内政治文化既体现为整体形态，作为组织文化对全党发生作用，规范全党的政治行为；同时又体现为个体形态，通过党员的具体行为和价值理念展现出来。作为整体形态来看，党内政治文化建设通过文化氛围的弘扬在党内形成文化场，为党内政治生活"塑魂"，规范党员干部的政治行为。按照党内政治文化对党内政治生活的适应和作用程度的不同，可以将党内政治文化的作用分为正面、中性和负面作用。当党内政治文化与党内政治生活相适应时，会促使党内政治生活朝着健康有序的既定方向发展，产生正面效应，为规范政治行为提供正能量。当二者产生一定偏离但并未根本对立时，党内政治文化不会促进但也不会阻碍党内政治生活的正常开展，发挥着中性作用。而当二者不相适应甚至出现冲突时，就会产生文化偏离现象，导致党内多数成员会摒弃或拒绝本组织的规范、理念和价值，而接受其他的规范、理念和价值。这种负面作用会导致党内主流政治文化遭到侵蚀，从而阻碍党内法规制度的有效运行，诱发党内权力滥用等不良政治行为，不利于风清气正的政治生态的形成。作为个体形态来看，党内政治文化通过作用于每个党员的具体政治实践活动，对党员个体的价值观念和行为规范产生潜移默化的作用，从而影响到整个党内政治生态的形成与发展。"现实的个人"是马克思主义政治观的逻辑起点，既不是假设的人，也不是整体的抽象的人，而是切实参与到现实政治活动中并相互联系的人。"现实的个人"尤其是掌握权力的各级党员干部，是党内政治生态形成的基本个体，是构建党内政治生态的起点。党员既具有自然属性、社会属性，又具有职业的政治属性。其自然属性决定了党员具有满足自身和发展自身的物质需要。而其政治属性决定了其党性，即党员必须为人民服务，从而实现自己人生价值的精神需要。作为以马克思主义为指导的政党，党性是每一个党员的基本属性，但党性并不会自动生成，而是在具体政治实践活动中逐渐养成的。正如习近平总书记所指出："党性不可能随着党龄的增加而自然增强，也不可能随着职务的升迁而自然增强，必须在严格的党内生活锻炼中不断增强。"①所以，在具体的政治

---

① 习近平：《在纪念朱德同志诞辰 130 周年座谈会上的讲话》，人民出版社 2016 年版，第 8 页。

实践和党性培育中，党内政治文化的价值引导和规范作用十分明显。只有坚持马克思主义并有效发挥其价值导向作用，才能增强党员党性，使党员个体的价值取向与党整体的主流价值相一致，从而引导党内政治生态良性发展。反之，如果圈子文化等庸俗腐朽的党内政治文化盛行则会导致自利性的自然属性膨胀，使得封建腐朽道德文化沉渣泛起，滋生与马克思主义价值观相悖的政治文化，形成不良的党内政治生态。因此，加强党内政治文化建设尤其要发挥"关键少数"的示范引领作用，形成"头雁效应"。习近平总书记强调，党内政治文化建设要既讲法治又讲德治，重视发挥道德教化作用。推进以德治党需要发挥党内政治文化的教育引导、凝聚共识、规范行为的重要功能，依规治党原则的实现也需要在党内营造和形成"扎紧制度笼子、强化制度执行"的浓厚政治文化心理。只有党员领导干部以身作则率先垂范，有效规范自己的政治行为，通过"关键少数"引领"最大多数"，建构起优秀的党内政治文化，才能促进风清气正的良好政治生态的形成。

其三，以积极健康的党内政治文化完善党内法规制度。党内法规制度规范与塑造着党员干部的政治意识和政治行为，它构成政治行为的基本框架和行动准则，能够增加政治行为的可控性和可预测性。从文化与制度的辩证关系来看，文化是制度的精神内核，而制度是文化的外在呈现，制度与文化具有内在的同构性。因此，党内政治文化实质上就是党内制度规范、组织原则、制度体系等因素的内化和制度化成果，同时也是党内政治文化建设的有力保障。加强党内政治文化建设需要以完善党内法规制度为重点，发挥党内法规制度的教育引导功能。"现实的个人"所具有的公益性的精神追求和自利性的物质追求的双重属性，也决定了必须以党内法规制度的强制约束力来构筑权力运行的空间，以党内政治文化的渗透力来引导党内政治生活。制度法规作为权力分配、制约与监督的决定性因素，直接影响甚至决定了党内政治生态的好坏。党的制度规范、组织原则等是对党内政治文化的积淀和承载，制约并引领着党员个人和组织的政治活动规范、政治行为准则和政治价值导向，因而成为党内政治文化的核心部分。党的十八大以来，以习近平同志为核心的党中央先后制定修改了《中国共产党廉洁自律准则》《关于新形势下党内政治生活的若干准则》《中国共产党纪律处分条例》等一系列党内规范体系，进一步扎紧了制度的笼子，为新形势下加强和规范党内政治生活、加强党内监督提供了根本遵循。全面从严治党首先是制度治党，要有完备的党内法规制度，同时注重法规制度的严密性、科学性和操作性。进入新时代，党中央审时度势，党的十九大对党章进行修改完善，从而形成了党章、准则、条例、规则、规定、办法、细则等构成的党内法规制度体系，实现了党内政治文化建设在更高层面的系统整合，构建起系统完备、科学规范、运行有效的党内法规制度体系，这是营造风清气正的良好政治生态的基础和保障。只有通过党内政治文化建设优化改良政治生态系统，才能带来全社会的风清气正。营造良好政治生态，关系人心向背，关系党的事业兴衰。发展积极健康的党内政治文化，有利于始终保持和发展党的先进性和纯洁性，增强党长期执政的合法性基础，推进全面从严治党向纵深发展，不断提高党的建设质量，营造风清气正的良好政治生态。

第二节　着力思想建党和制度治党紧密结合

"坚持思想建党和制度治党紧密结合"[①]，是习近平总书记《在党的群众路线教育实践活动总结大会上的讲话》中首次提出的一个重要建党思想和要求，在党的十九大报告中，他再次强调"思想建党与制度治党要同向发力"。集中体现了以习近平同志为核心的党中央对建设什么样的党、怎样建设党的深刻认识和正确把握，是对党的建设规律探索的最新成果。加强思想建党和制度治党紧密结合，是全面从严治党的根本保障，是进行具有许多新的历史特点的伟大斗争的时代要求。"坚持思想建党和制度治党紧密结合"并且使二者更好地同时同向发力，对于全面推进从严治党和党的建设新的伟大工程，具有重要的理论和现实意义。

一、思想建党和制度治党紧密结合的基本内涵及其内在逻辑关系

要"坚持思想建党和制度治党紧密结合"，首先要厘清何谓思想建党、何谓制度治党，其基本内涵和要求是什么，二者紧密结合有哪些特殊的意义和作用，能产生怎样的"化学反应"。

[①]　习近平：《在党的群众路线教育实践活动总结大会上的讲话》，人民出版社 2014 年版，第 16 页。

（一）思想建党和制度治党紧密结合的基本内涵

思想建党和制度治党都是党的建设的重要内容，各有其基本内涵、要求和历史发展脉络。二者各有侧重，各有特点，要将其结合，实现互相促进、相得益彰，必须厘清其内在逻辑关系，进行合理整合规划。

1.思想建党的基本内涵

思想建党是党的建设的根本原则，是全面从严治党的"基本内核"，也是我们党的独特优势和执政之魂。从思想上建党，是马克思主义政党区别于非马克思主义政党的一个重要特点，是中国共产党在长期革命斗争中形成的并被实践证明了的正确的重要建党思想。坚持思想建党，必须把握以下三个基本要求。

（1）坚持思想建党，必须坚定理想信念

新时代坚持思想建党，首先要在全党牢固地确立共产主义远大理想和中国特色社会主义共同理想、坚定走中国特色社会主义道路的坚强信念，始终坚守共产党人的精神家园。

在革命战争年代，中国共产党人克服各种困难，带领全国人民取得一个又一个的伟大胜利，这与坚定的理想信念是分不开的。邓小平同志曾说："过去我们党无论怎样弱小，无论遇到什么困难，一直有强大的战斗力，因为我们有马克思主义和共产主义的信念。"①然而，历史在给我们提供成功经验的同时，也给予我们警醒。20世纪90年代初，苏联解体、苏共亡党，其中一个重要原因就是苏共放弃了对马克思主义的信仰，理想信念发生了动摇。历史告诉我们，理想信念是共产党

---

① 《邓小平文选》第三卷，人民出版社1993年版，第144页。

人的精神之"钙",是安身立命之本。坚持思想建党,首要的就是坚定理想信念,坚定基本政治立场不动摇,永葆共产党人政治本色。

(2)坚持思想建党,必须加强理论建设

思想建党解决的是党员思想上入党的问题,即坚定理想信念的问题。"信",根源于马克思主义理论的真理性。只有掌握了马克思主义这个科学的革命理论,才能做坚定不移的共产主义者。马克思、恩格斯等马克思主义经典作家特别重视科学理论的重要作用。马克思指出:"理论一经掌握群众,也会变成物质力量。"①列宁强调:"只有以先进理论为指南的党,才能实现先进战士的作用。"②

中国共产党成立伊始,就以马克思主义为指导。在革命时期,党在毛泽东同志的领导下,逐步开辟了一条把马列主义与中国实际相结合的革命道路。建党98年来,党不断地把马克思主义基本原理与中国实践相结合,产生了两次理论飞跃,分别形成了毛泽东思想和中国特色社会主义理论体系。党的十八届一中全会上,习近平总书记就要求全党加强理论武装:"在前进道路上,我们一定要加强全党的理论武装,按照建设马克思主义学习型政党的要求,深入学习和掌握马克思列宁主义、毛泽东思想,深入学习和掌握中国特色社会主义理论体系,牢固树立辩证唯物主义和历史唯物主义世界观和方法论。"③坚持思想建党,要把马克思主义中国化最新成果作为理论教育中心内容,深入学

---

① 《马克思恩格斯选集》第1卷,人民出版社1995年版,第9—10页。

② 《列宁选集》第1卷,人民出版社1972年版,第242页。

③ 习近平:《全面贯彻落实党的十八大精神要突出抓好六个方面工作》,《求是》2013年第1期。

习习近平总书记系列重要讲话精神和治国理政新理念新思想新战略。

(3) 坚持思想建党，必须涵养道德境界

党员的道德境界是党风的内在本质。党员干部的道德修养，不仅仅是个人品行问题，更是关乎党的形象、国家的发展。因此，必须引导、推动和帮助共产党员树立正确的世界观、人生观和价值观，以价值力量凝聚起中国共产党人的精气神。

为政者只有先修身以德，才能"安人""安百姓"。有些党员干部宗旨意识淡薄、有官无"德"，说到底就是道德的缺失。要引领党员干部弘扬和践行社会主义核心价值观，把正确的权力观、地位观和利益观植根于心。同时，引导党员干部自省自律，自觉地在思想上画红线，在行动上立标杆。只有党员干部涵养崇高的道德境界，党才能有好的党风，才能肩负起历史赋予的使命。

2.制度治党的基本内涵

制度治党，主要是指要加强制度建设，运用法治思维和法治方式推进党的建设，依靠制度管党治党，不断推进党的建设制度化、规范化、程序化。制度治党标志着党领导方式和执政方式走向成熟。坚持制度治党，必须把握以下三个基本要求。

(1) 坚持制度治党，首要在制度建设

加强制度建设，就是要推进制度建设的科学性、操作性、针对性和指导性。要使制度真正起到硬约束的作用，关键还在于其自身的科学性和操作性。制定党内法规制度，必须本着科学与民主的原则，尤其要深入基层，倾听群众的声音，这样制度才能更符合实际情况。制度的制定不能泛泛而谈，而是要明确各项规定，使制度具体化，从而使制度具有可操作性，以防部分人钻制度的空子。

制度并非一成不变的，要与时俱进。因此，制度的建设要突出针对性和指导性。我们党成立 98 年来，制定了大量的党内法规制度。但是，随着时代的发展，有些制度已失去针对性与时效性；有些制度甚至相互冲突，形同虚设。针对这种问题，结合新的历史条件下出现的新实际和党内的新情况，党中央于 2012 年第一次开展了大规模地清理党内法规和规范性文件的工作，废、改、立、释一批党内法规，有目的有针对性地建立健全党内制度法规。

（2）坚持制度治党，关键在执行

制度之效，在于执行。马克思曾指出："一步实际的行动比一打纲领更重要。"① 制度治党，关键在"治"，而"治"的效果，就在于制度的执行力。

为了使党的制度得到贯彻落实，一是要建立健全制度执行的责任制，明确执行制度的责任主体；二是要加强党员干部的制度意识，提高对制度的执行力，坚持制度面前人人平等，执行制度没有例外，坚决杜绝党内法规成"纸老虎""稻草人"，让制度真正成为硬约束；三是必须加强制度执行情况的监督检查，以提高制度执行力为抓手，维护制度权威性，增强制度实效性。

（3）坚持制度治党，重点在治权

坚持制度治党，就必须从严治权。权责对等，是权力配置的一条基本原则。理顺权责关系，是制度治党的重要内容。各级党员领导干

---

① 《马克思恩格斯选集》第 3 卷，人民出版社 2012 年版，第 355 页。

部，尤其是高级领导干部，位高权重，如果用权不公开透明，那么制度也就丧失了约束力。依法治权必先依法治吏。权力在轨道上运行，必须加强对权力监督，造就"不敢腐"的环境。

对党员干部的监督要坚持党内监督和社会监督相结合。坚持党内监督，贯彻落实《中国共产党问责条例》和《中国共产党党内监督条例》，使失责必问制度化、常态化。同时，党员干部还要自觉接受社会监督、网络舆论监督。多管齐下，加强监督合力，使各级领导干部真正做到"权由民所赋、权为民所用、有权必有责、用权受监督"，把权力关进制度的笼子。要把制度治党作为管党强党的治本之策。

（二）思想建党与制度治党紧密结合的内在逻辑关系

思想建党和制度治党相结合是全面从严治党的重要抓手，有其严密的内在关系，二者一"软"一"硬"，有机统一，缺一不可，互相促进，相得益彰。只有坚持两手抓，两手都不偏废，才能共同推进党的建设的新的伟大工程。

1.思想信念：制度建设的内核和灵魂

思想是基础，决定党的制度建设的方向。思想建党，就是以马克思主义为指导思想，坚定理想信念，提高道德境界，树立马克思主义的世界观、人生观和价值观。加强从思想上建党，主要目的还是使广大党员干部做到权为民所用、利为民所谋。

从制定制度的角度来看，有了正确思想的指导，制度建设才能保证正确的方向。从落实制度的角度来看，党员干部自身的思想信念与素质水平直接影响着制度的执行效果。如果思想信念动摇，那么各种出轨越界之事就在所难免。所以，党员干部只有坚定思想信念，增强

"四个自信"，才能更好地推动制度建设。

2. 制度建设：思想建设的支撑和载体

制度是把思想的软约束变为硬约束的纽带，是思想建设的载体。党的制度建设是各级党组织及党员的共同意志，体现了思想建党的价值诉求。只有严格执行制度，才能把共同意志转为实践，才能把思想建党的价值诉求落到实处。

制度也是思想建设的支撑。制度能把思想建党好的成果以"法"的形式固定下来，并使之不断深化，从而加强思想建党的制度化，使党员自觉遵循规章制度。同时，制度的刚性也能消弭党内出现的不同声音，从而统一全党思想、凝聚全党意志、明确行动指南。

3. 思想建党与制度治党应以政治建设为统领

纵观建党以来的历史，如果说思想建设是革命和建设时期党的建设的核心主题，制度建设是改革开放新时期党的建设的核心主题，那么新时代党的建设的核心主题必定是政治建设。党的政治建设是我们党的独特优势和重要内容，加强新时代党的建设，要把政治建设放在首位，政治建设是统领，是根本性建设，是党的各方面建设的根和魂，政治建设抓好了，对党的其他建设可以起到纲举目张的作用。"马克思主义政党具有崇高政治理想、高尚政治追求、纯洁政治品质、严明政治纪律。如果马克思主义政党政治上的先进性丧失了，党的先进性和纯洁性就无从谈起。这就是我们把党的政治建设作为党的根本性建设的道理所在。"[①] 思想建设是前提和先导，它引导着其他各项建设

---

① 习近平：《增强推进党的政治建设的自觉性和坚定性》，《求是》2019 年第 14 期。

并为其他建设提供思想理论指导。制度建设贯穿于全面从严治党的全过程，抓住了制度建设，就抓住了党的其他建设中一个十分重要的切入点，就能以制度的权威性保证其成功。要以贯彻落实党的十九大精神为抓手，以习近平中国特色社会主义思想为指导，抓住哲学世界观和方法论这个"总开关"，提高党统揽全局、协调八方的能力，凸显执政党建设和本领的科学性、革命性和创新性特征。

（三）坚持思想建党和制度治党同时同向发力

坚持思想建党和制度治党紧密结合，就是要使二者同时同向发力，打出"组合拳"，形成强大合力。全面从严治党，要使思想建党和制度治党同时同向发力，必须根据其内在逻辑，注意其协调性、互补性、系统性。

1. 思想建党和制度治党应协调一致，相互促进形成合力

加强思想建党和制度治党都是为了推进党的建设发展，但二者的着力点不同。思想建党强调的是理想信念与价值诉求，是党组织的思想基础。制度治党强调的是手段与方法，承载着思想建党的理念与要求。思想建党和制度治党在全面从严治党的战略布局中同等重要，缺一不可。如果思想建党缺乏制度的保证和支撑，那么思想建党就会悬空，无法落实。如果制度没有思想作为导向，那么制度也会无处发力。因此，只有把思想建党和制度治党协调起来，同时同向发力，才能事半功倍。

2. 思想建党和制度治党应刚柔并济，防止简单化片面性

思想建党与制度治党是党的"五大建设"的重要组成部分。二者一柔一刚；一个侧重内省，一个侧重外约；一个标明"高线"，一个划

出"底线"，相互配合，相得益彰，要同向发力、同时发力。但在具体实践中，出现了思想建党与制度治党相分离的状况，把党的建设变得简单化、片面化。有部分党员干部信奉教育万能，把制度当摆设；有的则是迷信制度，忽视思想教育的作用。思想教育不是万能的，效果也是一定程度上的。因为思想教育难免会存在针对性不强等弊端，需要制度的刚性约束。制度的作用也是有局限性的。再完备的制度都有可能出现疏漏，对于制度的漏洞，思想境界不高的人就会想方设法钻制度的空子。因此，全面从严治党，思想建党和制度治党都不能轻视，要把二者有机结合起来，同时同向发力。

3. 思想建党和制度治党应系统推进，增强系统性创造性实效性

习近平总书记在十八届中央纪委七次全会讲话中指出，全面加强纪律建设，持之以恒抓好作风建设，把反腐败斗争引向深入，不断增强全面从严治党的系统性、创造性、实效性。[①]全面从严治党是一项系统工程。思想建党和制度治党同时同向发力要以增强全面从严治党系统性为根本要求，思想教育是推进全面从严治党的主要内容和源头活水；纪律建设是推进全面从严治党的关键举措和重要抓手；正风肃纪是推进全面从严治党的长期任务和永恒课题；建章立制是推进全面从严治党的有力支撑和坚实保障。思想建党和制度治党同时同向发力要以增强全面从严治党创造性为根本途径，一个政党要实现长期执政，就必须转变惯性思维、转变旧时眼光、转变传统方法，以增强创造性为根本途径应对新形势下的管党治党问题。思想建党和制度治党

---

① 《习近平：增强全面从严治党系统性创造性实效性》，2017 年 1 月 6 日，见 http://www.xinhuanet.com/politics/2017-01/06/c_1120261696.htm。

同时同向发力要以增强全面从严治党实效性为根本目的。全面从严治党的成效如何，必须拿到实践中来检验，用事实来说话。要通过全面从严治党，使广大人民群众看到实实在在的变化，释放出实实在在的利益，不断增强人民群众的获得感。思想建党和制度治党的各项措施应多管齐下、系统推进、相互协调。因为思想建党和制度治党各有侧重、重点不一，同时互相依存、互相促进，所以二者的贯彻落实，一定要系统协调，互相照应。换句话说，思想建党和制度治党同时同向发力，重点在"同"，方向要一致，步调要一致。

4.思想建党和制度治党紧密结合的意义重大

思想建党和制度治党紧密结合，同时同向发力，是习近平总书记党的建设论述的重要内容和重大创新，是新的历史条件下推进全面从严治党的重要举措，具有重大的理论和现实意义。思想建党和制度治党是党根据历史使命的变化、时代的发展，为解决党内存在的不同问题提出来的。坚持思想建党和制度治党紧密结合，是推进国家治理体系和治理能力现代化的内在要求，是保持和发展党的先进性和纯洁性的必然选择，是对党的建设规律认识的深化，是对党的建设理论的重大创新发展，也是党的领导与依法治国有机统一的具体体现。

二、当前思想建党和制度治党中存在的突出问题及其成因

"问题是时代的声音。"坚持思想建党和制度治党紧密结合、同时同向发力，就必须善于发现思想建党和制度治党中存在的问题，勇于承认问题，努力解决问题。以问题为导向，增强思想建党和制度治党

相结合的针对性、实效性、开创性。

（一）影响思想建党的突出问题

思想建党是我们党不忘初心、牢记使命的重要法宝。必须承认，在发展社会主义市场经济条件下，商品交换原则不可避免地渗透到党内生活中来，形形色色的诱惑，都对思想建党产生了负面影响。

1. 理想信念弱化导致灵魂深处懈怠

改革开放40年来，党始终坚持以经济建设为中心，经济发展取得了巨大成就。社会主义市场经济的发展，在推动了物质文明的极大发展的同时，也刺激了人民对物质利益的欲望。面对物质利益的刺激，一些党员的世界观、人生观、价值观受到冲击，思想理念逐步弱化，在金钱和利益面前败下阵来。当前，改革已进入攻坚期和深水区，利益格局不断调整，个别党员理想信念动摇，党员干部违反党纪国法、侵害国家和人民利益的现象依然存在。

2. "四风"问题残存导致群众意识淡薄

"四风"问题是损害党群干群关系的重要根源。尤其是一些党员干部宗旨意识淡薄，追求个人利益最大化，置国家利益和集体利益于不顾，严重削弱了党和政府的威信和公信力。虽然党的群众路线教育实践活动为"官老爷们"照了镜子、正了衣冠，洗了澡、治了病，但是现实中仍有个别未治愈的"官爷"。他们自认为"高人一等""办事总不能动不动就找我们领导""我们领导是办大事的，岂能为你小百姓办些鸡毛蒜皮之事"，于是百姓办事的时候会发现"门难进，话难听，脸难看，事难办"，冷了群众的心，失了群众的信任，这是党执政的最大风险和危机。

3.思想教育缺乏针对性、实效性导致隐形腐败现象严重

随着经济的高速发展，贪污腐败问题也不断滋生，腐败形式也由传统型演变为隐蔽型，隐形腐败更是加大了党反腐的难度。隐形腐败不再利用传统的权钱交易的模式，而是披上"隐形的外衣"，通过"打擦边球"等方式，游走在法律的边缘，以谋取私利。出现隐形腐败现象的原因除了制度建设滞后、监督机制不健全等原因外，主要还是思想教育工作没做到位，缺乏针对性。一是教育对象要具有针对性，要把掌握权力的领导干部与一般的党员干部区分开来，因材施教；二是思想教育的内容要有针对性，突出理想信念教育和党纪法规教育。如果思想教育没有针对性，那么教育的效果就无实效性可言。

4.规矩纪律意识淡漠导致"四风"问题突出

推进全面从严治党，严守政治纪律和政治规矩是关键。党虽然严明了政治纪律和规矩，但漠视规矩纪律的现象依然存在。"一些党员、干部对纪律规定还置若罔闻，搞'四风'毫无顾忌，搞腐败心存侥幸。"① 比如，有些人利欲熏心、政治野心膨胀，搞小山头、小圈子，有些人为了仕途，任人唯亲、排斥异己等。究其原因：一是规矩纪律执行不到位，检查监督缺失；二是党员干部思想上未引起重视，漠视规矩纪律。严守纪律、严明规矩，各级党组织必须做好党员干部的思想教育工作，坚定执行政治纪律和规矩，真正做到明制度于前，重威刑于后。

---

① 习近平：《在党的群众路线教育实践活动总结大会上的讲话》，人民出版社2014年版，第26页。

（二）影响制度治党的主要因素

近年来查处的各种违纪违法案件、党内存在的各种不良风气，再次使全党警醒，在进一步加强和改善思想教育的同时，必须重塑制度权威，高度重视制度规范的建立健全和不断优化。

1. 形式主义、官僚主义顽瘴痼疾危害严重

从现实情况看，形式主义和官僚主义是亟待解决的突出矛盾和问题。现实工作中，有的落实党中央决策部署不用心、不务实、不尽力，在工作中空喊口号，表态多调门高、行动少落实差，热衷于作秀造势，把说的当做了，把做过了当作做成了；有的地方对中央精神只做面上轰轰烈烈的传达，口号式、机械式的传达，单纯以会议贯彻会议、以文件落实文件，做表面文章，要求事事留痕，把"痕迹"当"政绩"，缺乏实际行动和具体措施；有的工作拖沓敷衍，遇事推诿扯皮、回避矛盾和问题，一点小事都要层层上报请示，看似讲规矩，实则不担当；还有的拍脑袋决策，搞家长制、"一言堂"，把个人凌驾于组织之上，容不下他人，听不得不同意见；等等。形式主义、官僚主义已不仅仅是作风问题，更是严肃的政治问题，它与党的政治立场、政治方向、政治原则、政治道路背道而驰，其本质是不讲政治、党性缺失。

2. 同志关系异化导致圈子文化作怪

圈子文化主要是"造圈"共利。一些地方和组织拉帮结派、搞团团伙伙，搞人身依附关系。仔细分析这些圈子，不难发现圈子中的"带头大哥"往往都是基层政府官员或者国有企业负责人，围绕他们的人有的是他们选拔的亲信，有的是沾亲带故的亲戚，有的是权钱交易的当事人，每个人都是抱有自己的小目标而来，将圈子越搅越黑。这种双面人生下必然滋生利益当头的潜规则，丧失党性原则，甚至是基本为人的良知。奉行圈子文化的人，不顾党性原则，圆滑做人，遇事态度模糊暧昧，民主生活会上自我批评怕没"面子"，批评领导怕丢"位子"，批评同级怕失"票子"，涌现了一批党内生活的"投机商"和"墙头草"，政治立场摇摆不定，立场随着他人的官位、权重、利益、利害关系而判断、骑墙、善变、功利。

3.用人导向偏差造成基层干劲不足

用人导向是旗帜、是标杆、是基层政治生态的风向标。基层调研中发现，一些基层业务熟、能力强、付出多的干部在长期得不到重用后，往往会产生空有抱负不得志的思想，从而因升迁问题受挫失意，想干事、干成事、要创新的积极性就会受到客观情况的打击，造成懒政、散政甚至是堕落腐化。这种情况说明一些基层能人的思想意志不够坚定，但是也说明需要打通优秀人才的上升通道，核心是解决用人导向的问题。要在基层政治生态圈中让广大公务员形成共识：干部真正靠得住的是自己的立身本事，一个人的升迁去留不应该寄托在"跑关系"上。

4.约束力、执行力不够导致制度虚化

制度的生命力在于执行，执行中出现偏差、弱化，则导致制度出现一定程度的虚化。在调查研究中发现，制度执行过程中存在几种不良倾向：简单化执行，粗线条执行制度，操作性不强；递减性执行，制度经过层层传递，效果不断递减、弱化；抵触性执行倾向，当制度与惯例、利益、人情冲突时，从制度本身找问题，归责于制度，对制度产生消极性、抵触性执行；应付性执行，各级不能根据实际，对制度具体贯彻形成可操作性细则，从而流于形式和表面，使制度有效性不足；选择性执行，以地方或单位为中心，制度有利在坚决执行，制度无利或者损害自身利益就不执行。① 正因为这样，出现了几十个文件管不住公款吃喝，几十个制度管不住药价虚高等问题，严重损害了制度的强制性、权威性，导致了潜规则盛行，明规则弱化。

5.权力监督乏力造成越界用权频现

一味追求 GDP 的绩效考核模式，造成了基层政府"公司化"，基层公务员"经济人化"的治理逻辑。在这种导向下，地方政府不自觉地为了拉动 GDP，主动整合地区全部的行政资源集中攻坚经济项目。权力在基层运行异化的过程中，可谓是"花样百出"，加上制度和监督体系的不完善，事前预防、事中监督、事后补救都显得力不从心，才会有"小官巨腐"的可怕后果。

三、思想建党和制度治党紧密结合的基本路径

习近平总书记在党的十九大报告中强调："以党的政治建设为统领，全面推进党的政治建设、思想建设、组织建设、作风建设、纪律建设，把制度建设贯穿其中，深入推进反腐败斗争。"② 新时代党的

---

① 黄明哲、赖路成：《不断提高反腐倡廉制度执行力的思考》，《中共云南省委党校学报》2010 年第 4 期。

② 习近平：《决胜全面建成小康社会　夺取新时代中国特色社会主义伟大胜利——在中国共产党第十九次全国代表大会上的报告》，人民出版社 2017 年版，第 62 页。

建设，关键就是以党的执政能力建设和先进性建设为主线，以改革创新为动力，推动新时代党的五大建设相互促进、共同发力。其中，思想建党和制度治党紧密结合，同时同向发力，就是党的建设五位一体"相互促进、共同发力"重要组成部分和核心问题之一。思想建党和制度治党紧密结合，同时同向发力，既要解决思想建党和制度治党各自存在的问题，又要解决思想建党和制度治党协调配合的问题，需要探索科学的路径，摸索更具操作性的基本路径。要把握战略重点和关键问题，善于突破思想障碍的建党战略理念；从建党工程的战略经验、实际工作和有关文件中加以总结、提升新的理性认识，并据以落实党的十九大提出的建党方略和总要求。为此，必须从以下六个方面着力解决。

（一）推进党内政治文化建设向纵深发展

加强党内政治文化建设，推动政治文化建设向纵深发展，是解决思想建党和制度治党中存在问题的重要举措。习近平总书记在党的十八届六中全会上指出："党内政治生活、政治生态、政治文化是相辅相成的，政治文化是政治生活的灵魂，对政治生态具有潜移默化的影响。要注重加强党内政治文化建设，倡导和弘扬忠诚老实、光明坦荡、公道正派、实事求是、艰苦奋斗、清正廉洁等价值观，旗帜鲜明抵制和反对关系学、厚黑学、官场术、'潜规则'等庸俗腐朽的政治文化，不断培厚良好政治生态的土壤。"[①] 这一重要论述首次深刻揭示了党内政治文化建设对思想建党和制度治党的重要作用。

---

① 《习近平谈治国理政》第二卷，外文出版社 2017 年版，第 181 页。

1. 推进党内政治文化建设向纵深发展，就是要使全党形成良好的政治生态，坚持思想建党毫不松懈

理想信念是党内政治文化建设的核心环节。加强理论建设是党内政治文化建设的重要内容，认真学习马克思主义和中国特色社会主义理论体系，学习习近平总书记系列重要讲话精神和党章党规，用理论武装全党，提高全党的思想觉悟；落实党的宗旨是党内政治文化建设的根本目的，党要始终坚持全心全意为人民服务的宗旨，心中始终装着人民，做好人民的公仆。这与思想建党不谋而合。紧抓思想建党不松懈，就要推进党内政治文化向纵深发展，用思想凝聚共识，用文化形成力量，形成党内良好的政治文化氛围，政治文化生态。

2. 推进党内政治文化建设向纵深发展，就是要使全党把制度和纪律挺在前面，坚持制度治党落到实处

党内政治文化不仅仅只是对党员干部理想、信念和精神的塑造，也会引导和制约党员干部的行为，不仅使其思想自觉，而且做到行动自觉。从这个层面来看，党内政治文化是党的行为的指向标。当前，党内"四风"等问题仍然存在，有些党员干部依然漠视政治纪律和政治规律，说到底，这都是受到了不好的政治文化的影响。因此，加强党内政治文化建设，要把党员的价值追求外化于行，在行为上画红线。这也是制度治党的重点。制度治党，就是通过立规来约束党员干部的行为。因此，推进党内政治文化建设向纵深方向发展，就是要使全党形成一种讲政治、守纪律，重制度、重执行，有敬畏、握戒尺的政治文化、政治生态，让全党上下依据党章和党内法规制度严格要求自己的言行，严格履行自己的职责，将制度治党落到实处。

（二）构建有效管用切实可行的工作机制

工作机制，是工作程序、规则的有机联系和有效运转。工作机制是一个相辅相成的整体，贯穿于工作的各个环节。程序科学、机制合理，是各项工作顺利推进的基础。要将思想建党和制度治党紧密结合、同时同向发力，必须探索创新一套与这个目标相一致、相匹配的切实可行的工作机制。

1.构建有效管用切实可行的工作机制，就是要使思想建党和制度治党充分发挥出各自的作用，展现思想和制度的优势

思想建党和制度治党要紧密结合、同时同向发力，首先就要思想和制度各自充分发挥出作用，做到思想和制度的作用不失位、不缺位，各负其责、各管其事。因此，构建有效管用切实可行的工作机制，就是要构建促使思想建党和制度治党充分发挥作用的机制。

一是要构建思想教育机制。要制定切实可行的思想教育制度、定期学习制度、思想交流制度、督查检查制度、检测评估制度等，使广大党员干部通过学习、交流和督查，自觉、主动、积极学习马列主义、毛泽东思想和中国特色社会主义理论体系，不断推动思想升华，使思想建党能够有看得见摸得着的切实效果。

二是要构建制度制定、执行、督查、追究机制。制度治党要发挥出作用，要有制可依、有制必依、违纪必究、执纪必严。要建立制度制定机制。党中央高度重视制度建设，《关于加强党内法规制度建设的意见》指出，治国必先治党，治党务必从严，从严必依法度。不仅如此，党中央还加强了党内法规的清理，进一步加强党内法规的科学性。要建立制度执行机制。制度的生命力在于执行，执行在于制定明

确的细则和程序。制度制定以后，由哪个部门具体负责，如何具体执行，遇到何种情况如何处置等，应该有明确的规定。要建立制度督查机制。要维护党内制度的权威性和严肃性，就要注重开展全方位、全过程监督，把对制度贯彻情况的监督检查，与党风廉政建设责任制考核和效能督查有机结合。要建立制度问责机制。制度一旦遭到破坏，就应该严格追究责任。要加强教育引导，强化责任意识；细化责任清单，确保追责有据；强化硬性要求，确保追责力度；健全保障机制，确保追责实效，从而通过纵向到底、横向到边的监督考评、问责问效，形成强有力的制度执行约束，提高制度的执行效果。

2. 构建有效管用切实可行的工作机制，就是要使思想建党和制度治党协调一致，在互相配合促进中发挥巨大的合力

思想建党和制度治党要紧密结合、同时同向发力，关键还是要使思想和制度协调一致，产生化学反应，形成合力。因此，构建有效管用切实可行的工作机制，需要构建领导机制、责任机制和协调机制。

首先，要构建领导机制。思想建党和制度治党要紧密结合，同时同向发力，就必须在党委统一领导下，将思想、制度以及组织等党的建设措施和手段紧密结合起来，加强领导，主动作为，探索思想和制度结合的途径，加强思想和制度结合的力度。

其次，要构建责任机制。抓好党建工作，必须落到实处，见之于行动。要将思想建党和制度治党要紧密结合、同时同向发力，就必须制定严格的责任机制，责任到位，落实到人，具体到事，使得党建工作不但务虚，更要务实，把从严治党责任承担好、落实好，把党的建设与经济发展等关系协调好。

最后，要建立协调机制。要使思想建党和制度治党紧密结合，同时同向发力，就要各部门在党委领导下形成党建工作的合力，齐心协力搞好党的建设，因而需要建立良性的协调机制，形成党委领导，党的组织、宣传、教育、纪检等各部门积极参与、分工负责、配套支持的党建工作机制。

（三）贯彻抓早抓小预防在先的工作方针

"'惩前毖后、治病救人'是我们党的一贯方针，也是我们党加强自身建设的历史经验。"① 思想建党和制度治党，必须将工作做在前面，做在日常，严在经常，将一些问题处理于萌芽之际，防止造成大的负面影响。

1.贯彻抓早抓小预防在先的工作方针，就是要把思想建党抓在日常、抓在平常，紧抓思想教育不放松

抓早抓小预防在先，紧抓思想教育不放松，是从源头防治腐败的有效措施。抓早，就是要对党员干部身上暴露出的问题要早发现、早提醒；抓小，就是要从小事抓起，防止小错酿成大错。无论是抓早还是抓小，侧重的都是预防在先。坚持抓早抓小，加强党员干部的思想教育是首要任务。把思想建党抓在日常，抓在平常，必须强化领导干部的责任意识。

把思想建党抓在日常，抓在平常，必须开展廉政教育，筑牢思想防线。一是用正面力量教育党员干部。进行理想信念教育，大力倡导社会主义核心价值观，宣扬正能量，以"身边人讲身边事、身边事教

① 习近平：《在第十八届中央纪律检查委员会第六次全体会议上的讲话》，人民出版社2016年版，第18页。

育身边人"等形式，营造全党廉洁奉公的氛围，造就全体党员干部"不想腐"的思想境界；二是用反面教材警示党员干部。通过观看警示教育片、阅读忏悔录、典型案件通报等方式，发挥反面教材对党员干部的震慑力量，筑牢"不敢腐"的心理防线；三是丰富廉政教育的内容。组织党员干部学习《中国共产党章程》等一系列党内法规，增强纪律意识，把政治规矩和政治纪律挺在前面，强化"不易腐"的制度约束作用。

2.贯彻抓早抓小预防在先的工作方针，就是要把制度治党严在日常、严在经常，紧抓制度执行不松懈

坚决惩治腐败，是全面从严治党的重要抓手。但是一些地方制度执行落实不到位，抓早抓小失之于宽、松、软。贯彻抓早抓小预防在先的工作方针，必须紧抓制度执行。

把制度治党严在日常，严在经常，就是要扎紧制度的笼子。一是加强顶层设计，增强制度的科学性。"制度好可以使坏人无法任意横行，制度不好可以使好人无法充分做好事，甚至会走向反面。"[①]建立健全制度法规是遏制腐败的治本之策。要科学设置制度，并及时对制度进行废、立、改、释；二是加强制度创新，增强制度的针对性。针对重点领域和关键环节，推进制度创新。

把制度治党严在日常，严在经常，就是要强化制度的执行。首先，明确责任分工。各级党委、政府和纪检监察机关要严抓制度执行，把反腐败制度建设和反腐工作重点任务进行责任分解，把具体责

---

① 《邓小平文选》第二卷，人民出版社 1994 年版，第 333 页。

任都落实到相关部门和负责人身上，确保各责任主体任务明确，严抓落实。其次，加强监督问责。加强监督检查，可以把制度的执行情况与党风廉政建设责任制的考核结果挂钩，将考核结果作为领导干部奖惩及提拔的重要依据；也可以与巡视检查工作相结合。加强监督检查，要充分发挥党内和社会的监督作用，尤其是群众监督和舆论监督。同时，要落实责任追究。贯彻"一案双查"，不仅追究当事人的责任，而且追究相关责任人的责任；既追究党委的责任，也追究纪委的责任。只有严肃问责，才能加强制度的严肃性和权威性。

（四）健全系统配套便于执行的制度规范

制度的健全和完善对于不当执政行为的约束或修正起到决定性的影响，它将维系整个执政系统的有序性和权威性，并成为除意识形态之外执政党实现社会认同的又一重要资源。从制度上解决问题更带有根本性、稳定性和长期性。

1.健全系统配套便于执行的制度规范，就是要使思想建党落地生根，制定切实可行、富有实效的学习制度、教育制度

要使思想建党落地生根，就必须建立学习制度。着重从思想上建党，就是有效地克服党内存在的各种非无产阶级思想和错误，把党建设成为一个坚强的马克思主义政党。正确的思想既从实践中来，也从学习中来。刘少奇指出："不努力学习的人，是不能做好一个共产党员的。"[①] 只要建立完善的学习制度，规定广大党员干部，必须学习什么，怎样学习，如何检验学习成效和将学习运用于实践，见之于

---

① 《刘少奇选集》下卷，人民出版社1985年版，第64页。

行动，才能巩固习近平新时代中国特色社会主义思想在全党的指导地位。

科学思想的掌握，一靠个人努力，二靠组织教育。要使思想建党落地生根，就要建立和完善严格的教育制度，从教育的内容、教育的方式、教育的组织保障、教育的时间等方面，做系统的规定。

2.健全系统配套便于执行的制度规范，就是要使制度治党严格落实，严抓制度制定、制度执行

制定了一系列的制度规范，要使其更有其操作性、使得各种制度系统相互配套、互相支持促进，必须加强制度从制定到落实全过程的规范落实。

一是要从制度制定中，加强制度的系统配套。制定制度要顶层设计，统筹谋划，周密考虑制度的配套问题。要避免制度之间的重复、冲突和矛盾，使各项制度有边界明确、对象明确、方向明确。同时，制定制度要有系统性。既重视基本的法规制度，又重视具体的实施细则；既重视单项制度建设，又重视制度与具体制度、实体性制度与程序性制度的配套；既重视党内法规制度的建立健全，又重视与国家法律法规的协调配合，使各项法规制度互相衔接，从而发挥出制度的整体功能，激发制度的活力。

二是要从制度执行中，加强制度的协调配合。制度的建立和健全是一项巨大的工程，既需要理论创造，又需要实践的反复检验。制度只有经过实践的检验，才能发现制度间的不协调、制度的漏洞等问题，从而能更有针对性地建立健全制度规范。制度执行不力严重损害制度的权威性，制度与制度冲突、制度与现实冲突，同样严重损害制

度的权威性。随着党执政环境、党面临的政治任务等的变化，一些制度也需要随之调整、修补甚至重新制定，以符合时代要求。因此，必须加强制度的执行配合与效果及时反馈。

（五）明确纪律审查不能放松的思路理念

推进思想建党和制度治党紧密结合，最基本的是要通过思想自觉来落实制度，通过制度规范来保障思想自觉。为此必须有强烈的责任担当作依托。应当严格落实党建工作责任制，通过明确责任主体、强化责任监督、加强追责问责，拧紧管党治党螺丝，推动管党治党责任落实到位，更好发挥思想建党和制度治党的作用。

1.明确纪律审查不能放松，就是要树立正确的执纪观念，保证思想建党落到实处，确保党员干部理想信念不动摇，党的事业方向不偏离

首先，树立正确的政绩观。一是不能"贪大求全"，只查大案要案，不抓早抓小。要坚持抓早抓小，有病及时治，不仅"查违法"，更要"盯违纪"，对于违纪问题要及时处理，使其成为纪律审查的重点。二是不能"只见树木不见森林"。拔除"烂树"是政绩，保护"森林"也是政绩。拔"烂树"，要对整片"森林"起到警示效果。全面从严治党并不只是反腐败、拔"烂树"，更重要的是要用纪律管住大多数，护"森林"。三是严惩腐败是政绩，挽救干部也是政绩。人非圣贤，孰能无过。但对犯了错误的党员干部要给予足够重视，教育引导出现问题的党员干部主动认识到错误、承认错误、纠正错误，防微杜渐，真正体现严管就是厚爱。

其次，树立纪严于法的理念。纪律检查机关要克服长期以来存在

的纪法不分、法在纪前的思想，打破"违纪只是小节，违法才去处理"的思维惯性，对违纪的党员干部要及时追究、及时处理，让扯袖咬耳、红脸出汗成为常态。只有始终坚持"党纪严于国法"的理念，才能及时挽救犯错误的党员干部，化解"要么是好同志，要么是阶下囚"的尴尬局面。

2.明确纪律审查不能放松，就是要强调监督执纪问责，保证制度建党得到贯彻，确保党中央政令畅通，维护党中央集中统一领导

监督执纪问责是党章赋予纪检监察机关的根本职责。只有强化监督执纪、加大追责力度，才能保证党纪党规落到实处，使制度治党得到贯彻，维护党中央的集中统一领导。

强化监督职责。纪委的监督是对领导干部履行职责和行使权力情况的监督。但近年来，纪检监察机关出现任务职责不明确，聚焦主业弱化，工作越位、缺位、错位等现象。因此，强化监督职责，前提要明确监督职责的定位：对监督者实施再监督。当前，党风廉政建设任务仍十分繁重，反腐败斗争形势依然严峻，推进党风廉政建设和反腐败斗争是纪检监察机关的主业。纪检监察机关要在"四个着力"上下功夫，更好地发挥监督作用。

抓实执纪责任。抓实执纪，就是要严格依规依纪办案。不可压案不办，更不可凭主观办案。有案必须查实，讲事实，重证据，不打无准备之仗，也不打有准备无把握之仗。

加大追责力度。落实党风建设责任制，必须落实"两个责任"：党委负主体责任，纪委负监督责任。党的十八届三中全会提出，要制定实施切实可行的责任追究制度，这就为落实党委和纪委的责任提供

了保障。坚持追责制度，对落实"两个责任"不到位的，要严肃追求责任，做到有责必问，失责必究，维护党纪党规。

（六）建设法治型党组织依规治党不懈怠

在全面推进依法治国的时代背景下，建设法治型党组织是提高党的建设法治化水平，推进党的建设新的伟大工程的必然要求。构建法治型党组织，既为法治思维融入党员干部头脑提供支撑，又为党员干部制度治党经常化提供保障，是思想建党和制度建党的有机统一。

1.建设法治型党组织，就是要培育党的组织和党员干部的法治意识和法治思维，形成法治文化价值观，为自觉依法治国、依法行政奠定思想基础

以培育党组织的法治意识和法治思维为主要内容的法治文化价值观建设是法治型党组织建设的重要内容，也是思想建党与时俱进的重要内容。法律不被信仰便形同虚设。"法治的意思并不是说法律本身能统治，能维持社会秩序，而是说社会上人和人的关系是根据法律来维持的。法律还得靠权力来支持，还得靠人来执行，法治其实是'人依法而治'，并非没有人的因素。"① 在对法治功能的认知上，既要摒弃"权治""人治"的法治虚无主义，又要警惕"一讲法治就灵"的法治万能主义和浪漫主义，也要防范把法律当成应急手段的法治工具主义。还要注重发挥乡规民约、家风家训、行业规章、团体章程等社会规范的"软法"作用。

2.建设法治型政党，就是要加强党内法规与国家法律的互相协

---

① 费孝通：《乡土中国》，生活·读书·新知三联书店 2013 年版，第 58 页。

调、相互衔接，让党纪国法协调发力，将思想建党和制度治党纳入法治轨道

党的十八大以来，党中央修订完善了若干准则和条例，从道德高线和纪律底线、以德治党和依规治党两个层面全面从严推进党的建设，展现出两大特点：一是加强党性和道德教育，引导党员、干部坚定理想信念，坚守共产党人精神追求；二是突出针对性和指导性，制定务实管用的党内法规制度体系，提高党内法规执行力。这也是"坚持思想建党和制度治党紧密结合"思想的生动实践。建设法治型政党，是加强思想建党和制度治党紧密结合、同时同向发力的集中体现。加强党内法规与国家法律相互协调、相互衔接，是依法治国的现实需要，也是全面从严治党的根本要求。只有党纪国法协调发力，才能为思想建党和制度治党提供最坚实保障。

法律规范体系和党内法规体系都是法治的基础和前提，党的十八届四中全会首次把党内法规体系纳入国家法治体系之中。党章不仅是党的自身建设的根本准则，而且还是调整党与国家、党与社会、党与民主党派之间关系的基本政治规范。根据《中国共产党党内法规制定条例》的规定，党内法规的名称为党章、准则、条例、规定、办法、规则、细则。近年来，随着一系列党内法规接踵修颁，党内法规初步形成了以党章为遵循、以守纪为要求、以责任为导向的"制度群"。党内法规体系的形成和完善对建设法治型党组织的启示在于：党纪弥补国法，党纪严于国法，纪法分开，纪在法前。要以建设"守纪型"党组织为前提，以依规治党带动依法执政，这就要求法治型党组织建设首先要塑造管党治党的"四种形态"。自觉遵循道德"高线"，坚决

守住纪律"红线"，防止触碰法律"底线"。这是建设法治型党组织的重要保障。基层党组织要切实把各项党内法规融入自身建设的各个领域和环节，让党纪的力量在建设法治型党组织中得到充分释放，永葆党的生机和活力。

第三节　着力从严管理干部

习近平总书记指出："要把新时代坚持和发展中国特色社会主义这场伟大社会革命进行好，我们党必须勇于进行自我革命，把党建设得更加坚强有力。"[①] 着力从严管理干部则是进行自我革命，把党建设得更加坚强有力的关键所在。因此，必须以更大的决心、更大的勇气、下更大的气力抓紧抓好。要坚持把从严管理干部贯彻落实到干部队伍建设全过程，真正做到从严教育、从严管理、从严监督，让每一个干部都深刻懂得，当干部就必须付出更多辛劳、接受更严格的约束。

一、从严管理干部的重要性紧迫性

（一）领导干部所处的关键地位

"党要管党，首先是管好干部；从严治党，关键是从严治吏。"[②] 干

---

① 中共中央宣传部：《习近平新时代中国特色社会主义思想学习纲要》，学习出版社、人民出版社 2019 年版，第 222 页。
② 《十八大以来重要文献选编》上，中央文献出版社 2014 年版，第 350 页。

部是党的事业的骨干，是党联系人民群众的桥梁和纽带。党和人民群众的关系是鱼和水的关系，党不能离开人民群众的支持和拥护而孤立存在。人民群众是党的力量之源和胜利之本。然而，党要获得人民群众的信任和支持，就要通过党的干部向人民群众宣传党的主张；就要通过党的干部组织和发动群众、带领群众，努力实现群众的利益；就要通过党的干部发挥表率作用，用切身的行动去吸引和感召人民群众。因此，领导干部的状况如何，直接关系到党的事业发展、人民幸福生活的创造。

尤其是面对当今世界百年不遇的大变局，党的自身建设面临许多新挑战、新考验、新问题，要保持党的先进性纯洁性，我们必须坚持严字当头，把严的要求贯穿管党治党的全过程，真正做到党和人民事业发展到什么阶段，全面从严治党就跟进到什么阶段，以自我革命的政治勇气，着力解决党内存在的突出问题，把从严治党的关键是从严治吏落到实处，实现管党有方、治党有力、建党有效。① 无论是权力考验、干部的影响力、事业的成就，还是突出问题的解决，从严治吏是必需的选择。

1. 聚焦权力的严峻考验

干部的职位越高，手里的权力就会越大，滋生腐败的可能性也就越大。因此，要把管好干部队伍的工作落实到干部队伍建设全过程，在干部的选拔、培训、教育、管理、监督等各个环节都要做到从严，一切以规章制度为标准，以人民群众满意为准则。要加强对干部权力

---

① 中共中央文献研究室编：《习近平关于全面从严治党论述摘编》，中央文献出版社2016年版，第13页。

的监督，真正做到权为民所用。从严管理干部就是要聚焦权力运行规律，把权力关进制度笼子，让权力在阳光下运行。权力是柄"双刃剑"，领导干部手中掌握权力，既能为人民服务，也能成为"权力寻租"的主攻目标。各级领导干部只有真正在思想上解决当干部为什么、当干部做什么、身后留什么的问题，才能真正做到忠诚干净担当。反观当前，在一些党员领导干部中存在的权力滥用、为官不为等贪污腐败、官僚主义、享乐主义行为滋生蔓延等问题，严重破坏了党内政治生态，对党的肌体健康造成了严重危害。新形势下从严治吏，重中之重就是要管好、用好党员领导干部手中的权力，构建合理的权力运行机制，合理地分解权力，科学地配置权力，让权力依法依规健康运行，这也是对权力的大考验大检查，是加强党的建设尤其从严治理必须面对的、不可回避的、要解决好的关键问题。

2. 聚焦引领多数的示范影响

党员领导干部是党的事业的组织者、推动者。"风成于上，俗化于下。"习近平总书记指出，打铁还需自身硬。我们党作为马克思主义执政党，不但要有强大的真理力量，而且要有强大的人格力量。自身硬，用人格操守力量发挥示范引领作用。党员领导干部只有带头走正路、干正事、扬正气，才能一级做给一级看，一级带着一级干，起到上行下效的正向带动效应。所以，把选好用好干部作为鲜明导向。为政之要，首在得人。在实际工作中选拔任用什么样的人，怎样选人用人，体现的是领导者的素养和操守，影响的是一个地区、一个单位的党风、政风。"荐贤者当自贤"，党员领导干部必须正确对待和行使选人用人的权力，不搞人身依附，不搞团团伙伙，不搞任人唯亲，真正做到五湖四海、公道正派、知人善任，让德才兼备、勤政为民的干部受尊重，受重用，让阿谀逢迎、弄虚作假的干部没市场，受惩戒。对干部提拔任用是信任，从严管理是保护，抓党员领导干部这个"关键少数"，以党风政风带社风民风。所以，既要通过补足党员领导干部理想信念之"钙"来解决思想认知方面的问题，又要通过扎紧制度笼子来解决行为约束的问题，思想建党与制度治党一柔一刚、互为补充，使党的各级领导干部始终心存敬畏、手握戒尺，始终成为人民的主心骨，成为带领人民群众奋进的强有力的火车头，充分发挥引领多数的重要作用。

3. 聚焦成就事业的使命担当

党的十九大政治报告指出，从全面建成小康社会到基本实现现代化，再到全面建成社会主义现代化强国，是新时代中国特色社会主义发展的战略安排。这更是一个催人奋进的目标，也是中华民族无数仁人志士为之向往、为之献身的梦想。党的各级领导干部要以朝气蓬勃之面貌，昂扬进取之精神，志存高远，脚踏实地，走在时代前列，为国家和民族永续发展作出积极贡献，这既是各级领导干部应有的担当，更是一份历史的责任，要以坚韧不拔、锲而不舍的精神奋力谱写社会主义现代化新征程的壮丽篇章！

能否勇立时代潮头，直面中国现实问题，担负起历史责任，对中国共产党而言是一份历史答卷，对每一个党的领导干部而言更是一份实践的答卷。任何社会责任都是基于社会发展的责任，必然随着社会的发展而发展，必然具有鲜明的时代精神。当中国正处在全面建成小康社会，开创新时代中国特色社会主义建设新局面的关键时期，在取得了空前成绩的同时，也面临着很多无法回避的问题。坚持和发展中国特色社会主义必须要始终坚持党要管党、全面从严治党，以更大的决心和勇气抓好党的自身建设，确保党在世界形势深刻变化的历史进程中始终走在时代前列，在应对国内外各种风险和考验的历史进程中始终成为全国人民的主心骨，在发展中国特色社会主义的历史进程中始终成为坚强的领导核心。① 如果管党不严、治吏不力，党员干部队伍素质和能力跟不上时代发展的要求，不能顺应人民期待，必然会影响党的公信力和形象，破坏党的群众基础和执政根基，那么我们党迟早会失去执政资格，不可避免地被历史所淘汰。

（二）党自身建设的历史启迪

纵观党的历史可以看出，加强党的建设，从严管好干部，始终是中国共产党的优良传统，建设素质高、能力强、作风好的党员干部队伍，始终是历届领导人治国理政的关键所在，始终是中国共产党从胜利走向胜利的关键所在。

从严治党、管好干部是中国共产党的治党原则和光荣传统，以毛泽东同志为核心的党的第一代党中央领导集体，在革命和建设实践中进行了积极探索，积累了宝贵经验，形成了一系列理论与实践成果。在培养党员干部方面，毛泽东同志主张高标准建设党员干部队伍，指出："指导伟大的革命，要有伟大的党，要有许多最好的干部。"② 在选拔任用干部方面，毛泽东同志坚持德才兼备、任人唯

---

① 习近平：《全面贯彻落实党的十八大精神要突出抓好六个方面工作》，《求是》2013年第1期。

② 《毛泽东选集》第一卷，人民出版社1991年版，第277页。

贤。他强调，党员干部既要搞好政治思想工作，又要"努力精通技术和业务，使自己成为内行，又红又专"①。在反腐倡廉方面，他强调，要"厉行廉洁政治，严惩公务人员之贪污行为，禁止任何公务人员假公济私之行为，共产党员有犯法者从重治罪"。② 中华人民共和国成立前夕，毛泽东同志要求全党必须坚持"两个务必"，要求广大党员领导干部时刻保持共产党人谦虚谨慎、不骄不躁、艰苦奋斗的作风，对净化党内政治生态，加强党的作风建设起到了重要作用。中华人民共和国成立初期处理的刘青山和张子善案，充分体现了毛泽东同志反腐倡廉，高度重视从严管理干部队伍，始终保持共产党员清正廉洁的政治本色的决心，为新时期全面从严治党提供了宝贵经验和重要遵循。

进入改革开放新时期，国内外形势错综复杂，国内社会主义市场经济体制尚未完善，一些党员领导干部中间出现贪污腐败造成党群关系紧张，国外面对东欧剧变和苏联解体，社会主义面临信仰危机和严峻考验。邓小平同志面对国内外严峻形势，提出要严肃党的纪律、纠正党的作风，要求务必从严治党。邓小平同志关于从严治党的重要论述丰富而深邃，内容包括加强思想政治教育、干部管理、作风建设、制度建设、反腐倡廉建设等，其中邓小平同志强调，党要管党，最关键的是干部问题。根据当时党内存在的党的领导弱化、基层党组织脆弱等问题，邓小平同志指出，要聚精会神地抓党的建设，这个党该抓了，不抓不行了。针对改革开放之初出现的干部专业知识水平缺乏的

① 《毛泽东文集》第七卷，人民出版社 1999 年版，第 309 页。
② 《毛泽东文集》第二卷，人民出版社 1993 年版，第 335 页。

状况，邓小平同志还提出，干部队伍要革命化、年轻化、知识化、专业化，要保证党的事业后继有人必须要实现干部队伍的新老更替和素质提升。实践证明，邓小平同志关于从严管理干部的思想，对加强党的执政能力建设、先进性和纯洁性建设都具有重要意义，对新形势下加强干部队伍建设具有重要指导作用。

党的十八大以来，世情、国情、党情出现新变化，管党治党的形势更加严峻，任务更加艰巨。习近平总书记把握时代大趋势，顺应人民新期待，回答实践新要求，围绕改革发展稳定、内政外交国防、治党治国治军提出了一系列新思想新观点新战略，其中全面从严治党是习近平总书记治国理政的重要内容。习近平总书记指出，建设中国特色社会主义，关键在于建设一支宏大的高素质干部队伍，培养造就一支具有铁一般信仰、铁一般信念、铁一般纪律、铁一般担当的干部队伍。要大力加强党的组织建设，着力培养选拔党和人民需要的好干部，从严管理干部，夯实基层组织，巩固党执政的组织基础。[1] 在从严管理干部方面，习近平总书记回答了"好干部的标准、怎样成为好干部、怎么把好干部用起来"等一系列问题。在选人用人上，习近平总书记在全国工作会议上提出了"信念坚定、为民服务、勤政务实、敢于担当、清正廉洁"[2] 的二十字好干部标准。在对党员领导干部要求上，习近平总书记要求党员领导干部既要加强自身努力，又要珍惜组织培养，既要加强党性修养，又要加强实践锻炼，在实践锻炼中增强党性、改进作风、磨炼意志、提升境界、增长才干。2014 年 12

---

[1]　《习近平总书记系列重要讲话读本》，人民出版社 2016 年版，第 109 页。

[2]　习近平：《在全国组织工作会议上的讲话》，人民出版社 2018 年版，第 5 页。

月，习近平总书记考察调研江苏时系统阐述了从严管理干部"五个要"："管理要全面、标准要严格、环节要衔接、措施要配套、责任要分明。"① 这"五个要"充分体现了党管干部原则，深刻把握了干部队伍建设规律，把对从严管理干部的认识提到了新的高度、新的境界，是新形势下治党治吏的最新遵循。

（三）历史使命的现实担当

敢于担当是时代赋予共产党人的神圣职责和历史使命。历史和人民选择了中国共产党，中国共产党也必将带领人民创造历史。党的十八大以来，以习近平同志为核心的党中央以强烈的历史担当协调推进"四个全面"战略布局和统筹推进"五位一体"总体布局，党和国家事业取得了巨大成就。尤其是在全面从严治党方面，从根本上扭转了长期以来管党不严、治党不力的局面，党的形象和公信力得到重塑，党心民心为之一振。

1. 时代的责任

党的十八大以来，面对错综复杂的国内外形势深刻变化，以习近平同志为核心的党中央以强烈的历史责任感勇立时代潮头，开辟了治国理政的新境界，开创了党和国家建设新局面。习近平总书记指出，当前我国正在进行具有新的历史特点的伟大斗争，我们比以往任何一个历史时期都更接近、更有能力实现中华民族伟大复兴的目标，这就需要党始终保持先进性和纯洁性，始终走在时代前列。就要确保党在发展中国特色社会主义历史进程中始终成为坚强领导核心。关键就是要

---

① 李学同、陈金龙主编：《新时代全面从严治党知识问答》，人民出版社 2018 年版，第119 页。

建设一支宏大的高素质的干部队伍。① 因此，从严治党尤其是从严管理干部既是党加强自身建设的要求，也是时代赋予的历史责任。

2.任务的艰巨

中国共产党带领全国人民进行革命、建设、改革的实践证明，任何一项历史任务的实现都要在艰难的探索中前行。中国特色社会主义事业不是一朝一夕的事，不能一蹴而就，坚持和发展中国特色社会主义需要善始善终、善作善成、久久为功，需要党中央的集中统一领导，需要党员领导干部履职尽责，做到守土有责、守土负责、守土尽责，要求党员领导干部要有"功成不必在我，建功必须有我"的大局意识。习近平总书记指出，中国特色社会主义最本质的特征是中国共产党领导，中国的事情要办好首先中国共产党的事情要办好。我们要聚精会神抓好党的建设，使我们党越来越成熟、越来越强大、越来越有战斗力。② 这充分体现了习近平总书记深邃的政治情怀，始终重视党的建设尤其是党员干部队伍建设。中国特色社会主义事业越往前发展，越应该居安思危、如履薄冰，切不可在管党治党上有丝毫松懈，这是党不断开创中国特色社会主义新局面的重要保证，是不断取得中国特色社会主义伟大事业胜利的必然要求，是时代发展赋予党的光荣使命和艰巨任务。

3.群众的期盼

党的性质和宗旨决定了党要全心全意为人民服务，就是要始终坚

---

① 《十八大以来重要文献选编》上，中央文献出版社 2014 年版，第 336 页。

② 中共中央文献研究室编：《习近平关于全面从严治党论述摘编》，中央文献出版社 2016 年版，第 6 页。

持以人民为中心的发展理念。在十八届中央政治局中外记者见面会上，习近平总书记指出，人民群众对美好生活的向往，就是党的奋斗目标。事实证明，党的十八大以来全面从严治党的实践顺应了人民新期待，党风政风明显好转，良好的政治生态正在形成。加强党的建设尤其是党员干部队伍建设尤其重要，党员干部队伍能否都做到忠诚、干净、担当，直接关系到所在部门或地区的政治生态是否健康，关系到人民群众的切身利益能否得到有效维护。所以，习近平总书记针对县委书记这个职位强调指出，县委书记官不大，责任不小，压力不小，要当好县委书记是不容易的。焦裕禄、杨善洲、谷文昌等同志是县委书记的好榜样，县委书记要以他们为榜样，始终做到心中有党、心中有民、心中有戒，努力成为党和人民信赖的好干部。① 这充分体现了习近平总书记高度重视发挥党员领导干部先进典型的示范带动作用，号召全党向先进人物学习，通过"关键少数"的先进事迹引领大多数党员和群众，让全心全意为人民服务的宗旨意识更加深入人心。

（四）直面问题的现实需要

党的十八大以来全面从严治党的实践证明，以习近平同志为核心的党中央以刮骨疗毒、壮士断腕的决心和信心进行自我革命。我们坚持刀刃向内，"直面党内存在的突出问题，以理论武装凝心聚魂，以整饬作风激浊扬清，以严明纪律强化约束，以从严治吏匡正用人导向，以'打虎'、'拍蝇'、'猎狐'惩治腐败，刹住了一些过去被认为不容易刹住的歪风邪气，攻克了一些司空见惯的顽瘴痼疾，解决了许

①　习近平：《做焦裕禄式的县委书记》，中央文献出版社2015年版，第67页。

多长期想解决而没有解决的难题，消除了党和国家内部存在的严重隐患，党内政治生态明显好转，党的创造力、凝聚力、战斗力显著增强，党群关系明显改善，党在革命性锻造中更加坚强，以党的伟大自我革命推动了伟大的社会革命"①，在管党治吏上取得了巨大成绩。但与此同时，我们必须清醒地认识到，在管党治吏上还面临一系列尚未解决的问题，我们推进全面从严治党取得了显著成效，但还远未到大功告成的时候。我们党面临的"四大考验""四种危险"是长期的、尖锐的，影响党的先进性、弱化党的纯洁性的因素也是复杂的，党内存在的思想不纯、政治不纯、组织不纯、作风不纯等突出问题尚未得到根本解决。一些老问题反弹回潮的因素依然存在，实践中还在出现一些新情况新问题。突出地表现在：

1.政治理论素养与领导能力的不适应

思想是行为的先导，理论是实践的指南。党的事业越往前发展，党员领导干部越要汲取政治理论营养，坚定中国特色社会主义正确方向。习近平总书记指出，干部要勤于学、敏于思，认真学习马克思主义理论特别是中国特色社会主义理论体系，掌握贯穿其中的立场、观点、方法，提高战略思维、创新思维、辩证思维、底线思维能力，正确判断形势，始终保持政治上的清醒和坚定。② 反观当前，一些领导干部缺乏政治理论素养，理想信念滑坡，在重大的政治理论和实践问题上，没有政治定力、道德定力、抵腐定力。尤其是党的十八大以来，一些高级领导干部落马很大程度上反映出政治理论素养与领导

---

① 习近平：《在全国组织工作会议上的讲话》，人民出版社2018年版，第7页。
② 《十八大以来重要文献选编》上，中央文献出版社2014版，第342页。

职级或领导能力不相匹配，缺乏理论自觉和理论自信，有的不守政治纪律和政治规矩，妄议中央大政方针，当面一套、背后一套，当两面派、做两面人；有的理想信念"总开关"常年失修，对共产主义心存怀疑，不信马列信鬼神，世界观、人生观、价值观全面蜕变；有的干事创业精气神不够，不担当、不作为，奉行"既不落后头，也不出风头"，怕决策失误，不敢拍板定事，干工作推诿拖延；有的热衷于搞"小圈子""拜码头""搭天线"；有的反对形式主义、官僚主义、享乐主义和奢靡之风不坚决、不彻底，耍花样，搞变通；有的不顾党中央三令五申，依然不收敛、不收手，以权谋私、腐败堕落；等等。这些问题，严重破坏党的团结和集中统一，严重影响党和人民事业发展。① 此外，一些领导干部重实践轻理论的现象普遍存在，学习理论形式化现象比较严重；一些领导干部官僚主义、严重脱离群众，根本无法适应党的事业与人民的要求。这就需要党员领导干部既要具备较高的政治理论素养，做政治理论的传教者、翻译器，又要深入实践，做推进各项事业发展的行家里手。

2. 选人用人管人机制的弊端难破

"为政之要，莫先于用人。"根据"信念坚定、为民服务、勤政务实、敢于担当、清正廉洁"好干部标准选拔任用党和人民需要的好干部，是党和国家事业长远发展的需要。党的十八大以来，在从严管理干部上，习近平总书记回答了"什么是好干部、如何成为好干部、怎样把好干部用起来"等一系列问题，干部队伍建设取得了明显改善。

---

① 习近平：《在全国组织工作会议上的讲话》，人民出版社 2018 年版，第 9 页。

从管理干部的体制机制看，从严管理干部的制度笼子正越扎越紧，总体态势良好。但也存在着选人用人机制的弊端，带病提拔、突击提拔、违规破格提拔等问题还需要长期克服和不断解决，还需要完善体制机制，坚决做到不留"暗门"，不开"天窗"，坚决防止"破窗效应"，使制度真正成为硬约束而不是稻草人，防止"牛栏关猫"。

3.遏制腐败滋生蔓延的任务艰巨

反腐倡廉是保持党坚强有力的重要条件，只有进行时没有完成时。习近平总书记指出："物必先腐，而后虫生。"① 党的十八大以来，以习近平同志为核心的党中央在反腐败上坚持无禁区、全覆盖、零容忍，以实际行动兑现了对人民的庄严承诺。就目前的现实而言，不敢腐的目标初步实现，不能腐的制度日益完善，不想腐的堤坝正在构筑，反腐败压倒性态势已经形成。但是，我们必须看到，反腐始终在路上，有些领导干部仍然明知故犯，顶风作案，搞团团伙伙、拉帮结派、对抗组织调查、任人唯亲、拉票贿选、培植私人势力等，严重破坏了党内政治生态。正因如此，从严管好干部、重构政治生态的任务依然艰巨。开弓没有回头箭，抓党风廉政建设和反腐败斗争是一场输不起的战争，必须决战决胜，反腐倡廉建设永远在路上。

二、从严管理干部的现实要求

着力从严管理干部，必须认真贯彻落实新时代党的组织路线。这

---

① 《十八大以来重要文献选编》上，中央文献出版社 2014 年版，第 81 页。

就是"全面贯彻新时代中国特色社会主义思想，以组织体系建设为重点，着力培养忠诚干净担当的高素质干部，着力集聚爱国奉献的各方面优秀人才，坚持德才兼备、以德为先、任人唯贤，为坚持和加强党的全面领导、坚持和发展中国特色社会主义提供坚强组织保证"①。新时代党的组织路线，是党的历史上的第一次概括，是对马克思主义党建学说的开创性贡献，具有里程碑意义，为新时代党的建设和从严管理干部指明了前进方向，提供了根本遵循，新时代党的组织路线是理论的也是实践的，要在着力从严管理干部的实践中形成向上的价值导向，真正有效落地。

习近平总书记在全国组织工作会议上指出："要把从严管理干部贯彻落实到干部队伍建设全过程。要坚持从严教育、从严管理、从严监督，让每一个干部都深刻懂得，当干部就必须付出更多辛劳、接受更严格的约束。"② 真正做到：

（一）教育要严

从严教育在从严管理干部中发挥重要作用。要以把好世界观、人生观、价值观这个"总开关"为导向，在广大干部中深入开展习近平总书记系列讲话精神教育和党规党纪教育、党史党性教育，推动"两学一做"教育常态化制度化。要坚持和创新党内学习制度，定期开展集体学习，把学习情况作为领导干部考核的重要内容。加强新任领导干部廉政教育，推行领导干部任职前法律法规和党纪条规考试制度，运用现代信息技术创新教育手段、改进教育方法、拓展教育平台，使

---

① 习近平：《在全国组织工作会议上的讲话》，人民出版社 2018 年版，第 11 页。
② 《十八大以来重要文献选编》上，中央文献出版社 2014 年版，第 350 页。

党员干部把"应知应会""必遵必守"的制度规范内化于心、形成自觉。要加强案例剖析，举一反三，善于用身边人、身边事教育警示党员干部，在学思践悟中增强组织纪律性，主动在思想上划出红线，行为上明确界限，真正敬法畏纪、遵规守矩。

（二）管理要严

要以严格执行党规党纪为核心，坚持用制度管权管事管人，健全党员干部管理机制。严格执行民主集中制，健全领导班子议事规则和决策程序；严格按照党的组织原则和党内政治生活原则办事，运用教育实践活动形成的好做法好经验。坚持和强化民主生活会制度，大兴批评和自我批评之风，经常听取群众意见建议，积极查摆整改存在的问题，不断提高党内政治生活的政治性、时代性、原则性、战斗性。落实谈心谈话制度，及时了解党员干部思想、工作、作风、廉洁自律等情况，统一思想，清除隔阂，增进团结。深入推进作风建设，认真落实中央"八项规定"等系列制度规范，必须从我做起，从小事做起，抓常抓细抓长，带头践行"三严三实"，坚守正道、弘扬正气，努力改进思想作风、工作作风、领导作风、生活作风，正本清源，返璞归真，固本培元。强化考核导向，确立党委（党组）抓好党建是最大政绩的思想导向，加大党建工作考核权重，营造聚精会神抓党建，励精图治固根基的新格局。

（三）监督要严

党的十八届六中全会通过的《关于新形势下党内政治生活的若干准则》规定："监督是权力正确运行的根本保证，是加强和规范党内政治生活的重要举措。必须加强对领导干部的监督，党内不允许有不受制约的权利，也不允许有不受监督的特殊党员。"要以贯彻落实《关于新形势下党内政治生活的若干准则》为切入点，完善权力运行和监督机制。一是从思想认识上正确对待监督，主动接受监督，习惯在监督下开展工作。二是细化相关机制，建立党政主要负责人定期向上级党委述职述廉述作风制度，报告个人遵守政治纪律、廉洁从政、作风建设及其他需要证明的情况。加强落实党风廉政建设责任制检查考核工作，健全签订党风廉政建设责任书、检查考核结果、实施责任追究等制度，严格责任分解、责任考核、责任追究，把考核结果作为领导干部业绩评定、奖励惩处和选拔任用的重要依据。三是完善监督网络，加强对党员干部"八小时"外的监督，织密群众监督之网，畅通投诉举报渠道，开启全天候探照灯，让党员干部时刻处于组织和群众的监督之下。

（四）执纪要严

从严管理干部，路线是"王道"，纪律是"霸道"。要使党纪真正成为带电的高压线，必须依靠严格执纪。其一，严格执纪体现在纪律面前一律平等，遵守纪律没有特权，执行纪律没有例外。要以"零容忍"的态度对待违反纪律的行为，勇于亮剑，敢于出手，做到有纪必执、违纪必查。其二，严格执纪要建立科学的党纪体系，不断完善党的纪律，确保党的各项纪律匹配与衔接。要按照 2015 年 10 月新颁布的《中国共产党纪律处分条例》的要求从严执纪。其三，要形成配套的工作机制。要建立案件线索处置上报制度，决不允许有案不查、有线索不报，更不能大事化小、小事化了。要有针对性地堵塞漏洞、完善制度、加强监督。其四，各级纪委和执纪部门要切实履行监督执纪职责。

对于违纪问题的查处，要真正将党纪作为刚性约束，切实做到用纪律管权管事管人，推动"真管真严、敢管敢严、常管常严"成为常态。

（五）问责要严

有权必有责，有责要担当，失责必追究。没有严格的责任追究，就没有责任的真正落实。现实案例警示我们：有责不担，正气难彰；失责不问，百弊丛生。问责如果不立起来，严字当头就难以保障。要严格执行《中国共产党问责条例》，形成失责必问、问责必严的党内生态，紧紧抓住领导干部这个"关键少数"。领导干部不能只对着下级说事，要把自己摆进去，以身作则、以上率下，敢于较真碰硬、发声亮剑，以敢问责、严问责、常问责的行动徙木立信，真正树立"有权必有责，失责必追究"的正确导向，把管党治党的政治责任落到实处。党的执纪监督部门，要加强对"两个责任"和组织纪律落实情况的监督检查，发挥党内监督专责机关作用，对违纪行为执好纪、问好责。对工作不力导致不正之风长期滋长蔓延，或者屡屡出现重大腐败问题而不制止、不解决的，实行"一案双查"，在查办违纪违法案件的同时，一并调查发案单位"两个责任"是否落实到位，做到有责必问、有错必究。通过责任倒逼，切实解决"守土不尽责、有责不担当"的问题。

三、从严管理干部的实践路径

（一）要贯彻新时代党的组织路线，建立从严管理干部的工作体系

习近平总书记在全国组织工作会议上明确提出，要建立素质培

养、知事识人、选拔任用、从严管理、正向激励的干部工作体系。这一要求，体现了我们党对新时代干部工作规律的深刻把握，是建立从严管理干部工作体系的根本遵循。

一是实施系统工程，打好组合拳。为政之要，唯在得人。政治路线确定之后，干部就是决定的因素。落实党的十九大确定的各项任务，实现"两个一百年"奋斗目标，实现中华民族伟大复兴的中国梦，必须培养造就千千万万忠诚干净担当的高素质干部，这是从严管理干部的根本目的与核心要义。干部健康成长涉及方方面面，干部工作是一项系统工程，要善于打好"组合拳"。要着力从严管理干部，培养出忠诚干净担当的高素质干部，必须建立源头培养从严、跟踪培养从严、全程培养从严的组织体系，日常考核、分类考核、近距离考核的知事识人从严体系，以德为先、任人唯贤、人事相宜的选拔任用的从严体系，管思想、管工作、管作风、管纪律的从严管理体系，崇尚实干、带动担当、加油鼓劲的正向激励从严体系。

二是把握重点，突出政治素养。建立从严管理干部工作体系，既要增强系统谋划，又要把握工作重点。这个重点就是要突出干部政治素质建设的要求，把提高政治觉悟、政治能力严格的贯穿于干部教育培训全过程，坚持不懈加强党性教育、政德修养、纪律建设，注重政治训练、政治历练，使干部始终在政治上站得稳、靠得住、信得过。察人识人善于抓住本质，突出政治标准，强化对政治忠诚、政治定力、政治担当、政治能力、政治自律的严格考察，多把功夫下在平时，全方位、多角度、近距离考察了解干部，全面地历史地辩证地分析识别干部，坚决把两面人挡在门外。选拔使用坚持事业为上，事业需要什么样的人就选什么样的人，岗位缺什么样的人就配什么样的人，把合适的干部放到合适的岗位上。从严管理重在日常经常，加强对各级领导干部特别是一把手，对权力集中、资金密集、资源富集的重点部门和关键岗位干部的监督，管好关键人，管到关键处，管住关键事，管在关键时，坚持抓早抓小、防微杜渐，使咬耳扯袖、红脸出汗成为常态。正向激励强化干事导向，大力发现、表彰和选拔敢于负责、勇于担当、善于作为、实绩突出、清正廉洁的干部，对不作为慢作为的坚决调整，旗帜鲜明地为敢于担当的干部撑腰鼓劲。要对照建立健全干部工作体系的要求，联系选人用人实际，查缺漏、补短板，在重点突破中实现整体推进，在改革创新中健全完善制度。

三是着力提升从严管理干部的能力与水平。建立健全从严管理干部工作体系，组织部门和组工干部要不断提高知事识人、知人善任的专业能力、专业精神。管干部用干部的干部，要有"瞻山识璞、临川知珠"的识人慧眼，要有"劝君参透短长理，自有人才涌似云"的用人之道，要有"众里寻他千百度"的爱才之心，要有"铁肩担道义"的忠诚公道。各级组织部门和广大组工干部都应以这样的境界、格局、本领，从严管好干部。

（二）坚持从严管理干部的理念与标准

一是坚持好干部标准。习近平总书记在全国组织工作会议上指出："坚持贯彻新时期好干部标准。我们落实党管干部原则，强化党组织领导和把关作用，着力培养选拔信念坚定、为民服务、勤政务实、敢于担当、清正廉洁的好干部。我们坚持德才兼备、以德为先，坚持五湖四海、任人唯贤，突出政治标准，培养造就忠诚干净担当的干部队伍。我们严把选人用人政治关、品行关、作风关、廉洁关，改进干部推荐考察方式，坚持'凡提四必'，坚决纠正选人用人上的'四唯'问题，防止干部'带病提拔'，推进干部能上能下，坚决匡正选人用人风气。我们坚持党管人才原则，以识才的慧眼、爱才的诚意、用才的胆识、容才的雅量、聚才的良方，把党内外、国内外各方面优秀人才集聚到党和人民的伟大奋斗中来。"①"德才兼备"是中国共产党选拔、使用干部一贯的标准，同时这一标准也是具体的、历史的。不同历史时期，对干部德才的具体要求有所不同。党的十八大以来，习近平总书记结合新形势下干部队伍的实际情况，赋予了好干部标准新的时代内涵。2013 年 6 月，习近平总书记在全国组织工作会议上提出"好干部的二十字标准"，即"信念坚定、为民服务、勤政务实、敢于担当、清正廉洁"。其中特别强调了理想信念、敢于担当这两个"当前干部队伍中比较突出的问题"，明确提出："理想信念坚定，是好干部第一位的标准，是不是好干部首先看这一条。"②"坚持原则、敢于担当是党的干部必须具备的基本素质。"③2014 年 3 月，习近平总书记在参加十二届全国人大二次会议安徽代表团审议时提出："各级领导干部都要树立和发扬好的作风，既严以修身、严以用权、严以律己，又谋事要实、创业要实、做人要实。"④2014 年 10 月，习近平总书记对云南工作作出重要指示，要求党员干部要"对党忠诚、个人干

---

① 习近平：《在全国组织工作会议上的讲话》，人民出版社 2018 年版，第 5—6 页。

② 《十八大以来重要文献选编》上，中央文献出版社 2014 年版，第 338 页。

③ 《十八大以来重要文献选编》上，中央文献出版社 2014 年版，第 340 页。

④ 《习近平谈治国理政》第一卷，外文出版社 2018 年版，第 381 页。

净、敢于担当"。忠诚、干净、担当，与好干部的二十字标准、"三严三实"要求内在一致，是领导干部的核心素质。三者相辅相成、有机统一。"忠诚是为政之魂，干净是立身之本，担当是成事之要，三者犹如鼎之三足、缺一不可，共同铸就共产党人的精神风范，共同诠释着领导干部的政治本色，共同支撑着党的事业的健康发展。"①

二是固守忠诚的理念。对党忠诚，是从严管理干部的基本政治要求。党章明确规定，"对党忠诚老实"是每一位党员的义务。首先，要忠诚于党的信仰。各级领导干部一定要把坚定理想信念作为安身立命的主心骨。"如果理想信念不坚定，不相信马克思主义，不相信中国特色社会主义，政治上不合格，经不起风浪，这样的干部能耐再大也不是我们党需要的好干部。"②坚定理想信念需要不断加强学习，努力学习马克思列宁主义、毛泽东思想，深入学习邓小平理论、"三个代表"重要思想、科学发展观，努力学习习近平总书记系列讲话精神和治国理政新理念新思想新战略，用先进理论武装头脑，从思想深处解决好信仰信念问题。其次，要忠诚于党的宗旨。全心全意为人民服务是中国共产党的根本宗旨，领导干部要牢固树立马克思主义群众观点，践行群众路线，增进对群众的感情，要深入最基层，近距离接触群众，对群众掏真心、注真情，做到民有所呼我有所应，民有所需我有所为。最后，要忠诚于党的组织。习近平总书记指出："全党同志要强化党的意识，牢记自己的第一身份是共产党员，第一职责是为党

---

① 刘云山：《领导干部要始终做到忠诚干净担当》，《学习时报》2015 年 3 月 9 日。
② 《习近平谈治国理政》第一卷，外文出版社 2018 年版，第 413 页。

工作，做到忠诚于组织，任何时候都与党同心同德。"① 要牢固树立纪律意识和规矩意识，特别要把政治纪律和政治规矩摆在首位，做政治上的"明白人"。

三是强化"四个意识"的自觉。只有增强政治意识、大局意识、核心意识、看齐意识，自觉在思想上政治上行动上与党中央保持高度一致，才能使我们党更加团结统一、坚强有力，始终成为中国特色社会主义事业的坚强领导核心。领导干部尤其要强化"四个意识"的自觉。第一，强化政治意识，是马克思主义政党的本质要求，是我们党的优良传统与优势，是统筹推进伟大斗争、伟大工程、伟大事业的现实需要。自觉增强政治意识就是要有坚决维护党中央权威的鲜明政治态度，要有以人民为中心的坚定政治立场，要有为党的事业拼搏奋斗的强烈政治担当，要有襟怀坦荡严格自律的高尚政治操守。第二，强化大局意识，要正确认识大局，善于从战略高度分析和认清国家建设和发展的总趋势。要自觉服从大局，要善于跳出一时一事、一地一己的局限，正确处理局部与全局、个人与整体、当前与长远的利益关系。自觉维护大局，维护党的团结统一。第三，强化核心意识，要坚决拥护中国特色社会主义事业的领导核心，坚决听从党中央的决定和部署，坚决维护以习近平同志为核心的党中央。第四，强化看齐意识。始终做到经常看齐，主动看齐，全面看齐；向党中央看齐，向党的理论方针政策看齐，向党中央决策部署看齐。

---

① 《习近平谈治国理政》第一卷，外文出版社 2018 年版，第 395—396 页。

（三）创新从严管理干部的方式

建立管思想、管工作、管作风、管纪律的从严管理体系。好干部是选出来的，更是管出来的。严管就是厚爱，是对干部真正负责。对干部要加强全方位管理，把行为管理和思想管理统一起来，把工作圈管理和社交圈管理衔接起来，把八小时之内的管理和八小时之外的管理贯通起来。要在日常监督上下功夫，坚持抓早抓小、防微杜渐，发现苗头性、倾向性问题及时批评教育，经常敲响思想警钟，使咬耳扯袖、红脸出汗成为常态。要加强党内监督，贯彻民主集中制，严格组织生活，用好批评和自我批评的锐利武器，完善体制机制，管好关键人，管到关键处，管住关键事，管在关键时，特别是要把一把手管住管好。同时，要综合发挥群众监督、舆论监督等作用，形成监督合力。

一是思想建党与制度治党相结合。习近平总书记在全国组织工作会议上指出："思想理论是灵魂，制度建设是保障。我们既注重解决思想问题、拧紧'总开关'，又注重解决制度问题、上紧制度规矩发条。我们要求全党树立革命理想高于天的理念，不断补钙壮骨、固本培元，重点用新时代中国特色社会主义思想武装头脑，自觉做共产主义远大理想和中国特色社会主义共同理想的坚定信仰者、忠实实践者。我们推动形成配套完备、有效管用的党内法规制度体系，强化依规治党，维护法规制度严肃性和权威性，不留'暗门'、不开'天窗'，真正让铁规发力、让禁令生威。"[1] 新形势下从严管干部要坚持

---

[1]　习近平：《在全国组织工作会议上的讲话》，人民出版社2018年版，第4—5页。

思想建党和制度治党紧密结合，"从严治党靠教育，也靠制度，二者一柔一刚，要同向发力、同时发力"①。思想建党是制度治党的前提和基础，制度治党是思想建党的有力保障，二者是辩证统一、相辅相成、相互促进的关系。创新从严管理干部方式要坚持思想教育和制度约束相结合。思想教育是中国共产党的传统优势，要通过加强对广大干部的思想教育，促使干部队伍在坚定理想信念、践行党的宗旨、弘扬优良传统作风等方面有较大提升。同时，也必须意识到思想教育不是万能的，思想教育的成果都需要制度去落实和保证。制度问题不解决，思想作风问题也解决不了。因此，必须依靠制度约束，解决从严管理干部常态化、长效化的问题。从制度层面落实从严管理干部，一要增强广大干部的党章意识、纪律意识、规矩意识，在党内形成尊崇制度、遵守制度的良好政治生态；二要健全党内法规体系，增强党内法规的系统性、协同性；三要狠抓执行，制度面前人人平等，使制度真正发挥应有的震慑作用，成为管党治党的"利剑"。思想建党和制度治党相结合，要做到两者一同谋划、一同部署、一同推进、一同落实，逐步形成"教育领先—查找问题—建章立制—形成机制"②的良性循环机制。

二是抓好关键少数与队伍的整体建设相结合。从严治党，关键是要抓住领导干部这个"关键少数"，从严管好各级领导干部。新形势下加强和规范党内政治生活，重点也是各级领导机关和领导干部。究

---

① 习近平：《在党的群众路线教育实践活动总结大会上的讲话》，人民出版社 2014 年版，第 16 页。

② 姚桓：《论思想建党和制度治党相结合》，《中共福建省委党校学报》2015 年第 5 期。

其原因：一是领导干部尤其是高级领导干部在中国的政治体制运行中发挥着关键作用；二是领导干部的政治影响力、道德表率作用和作风辐射作用，决定了他们在全面从严治党和从严管理干部中的关键作用；三是从大量查处的腐败典型案件中，直观地感受到主要领导干部出现问题给党和国家、社会带来的极大危害，这也从反面证明了"关键少数"的作用。正如习近平总书记要求："各级领导机关和领导干部，尤其是中央机关和中央国家机关、高级领导干部要强化带头意识，时时处处严要求、作表率。"① 只有"关键少数"严起来，才能形成一级做给一级看、一级带着一级干、上行下效的正向效应，才能带动广大党员群众，凝聚起全面从严治党的强大正能量。同时，干部队伍整体建设也须"多路径"推进。2016 年以来，中央在全党开展"两学一做"学习教育，就是面向全体党员深化党内教育的重要实践，是推动党内教育从"关键少数"向广大党员拓展的重要路径，是将"关键少数"和干部整体建设相结合的具体实践。

三是从严要求与"三个区分"相结合。早在 2016 年 1 月，习近平总书记在省部级主要领导干部学习贯彻党的十八届五中全会精神专题研讨班上提出："要把干部在推进改革中因缺乏经验、先行先试出现的失误和错误，同明知故犯的违纪违法行为区分开来；把上级尚无明确限制的探索性试验中的失误和错误，同上级明令禁止后依然我行我素的违纪违法行为区分开来；把为推动发展的无意过失，同为谋取私利的违纪违法行为区分开来。"②"三个区分"旨在保护那些作风正派又敢

---

① 《十八大以来重要文献选编》上，中央文献出版社 2014 年版，第 351 页。
② 《习近平谈治国理政》第二卷，外文出版社 2017 年版，第 225 页。

作敢为、锐意进取的干部，最大限度地调动广大干部的积极性、主动性、创造性，激励他们更好带领群众干事创业。从严要求干部和"三个区分"都是对全面从严治党要求的具体落实。从创新从严管理干部方面来观察，一方面，要以零容忍的态度惩治腐败，严肃处理有纪不依、明知故犯的行为，严肃处理打着改革创新旗号以权谋私、与民争利的行为；另一方面，要坚持"三个区分开来"，充分考虑到"改革本身要担风险，创新也需要不断试错的过程"，激励党员干部勇于担当、奋发有为，推动形成允许改革有失误、但不允许不改革的鲜明导向。

（四）完善从严管理干部的制度机制

1.构建科学管用系统完备的选人制度

治国之要，首在用人。构建科学管用系统完备的选人制度对从严管理干部发挥着重要作用。要选好人用好人，重在干部考核制度的科学化。考核干部要经常化、制度化、全覆盖，既把功夫下在平时，全方位、多渠道了解干部，又注重了解干部在完成急难险重任务、处理复杂问题、应对重大考验中的表现，既在小事上察德辨才，更在大事上看德识才。要强化分类考核，对资源禀赋、基础水平、发展阶段、主体功能区定位不同的地区在考核内容上要区别对待。对主要领导干部和班子成员、不同岗位的领导干部也应有不同的考核要求，不能搞"上下一般粗"、"左右一个样"。"近水知鱼性，近山识鸟音。"①2014年1月，中共中央印发了《党政领导干部选拔任用工作条例》，为科学选拔任用人才提供了遵循。结合现实情况来看，构建科学管用系

---

① 习近平：《在全国组织工作会议上的讲话》，人民出版社2018年版，第18页。

统完备的选人制度要破解选人上的几种不良倾向：第一，破解"唯票
选人"倾向。习近平总书记曾指出："选人用人是一项非常复杂的工
作，推荐票只是一个方面，只能作为用人的重要参考，不能作为用人
的唯一依据。"① 在选拔人才时，要进一步完善民主推荐和民主测评等
方法，反对简单以票取人的做法；第二，破解"凡提必竞"倾向。对
竞争性选拔的职位、范围和规模、程序方法等应作出规范，防止出现
硬性规定竞争性选拔比例等问题；第三，破解"唯 GDP 选人"倾向。
发展是执政兴国的第一要务，坚持以经济建设为中心是党的基本路
线的基本内容，必须毫不动摇地坚持，坚持新发展理念，"五位一体"
协同推进；第四，破解"唯年龄选人"倾向。统筹各年龄段干部的使
用，要防止简单以年龄划线"一刀切"等现象，充分调动干部干事创
业的积极性，保证党的事业后继有人、薪火相传。

2. 构建科学管用规范易行的用人制度

习近平总书记在党的十八届六中全会第二次全体会议上指出：
"选人用人是党内政治生活的风向标，用人上的不正之风和腐败现
象对政治生活危害最烈，端正用人导向是严肃党内政治生活的治本
之策。"② 构建科学管用规范易行的用人制度首先在于严格按照《党政
领导干部选拔任用工作条例》规定的基本条件、任用程序等内容选拔
任用干部，使《党政领导干部选拔任用工作条例》规定的"十不准"
真正成为选拔使用干部的"高压线"。以贯彻《党政领导干部选拔任

① 《十八大以来重要文献选编》上，中央文献出版社 2014 年版，第 345 页。
② 习近平：《在党的十八届六中全会第二次全体会议上的讲话（节选）》，《求是》2017
年第 1 期。

用工作条例》等法规落实情况为主要内容加大对干部任用工作监督检查的力度，着力检查导向是否端正，程序是否合规，风气是否清正，结果是否公正。同时，对群众反映的选人用人问题，认真核查，经调查属实的要严肃处理。其次，要不断完善用人制度。要坚决贯彻执行中央《推进领导干部能上能下若干规定（试行）》要求，对解决干部能上不能下的问题作出具体规定，规范工作程序，建立工作责任制。2016 年 8 月中共中央办公厅印发了《关于防止干部"带病提拔"的意见》，贯彻落实全面从严治党、从严管理干部的要求，对切实防止干部选任中的"带病提拔"作了具体规定，逐步完善科学管用规范易行的选拔任用干部制度体系。

3. 构建科学管用的容错纠错制度机制

"人非圣贤，孰能无过。"每个干部都有这样那样的缺点和不足，对此要实事求是、正确对待，不能不问青红皂白、一棍子打死。走前人没有走过的路、做前人没有做过的事，难免出现瑕疵和失误。如果一味求全责备，干部的积极性就会遭到伤害。当干部因敢抓敢管、敢闯敢试而遭遇挫折失误、受到非议时，当干部埋头苦干、业绩突出却因风气不正长期受到冷落和不公平对待时，当干部因不实举报受到委屈、被人误解时，组织上要为他们说公道话，为他们加油鼓劲、撑腰壮胆，该澄清的及时澄清，该正名的公开正名，使他们放下包袱、轻装上阵，心情畅快投入到工作中去。[①] 为此，党的十八大以来，习近平总书记多次提出构建容错纠错机制，其目的就是要宽容改革发展过

---

① 习近平：《在全国组织工作会议上的讲话》，人民出版社 2018 年版，第 20 页。

程中的"探索性失误"，为那些敢于改革、敢于创新的干部解除后顾之忧，形成允许改革有失误、但不允许不改革的鲜明导向。构建容错纠错机制有其必要性。一方面，当前我国部分领域处于新旧机制转换期，许多领域在体制机制和规划政策上还处于"断档"状态。一些党员干部在改革创新的行动中缺少遵循，因为担心改革创新失误，而不愿为、不敢为；另一方面，改革创新者在实践中的一些新思想、新做法，可能会打破原有的利益格局，引起一些人的恐慌、质疑，甚至被一些别有用心的人大做文章，使改革创新者被打压、打垮。容错纠错机制是党员干部在改革中敢于担当责任、勇于作为的"尚方宝剑"，是党员干部锐意进取、推进改革创新的"定心丸"，也是激发干部改革创业激情活力的"保护伞"。构建科学管用的容错纠错机制关键要在容什么错、谁来容错、结果如何运用三个关键问题上达成共识。江苏省《关于建立容错纠错机制激励干部改革创新担当作为的实施意见(试行)》明确了容错的五个条件和八种情形，对在贯彻党委政府决策部署中狠抓落实、创造性开展工作，在推进改革和体制机制创新中积极探索、先行先试，在推动重大项目、重点工作中履职尽责、攻坚克难，在服务企业、服务群众中为提高效率进行容错受理，在化解矛盾纠纷、解决历史遗留问题中主动担责、积极作为，在处置突发事件中因情况紧急临机决断，在落实管党治党主体责任、从严管理干部中坚持原则、敢抓敢管，出现一定失误错误的，可以容错。但对违反党的纪律，违反国家法律法规的，或虽未违反党的纪律、违反国家法律法规，但客观上造成重特大安全责任事故、严重环境污染、生态破坏责任事故、重特大群体性事件的，不予容错。

第四节 着力正风肃纪反腐

党的十八大以来，以习近平同志为核心的党中央把党风廉政建设和反腐败斗争作为全面从严治党的重要内容，集中整饬党风，严明党的纪律，严厉惩治腐败，遏制腐败现象滋生蔓延势头，党风廉政建设和反腐败斗争理论不断创新，实践不断深入，全面从严治党成效卓著。党的十九大报告指出，十八大以来，我们党"把纪律挺在前面，着力解决人民群众反映最强烈、对党的执政基础威胁最大的突出问题。出台中央八项规定，严厉整治形式主义、官僚主义、享乐主义和奢靡之风，坚决反对特权。巡视利剑作用彰显，实现中央和省级党委巡视全覆盖。坚持反腐败无禁区、全覆盖、零容忍，坚定不移'打虎'、'拍蝇'、'猎狐'，不敢腐的目标初步实现，不能腐的笼子越扎越牢，不想腐的堤坝正在构筑，反腐败斗争压倒性态势已经形成并巩固发展"[①]。但我们依然要清醒地认识到，反腐败斗争形势依然严峻复杂，巩固压倒性态势、夺取压倒性胜利的决心必须坚如磐石。正如习近平总书记指出："党风廉政建设和反腐败斗争永远在路上。开弓没有回头箭，党风廉政建设和反腐败斗争是一场输不起的斗争，必须决战决胜。"[②]当前和今后一个时期，我们要以永远在路上的精神状态持续推进全面从严治党向纵深发展，从以宗旨意识为生命线，切实加

[①] 习近平：《决胜全面建成小康社会 夺取新时代中国特色社会主义伟大胜利——在中国共产党第十九次全国代表大会上的报告》，人民出版社 2017 年版，第 7—8 页。

[②] 《习近平关于全面从严治党论述摘编》，中央文献出版社 2016 年版，第 186 页。

强作风建设；以党章为根本遵循，严明党的纪律；以惩治和预防为重点，巩固发展反腐败斗争压倒性胜利三个方面推进党风廉政建设和反腐败斗争向纵深发展。

一、以宗旨意识为生命线，切实加强作风建设

党的作风是党组织和党员在政治、思想、组织和工作等方面表现出来的态度和行为，是党的性质、宗旨、纲领、路线的重要体现，也是党的创造力、战斗力和凝聚力的重要源泉，"关系党的形象，关系人心向背，关系党的生死存亡。执政党如果不注重作风建设，听任不正之风侵蚀党的肌体，就有失去民心、丧失政权的危险"①。党的十八大以来，在中华人民共和国成立特别是改革开放以来我国发展取得的重大成就基础上，党和国家事业发生历史性变革，中国特色社会主义进入新时代，我国发展处于新的历史方位，只有进一步把党建设好，尤其是把党的作风建设好，我们党才能带领人民成功应对重大挑战、抵御重大风险、克服重大阻力、解决重大矛盾，不断从胜利走向新的胜利。习近平总书记强调指出，抓作风建设是推进党的建设新的伟大工程的重要切入点和着力点。新时代加强党的作风建设必须坚持全面从严治党、落实管党治党责任，把作风建设要求融入党的政治建设、思想建设、组织建设、纪律建设、制度建设之中，全面提高党的建设工作水平。

① 《习近平关于党风廉政建设和反腐败斗争论述摘编》，中央文献出版社、中国方正出版社 2015 年版，第 8 页。

作风问题核心是党同人民群众的关系问题，作风建设的核心问题是保持党同人民群众的血肉联系。中国共产党历来重视作风建设，重视党群关系，将保持党同人民群众血肉联系的作风建设放在党的建设的重要位置。毛泽东同志把党在长期革命奋斗中产生和形成的优良作风概括为"理论和实践相结合的作风，和人民群众紧密联系在一起的作风以及自我批评的作风"①。七届二中全会上，毛泽东同志告诫全党务必继续保持谦虚谨慎、不骄不躁的作风，务必继续保持艰苦奋斗的作风。在社会主义建设时期，中国共产党继续实践并进一步丰富和完善党的三大优良作风。党的八大明确提出了"三坚持三反对"，还把"必须不断地发扬党的工作中的群众路线的传统"写进党章。改革开放后，邓小平同志号召全党"要坚持党的领导，必须改善党的领导，改进党的作风"，"加强党和群众的联系"，"同群众打成一片"，提出了"群众是我们党力量的源泉，群众路线和群众观点是我们的传家宝"②的观点。也正是因为在不同历史时期中国共产党高度重视党风建设，为党领导革命、建设和改革提供了有力的保障。正如习近平总书记所指出的，"如果我们党不是一以贯之高度重视党风廉政建设"，"我国经济社会发展不可能取得这么大的成就，改革发展稳定大局也不可能得到巩固"③。

全面从严治党新形势下，加强党的作风建设，始终保持党同人民群众的血肉联系，依然是党战胜一切困难和风险、夺取中国特色社会

---

① 《毛泽东选集》第三卷，人民出版社 1991 年版，第 1094 页。
② 《邓小平文选》第二卷，人民出版社 1994 年版，第 358、368 页。
③ 《习近平关于党风廉政建设和反腐败斗争论述摘编》，中央文献出版社、中国方正出版社 2015 年版，第 5 页。

主义新胜利以及实现"两个一百年"奋斗目标和中华民族伟大复兴的中国梦的根本保证。为此，习近平总书记多次发表重要讲话，强调党的作风建设的重要性，号召全党加强作风建设。比如，2012 年 11 月 15 日，习近平总书记在十八届中央政治局常委与中外记者见面会的讲话中就指出："我们的责任，就是同全党同志一道，坚持党要管党、从严治党，切实解决自身存在的问题，切实改进工作作风，密切联系群众。"[1] 2013 年 7 月，习近平总书记在河北调研党的群众路线教育实践活动时强调指出："我们党得到了中国最广大人民支持和拥护，中国没有一种政治势力能够取代中国共产党。我们党的执政基础很牢固，但如果作风问题解决不好，也有可能出现'霸王别姬'这样的时刻。"[2] 2016 年 7 月 1 日，习近平总书记在庆祝中国共产党成立 95 周年大会上再次强调指出，"人民立场是中国共产党的根本政治立场，是马克思主义政党区别于其他政党的显著标志"，提出了"党与人民风雨同舟、生死与共，始终保持血肉联系，是党战胜一切困难和风险的根本保证"[3] 的论断。2017 年 10 月，习近平总书记在党的十九大报告中强调指出："我们党来自人民、植根人民、服务人民，一旦脱离群众，就会失去生命力。"[4]

　　以习近平同志为核心的党中央对"四风"保持高度警醒。2012 年

---

① 《十八大以来重要文献选编》上，中央文献出版社 2014 年版，第 70 页。

② 《习近平关于党风廉政建设和反腐败斗争论述摘编》，中央文献出版社、中国方正出版社 2015 年版，第 7 页。

③ 习近平：《在庆祝中国共产党成立九十五周年大会上的讲话（2016 年 7 月 1 日）》，人民出版社 2016 年版，第 18 页。

④ 习近平：《决胜全面建成小康社会　夺取新时代中国特色社会主义伟大胜利——在中国共产党第十九次全国代表大会上的报告》，人民出版社 2017 年版，第 66 页。

11 月，党的十八大刚胜利闭幕，习近平总书记就对全党警醒地指出："新形势下，我们党面临着许多严峻挑战，党内存在着许多亟待解决的问题。尤其是一些党员干部中发生的贪污腐败、脱离群众、形式主义、官僚主义等问题，必须下大气力解决。全党必须警醒起来。"①党的十八大以来，党中央先后部署开展了党的群众路线教育实践活动、"三严三实"专题教育、"两学一做"学习教育和"不忘初心、牢记使命"主题教育，以集中整饬和解决党员干部在政治、思想、组织、作风和纪律等方面存在的问题，有效地刹住了"四风"蔓延势头，各级领导班子和领导干部作风明显好转，党风政风为之一新，而且使党在群众中的威信和形象进一步树立，党心民心为之大振，形成了推动改革发展的强大正能量。

党的十八大以来，从制定和执行中央"八项规定"开始，全党上下纠正"四风"取得重大成效，享乐主义、奢靡之风等显性问题明显减少，但仍然面临反弹回潮压力，特别是形式主义、官僚主义顽固不化，而且与享乐主义、奢靡之风相比，形式主义和官僚主义具有顽固性、长期性、复杂性、多样性、变异性，在不同时期、不同地区、不同部门有着不同的表现，对党内政治生态造成恶劣影响。比如，一些领导干部调研走过场、搞形式主义，调研现场成了"秀场"；一些单位"门好进、脸好看"，就是"事难办"；一些地方注重打造领导"可视范围"内的项目工程，"不怕群众不满意，就怕领导不注意"；有的地方层层重复开会，用会议落实会议；部分地区写材料、制文件机械

---

① 《习近平谈治国理政》第一卷，外文出版社 2018 年版，第 4 页。

照抄，出台制度决策"依葫芦画瓢"；一些干部办事拖沓敷衍、懒政庸政怠政，把责任往上推；一些地方不重实效重包装，把精力放在"材料美化"上，搞"材料出政绩"；有的领导干部热衷于将责任下移，"履责"变"推责"；有的干部知情不报、听之任之，态度漠然；有的干部说一套做一套、台上台下两个样。①

针对这些"看似新表现，实则老问题"的问题，党的十九大以来，习近平总书记多次强调："'四风'问题具有顽固性反复性。纠正'四风'不能止步，作风建设永远在路上。"②2019 年 5 月 31 日，习近平总书记在"不忘初心、牢记使命"主题教育工作会议上又强调指出："要力戒形式主义、官僚主义，教育引导党员干部树立正确政绩观，真抓实干、转变作风。"③"形式主义、官僚主义同我们党的性质宗旨和优良作风格格不入，是我们党的大敌、人民的大敌"④，也是当前"不忘初心、牢记使命"主题教育取得实际效果、解决实质问题必须要着力防范的。"我们党作为一个在中国长期执政的马克思主义政党，对作风问题任何时候都不能掉以轻心。"⑤加强作风建设，力戒形式主义和官

---

① 《习近平近日作出重要指示强调　纠正"四风"不能止步　作风建设永远在路上》，《人民日报》2017 年 12 月 12 日。

② 《习近平近日作出重要指示强调　纠正"四风"不能止步　作风建设永远在路上》，《人民日报》2017 年 12 月 12 日。

③ 习近平：《在"不忘初心、牢记使命"主题教育工作会议上的讲话》，《求是》2019 年第 13 期。

④ 《中共中央政治局召开民主生活会　中共中央总书记习近平主持会议并发表重要讲话》，《人民日报》2017 年 12 月 27 日。

⑤ 中共中央纪律检查委员会、中共中央文献研究室编：《习近平关于党风廉政建设和反腐败斗争论述摘编》，中央文献出版社、中国方正出版社 2015 年版，第 8 页。

僚主义，必须坚持人民立场，践行全心全意为人民服务的根本宗旨，紧扣保持党同人民群众血肉联系这个关键，"把群众观点、群众路线深深植根于思想中、具体落实到行动上，着力解决群众最关心最现实的利益问题，不断增强人民群众对党的信任和信心，筑牢党长期执政最可靠的阶级基础和群众根基"①。

一是以学习教育为引领，为纠正"四风"尤其是力戒形式主义和官僚主义提供思想保障。加强作风建设，思想教育是基础。习近平总书记指出："形式主义、官僚主义、享乐主义和奢靡之风为什么盛行？为什么不断有人沦为腐败分子甚至变节投敌，走向犯罪的深渊？说到底，还是理想信念不坚定。"② 可以看出，思想源头不解决好，作风建设中存在的问题就难以消除。要以作风建设永远在路上的思想自觉，尤其要以当前在全党开展"不忘初心、牢记使命"主题教育为契机，坚持思想建党、理论强党，深入学习贯彻习近平新时代中国特色社会主义思想和党中央大政方针，增强贯彻落实习近平新时代中国特色社会主义思想的自觉性和坚定性，做到触及灵魂、改造思想，通过深入学习真正实现理论学习有收获、思想政治受洗礼，不断增强"四个意识"，坚定"四个自信"，做到"两个维护"，筑牢信仰之基、补足精神之钙、把稳思想之舵，根除导致"四风"的思想根子问题。要不断深化思想认识，深刻检查和审视自身思想作风和精神状态，认真查找不足，深入反思剖析，明确努力方向，解决存在的问题，以刮骨疗伤

---

① 习近平：《在"不忘初心、牢记使命"主题教育工作会议上的讲话》，《求是》2019 年第 13 期。

② 《习近平谈治国理政》第一卷，外文出版社 2018 年版，第 414 页。

的勇气、坚韧不拔的韧劲坚决予以整治，同一切影响党的先进性、弱化党的纯洁性的问题做坚决斗争，不断增强反对"四风"的思想自觉和行动自觉。风气养成重在日常教化，作风建设贵在常抓不懈。要通过常抓学习教育，使党员领导干部深刻领会党中央抓作风建设的坚定信心和坚强决心，消除"一阵风""雨过地皮湿"等错误思想，树立反对形式主义、官僚主义"常态化"的思想，以坚韧不拔、锲而不舍的精神打好力戒形式主义和官僚主义的攻坚战，不断保持和巩固作风建设新常态。

二是以弘扬真抓实干作风为导向，为纠正"四风"尤其是力戒形式主义和官僚主义提供行动保障。真抓实干，是广大党员领导干部在任何时候、任何条件下都应当具备的政治品格，都必须坚持的优良作风。习近平总书记指出，当前形式主义、官僚主义依然突出，又有新的表现形式。要把力戒形式主义、官僚主义作为加强作风建设的重要任务，大力弘扬真抓实干作风。真抓实干首先要重点注意和破除"新衙门作风""制度建设中的形式主义""执行中的形式主义"以及用"形式主义反对形式主义"，以落实"基层减负年"为契机，优化基层考核评价体系，杜绝"材料出政绩""以材料论英雄"等不良现象，用实干的"痕迹"理念、实绩的"印迹"导向，引领各级党员干部把担子挑在肩上，以担当带动担当，旗帜鲜明为那些敢于担当、踏实做事、不谋私利的干部撑腰鼓劲，真正让埋头苦干、真抓实干的干部得到重用，充分施展才华，让作风漂浮、哗众取宠的干部无以表功，受到贬责，调动全党同志的积极性、主动性和创造性，确保中央各项决策部署落到实处、见到实效。真抓实干要赓续党的光荣传统，发扬优良作风，走好群众路线，抓住人民最关心最直接最现实的利益问题，从人民群众关心的事情做起，从让人民满意的事情抓起，密切党同人民群众的血肉联系，不断创新群众工作的方式方法，在真心实意向人民学习中拓展工作视野，丰富工作经验，提高理论联系实际的水平，在倾听人民呼声、虚心接受人民监督中自觉进行自我反省、自我批评、自我教育，努力创造人民认可、经得起历史检验的发展实绩。真抓实干要坚持问题导向，深入调查研究，真正把功夫下到察实情、出实招、办实事、求实效上，提高发现问题、分析问题、解决问题的能力和水平，摸清情况、找到症结，做到心中有数，杜绝拍脑袋决策，善于结合实际创造性工作，做到推进工作实打实、硬碰硬，解决问题雷厉风行、见底见效，面对难题敢抓敢管、敢于担责，勇于挑最重的担子，敢于啃最硬的骨头，善于接最烫的山芋，努力解决好改革发展中的实际问题。

三是以严格党内生活为载体，为纠正"四风"尤其是力戒形式主义和官僚主义提供组织保障。严格的党内生活是增强党的凝聚力、战斗力和领导力、号召力的重要保证，是全面从严治党的基础，是清除作风之垢的"良药"，也是加强作风建设的"助推器"。习近平总书记指出："严肃的党内生活，是解决党内自身问题的重要途径。"① 加强作风建设，形成作风建设内在长效机制，必须通过严格的党内生活来规制和引导。要严格党内生活，坚持和充分运用"三会一课"、民主生活会等党内生

---

① 《习近平出席全国组织工作会议并发表重要讲话》，中央政府门户网站，2013 年 6 月 29 日，见 http://www.gov.cn/ldhd/2013–06/29/content_2437094.htm，访问时间：2019 年 12 月 6 日。

活制度，使党员干部在组织约束中加强作风建设。要健全和充分运用批评和自我批评制度，以抛开面子、揭短亮丑的勇气，动真碰硬、敢于交锋的精神，深挖根源、触动灵魂的态度，直面党内脱离群众的种种问题特别是"四风"问题，使党员干部在既深刻剖析和检查自己，又开展诚恳的互相批评的积极健康的思想斗争中加强作风建设。

四是以扎牢制度笼子为重点，为纠正"四风"尤其是力戒形式主义和官僚主义提供制度保障。加强作风建设，制度建设是根本。习近平总书记指出："实现作风建设规范化、常态化、长效化，走出作风问题抓一抓就好转，松一松就反弹的怪圈，从根本上说还是要靠科学有效的制度。"①加强作风建设要标本兼治，"既要着力解决当前突出问题，又要注重建立长效机制，下功夫、用狠劲，持续努力、久久为功"，"要注重从制度机制上解决问题，树立制度的严肃性和权威性，实现抓作风建设制度化、常态化"，为作风建设提供长效化保障。要深入运用经验，把党的历史上抓党风廉政建设的成功经验和党的十八大以来抓党风廉政建设的新鲜经验，深入运用到经常性党风廉政建设中去，将成熟的实践经验上升为制度规范，把制度建设的过程作为深化认识、增强执行力的过程，为持之以恒纠正"四风"、推进作风建设常态化提供制度保障。要紧盯党风廉政问题的新情况新变化，厘清问题症结及演变态势，及时跟进应对措施，着力解决制度体系的"盲点"，聚焦作风建设薄弱环节，充分认识"四风"尤其是"形式主义、官僚主义的多样性和变异性"，"既解决老问题，也察觉新问

---

① 习近平：《做焦裕禄式的县委书记》，中央文献出版社 2015 年版，第 59 页。

题；既解决显性问题，也解决隐性问题；既解决表层次问题，也解决深层次问题"①。加强具体制度与基本制度衔接、工作机制与责任机制配套、实体性规范与保障性规范结合，提升制度整体功能，努力形成系统完备的制度体系。扎牢制度笼子，建立健全长效机制还必须杜绝"暗门"和"天窗"，坚持和做到制度面前人人平等、执行制度没有例外，增强党员干部对制度的敬畏感，坚决维护制度的严肃性和权威性。要以刚性的制度规定和严格的制度执行，确保改进作风规范化、常态化、长效化，切实防止"四风"问题反弹。

五是以强化监督执纪为抓手，为纠正"四风"尤其是力戒形式主义和官僚主义提供机制保障。严格及时的监督是加强作风建设的有力保证。要按照强化预防、及时发现、严肃纠正的要求，健全监督工作机制，拓宽监督工作渠道，把自我监督与接受党内监督结合起来，同民主监督、群众监督、舆论监督有机融合，逐步形成全方位、多层次的监督体系，加强对党员干部作风状况的监督。加强日常监督管理，敢于较真碰硬，见物见人见细节，从点滴抓起，从具体问题管起，及时发现问题，纠正各种不正之风。提高纪律建设的政治性、时代性、针对性，学习贯彻新修订的党纪处分条例，深化运用监督执纪"四种形态"，把监督执纪"四种形态"融入作风建设全过程，促使党员干部不断增强纪律意识。校准思想之标、调整行为之舵、绷紧作风之弦，把作风建设不断引向深入，把目前作风转变的好势头保持下去，使作风建设要求真正落地生根。要继续狠抓违反"四风"典型严肃问

① 《中共中央政治局召开民主生活会　中共中央总书记习近平主持会议并发表重要讲话》，《人民日报》2017 年 12 月 27 日。

责追责，加大对作风建设失职问题的处理力度，完善和规范作风建设责任追究机制，以精准追责问责常态化促进履职到位，促使党风廉政建设主体责任、监督责任落实到位。

二、以党章为根本遵循，严明党的纪律

"党要管党、从严治党，靠什么管，凭什么治？就要靠严明纪律"，"纪律不严，从严治党无从谈起"[①]。党的纪律是党的各级组织和全体党员必须共同遵守的行为规范和规则，是管党治党的制度利器。严明党的纪律和加强党的纪律建设不仅是全党思想、政治和行动高度统一，增强全党的创造力、凝聚力和战斗力的重要保障，而且也是全面从严治党的必然要求。全面从严治党首先就是着力严明党的纪律，加强党的纪律建设，就是要把纪律和规矩挺在前面，把守纪律讲规矩摆在更加重要的位置，把党的纪律和规矩立起来、严起来，进一步严明党的纪律和规矩，使各项纪律规矩真正成为"带电的高压线"，防止出现"破窗效应"，推动管党治党不断从"宽松软"走向"严实硬"[②]，推动党风廉政建设和反腐败工作不断取得新成效，推动全面从严治党不断向纵深发展。

"我们党是靠革命理想和铁的纪律组织起来的马克思主义政党，纪

[①] 中共中央纪律检查委员会、中共中央文献研究室编：《习近平关于严明党的纪律和规矩论述摘编》，中央文献出版社、中国方正出版社 2016 年版，第 4—5 页。

[②] 中共中央文献研究室编：《习近平关于全面从严治党论述摘编》，中央文献出版社 2016 年版，第 117 页。

律严明是党的光荣传统和独特优势。"①无论是革命战争年代毛泽东同志提出的"加强纪律性，革命无不胜"②的历史判断，还是改革开放新时期邓小平同志总结的"我们这么大一个国家，怎样才能团结起来、组织起来呢？一靠理想，二靠纪律"③的实践经验，还是在新的历史起点上习近平总书记对全党警醒地提出的"如果不严明党的纪律，党的凝聚力和战斗力就会大大削弱，党的领导能力和执政能力就会大大削弱"④的重大命题，可以说，严明党的纪律和加强党的纪律建设是一条贯穿于中国共产党近百年波澜壮阔的奋斗历程之中的主线。而且也正是铁的纪律保证了中国共产党团结带领全党和全国各族人民攻坚克难、砥砺前行，成功地跨过了一道又一道沟坎，取得了一个又一个胜利。

党的十八大以来，面对复杂多变的国际环境和艰巨繁重的国内改革发展稳定任务，习近平总书记多次强调纪律的重要性。2013 年 1 月 22 日，习近平总书记在十八届中央纪委二次全会上指出："我们党是靠革命理想和铁的纪律组织起来的马克思主义政党，纪律严明是党的光荣传统和独特优势……革命战争年代，我们党团结带领人民打败穷凶极恶的敌人、夺取中国革命胜利，靠的是铁的纪律保证。新的历史条件下，我们党要团结带领人民全面建成小康社会、基本实现现代化，同样要靠铁的纪律保证。"⑤2014 年 5 月 9 日，在参加河南省兰考

---

① 中共中央文献研究室编：《习近平关于全面从严治党论述摘编》，中央文献出版社 2016 年版，第 95 页。

② 《毛泽东年谱（1893—1949）》下卷，中央文献出版社 2002 年版，第 387 页。

③ 《邓小平文选》第三卷，人民出版社 1993 年版，第 111 页。

④ 《十八大以来重要文献选编》上，中央文献出版社 2014 年版，第 131 页。

⑤ 《十八大以来重要文献选编》上，中央文献出版社 2014 年版，第 131 页。

县委常委班子专题民主生活会上，习近平总书记又指出："我们这么大一个政党，靠什么来管好自己的队伍？靠什么来战胜风险挑战？除了正确理论和路线方针政策外，必须靠严明规范和纪律。"①2015年10月8日，习近平总书记在十八届中央政治局常委会第119次会议上再次强调指出："组织严密、纪律严明是党的优良传统和政治优势，也是我们的力量所在。"②

党的十八大以来，以习近平同志为核心的党中央不仅在思想认识上对纪律予以高度重视，而且在执政实践上审时度势，高瞻远瞩地把严明党的纪律作为全面从严治党的着力点，明确提出加强纪律建设是全面从严治党的治本之策，把纪律和规矩挺在前面，发挥纪律的"底线"保障作用，不断增强全党的纪律意识和规矩意识。习近平总书记指出："党面临的形势越复杂、肩负的任务越艰巨，就越要加强纪律建设，越要维护党的团结统一，确保全党统一意志、统一行动、步调一致前进。"③然而，虽然党的十八大以来，党中央多次强调，党员、干部特别是领导干部要严守党的纪律和规矩，但一些党员和领导干部党的观念淡薄、组织涣散、纪律松弛，一些党组织、党员和领导干部不严格执行党章，漠视党纪国法、无视组织原则等的"七个有之"问题层出不穷，突破党纪国法"底线"的行为时有发生。这些问题和行为，"严重侵蚀党的思想道德基础，严重破坏党的团结和集中统一，

① 中共中央纪律检查委员会、中共中央文献研究室编：《习近平关于严明党的纪律和规矩论述摘编》，中央文献出版社、中国方正出版社2016年版，第5页。
② 中共中央纪律检查委员会、中共中央文献研究室编：《习近平关于严明党的纪律和规矩论述摘编》，中央文献出版社、中国方正出版社2016年版，第9页。
③ 《十八大以来重要文献选编》上，中央文献出版社2014年版，第131页。

严重损害党内政治生态和党的形象,严重影响党和人民事业发展"①。在全面从严治党新形势下,严明党的纪律和加强党的纪律建设依然任重道远,势在必行。"我们现在要强调的是扎紧党规党纪的笼子,把党的纪律刻印在全体党员特别是党员领导干部的心上。"②

党章是党的根本大法,是全党必须遵循的总规矩。邓小平同志曾指出,"党章是最根本的党规党法"③,"每个党员、每个党员干部、每个党组织,都要对照党章进行检查,根据各自的具体情况,作出达到和坚持党章规定的合格标准的努力计划,并保证其实现"④。习近平总书记在全国党校工作会议上也强调指出,"党章是党的总章程,是全党必须遵循的根本行为规范","要引导各级干部自觉学习党章、遵守党章、贯彻党章、维护党章,真正使党章内化于心、外化于行。党规党纪是对党章的延伸和具体化",要"自觉用党章和党规党纪约束自己的言行"⑤。全面从严治党着力正风肃纪,最根本的就是以党章为根本遵循、以党纪为基本准绳,全面加强纪律建设,从遵循党章入手,严明党的纪律,坚决维护党章党规党纪的权威性,切实把党章党规党纪落到实处。

以党章为根本遵循,严明党的纪律,首先,要牢固树立党章意

---

① 《〈关于新形势下党内政治生活的若干准则〉〈中国共产党党内监督条例〉辅导读本》,人民出版社 2016 年版,第 73 页。

② 中共中央纪律检查委员会、中共中央文献研究室编:《习近平关于严明党的纪律和规矩论述摘编》,中央文献出版社、中国方正出版社 2016 年版,第 9 页。

③ 《邓小平文选》第二卷,人民出版社 1994 年版,第 147 页。

④ 《邓小平文选》第三卷,人民出版社 1993 年版,第 38—39 页。

⑤ 习近平:《在全国党校工作会议上的讲话》,人民出版社 2016 年版,第 18 页。

识，做到知行合一。一方面，党章意识并非无源之水，它来源于党员对党章的充分认识和深刻理解。每一位党员只有原原本本、系统深入地学习党章，才能全面把握党章的具体内容，深刻领会党章的精神实质，从而"真正把党章作为加强党性修养的根本标准，作为指导党的工作、党内活动、党的建设的根本依据"①，使党章意识根植于思想深处，自觉遵守和维护党章；另一方面，树立党章意识不仅要加强党章学习，更重要的是在于运用，在于知行合一。每一位党员尤其是党员领导干部要在日常工作学习生活中，严格遵守党章的各项规定，加强自律、慎独慎微，经常对照党章党规检查自己的言行，明确在知敬畏、存戒惧、守底线方面存在的差距，同时要提高执行党章的自觉性和坚定性，把他律要求转化为内在追求，自觉以身作则，规范一言一行，永葆共产党人的政治本色。

其次，以党章为根本遵循，严明党的纪律，首要的就是严明政治纪律。党规党纪是对党章的延伸和具体化。党的纪律是多方面而系统性的，包括政治纪律、组织纪律、廉洁纪律、群众纪律、工作纪律、生活纪律等，其中政治纪律是党最根本、最重要的纪律，是各级党组织和全体党员在政治方向、政治立场、政治言论、政治行为方面必须遵守的规矩、准则和规范。因此，"遵守党的政治纪律是遵守党的全部纪律的重要基础"，"严明党的纪律，首要的就是严明政治纪律"②。一个时期以来，党内之所以存在"七个有之"问题，归根结底就是一些党员和领导干部无视党的政治纪律和政治规矩。因

---

① 习近平：《认真学习党章　严格遵守党章(2012年11月16日)》，《求是》2012年第23期。
② 《十八大以来重要文献选编》上，中央文献出版社2014年版，第131—132页。

而，逻辑地看，杜绝和根治"七个有之"等问题，就是要以党章为根本遵循，"重点强化政治纪律和组织纪律，带动廉洁纪律、群众纪律、工作纪律、生活纪律严起来"①；就是要坚持和做到"五个必须"，不断增强"四个意识"，坚定"四个自信"，做到"两个维护"，坚决维护党中央权威，坚决服从党中央集中统一领导，把"四个意识""四个自信""两个维护"落实在岗位上、落实在行动上，不折不扣执行党中央决策部署，始终在思想上政治上行动上同党中央保持高度一致，旗帜鲜明讲政治，做政治上的明白人，使政治纪律和政治规矩得到不折不扣地遵守。

最后，以党章为根本遵循，严明党的纪律，还必须维护党章的权威性，强化执纪监督问责。各级党组织要严格遵循党章办事，要以党章为标准衡量和判断各级党组织、党员和党员干部的行为和表现，加强对党组织、党员干部特别是领导干部遵守党章、执行党章情况的督促检查，对党章意识不强、不按照党章规定办事的要及时提醒，对违反党章规定的行为要坚决纠正，切实维护党章的权威性和严肃性，使党章真正成为各级党组织和全体党员共同遵守的行为准则。纪律的生命力在于执行，否则再好的纪律制度也会成为"纸老虎""稻草人"，形同虚设。因此，在维护党章权威性严肃性的同时，还必须强化执纪监督问责，对违规违纪、破坏法规制度踩"红线"、越"底线"、闯"雷区"的，要坚决严肃查处，不以权势大而破规，不以问题小而姑息，不以违者众而放任，不留"暗门"，不开"天窗"，坚决防止"破

---

① 习近平：《决胜全面建成小康社会　夺取新时代中国特色社会主义伟大胜利——在中国共产党第十九次全国代表大会上的报告》，人民出版社 2017 年版，第 66 页。

窗效应"①，真正做到有纪必执、执纪必严、违纪必究，增强纪律的威慑性和刚性约束力，"让党员、干部知敬畏、存戒惧、守底线，习惯在受监督和约束的环境中工作生活"②。

三、以惩治和预防为重点，巩固发展反腐败斗争压倒性胜利

"腐败是社会毒瘤。如果任凭腐败问题愈演愈烈，最终必然亡党亡国。"③习近平总书记指出，"不得罪成百上千的腐败分子，就要得罪十三亿人民。这是一笔再明白不过的政治账、人心向背的账!"④党的十八大以来，以习近平同志为核心的党中央着眼于新形势和新任务，把党风廉政建设作为全面从严治党的重要内容，在惩治腐败问题上态度坚决，措施有力，坚持有腐必反、有贪必肃，有案必查，以高压态势"打虎"、"拍蝇"和"猎狐"，坚持以零容忍的态度铁腕治腐、依法治腐，不敢腐的目标初步实现，不能腐的笼子越扎越牢，不想腐的堤坝正在构筑，反腐败斗争已经取得压倒性胜利。党的十八大到十九大五年间，严肃查处周永康、薄熙来、郭伯雄、徐才厚、孙政才、令计划等严重违纪违法案件。共立案审查省军级以上党员干部及其他中

---

① 中共中央宣传部：《习近平新时代中国特色社会主义思想学习纲要》，学习出版社、人民出版社 2019 年版，第 236—237 页。

② 习近平：《决胜全面建成小康社会　夺取新时代中国特色社会主义伟大胜利——在中国共产党第十九次全国代表大会上的报告》，人民出版社 2017 年版，第 66 页。

③ 中共中央纪律检查委员会、中共中央文献研究室编：《习近平关于党风廉政建设和反腐败斗争论述摘编》，中央文献出版社、中国方正出版社 2015 年版，第 5 页。

④ 《习近平关于全面从严治党论述摘编》，中央文献出版社 2016 年版，第 186 页。

管干部 440 人,其中十八届中央委员、候补中央委员 43 人,中央纪委委员 9 人;纪律处分厅局级干部 8900 余人,县处级干部 6.3 万余人。我们坚决整治群众身边的腐败,共处分基层党员干部 27.8 万人。① 党的十九大以来,中央纪委国家监委已对 70 余名中管干部立案审查调查,全国共查处扶贫领域腐败和作风问题 13.31 万个,处理 18.01 万人,查处群众身边腐败和作风问题 23.87 万个,处理 31.6 万人。②

以上数据一方面说明我国持续不断推进党风廉政建设和反腐败斗争,不断加大监督执纪力度,反腐败斗争取得明显成效。正如党中央对反腐败斗争形势的总体判断的表述也由"腐败和反腐败呈胶着状态",到"反腐败斗争压倒性态势正在形成",到"反腐败斗争压倒性态势已经形成",到"反腐败斗争压倒性态势已经形成并巩固发展",再到"反腐败斗争取得压倒性胜利";另一方面也说明在反腐败的高压态势下,违规违纪违法行为仍未根治,违法违规违纪行为仍时有发生,说明党风廉政建设和反腐败斗争是一项长期而艰巨的任务,需要经历一个长期的过程,不可能毕其功于一役,必须警钟长鸣。正如十九届中央纪委三次全会召开前夕,中央政治局对 2019 年党风廉政建设和反腐败工作作出部署,在充分肯定"反腐败斗争取得压倒性胜利,全面从严治党取得重大成果"的同时,明确重申:"反腐败斗争形势依然严峻复杂,全面从严治党依然任重道远,必须将'严'字长

---

① 《党的十九大举行第一场记者招待会 杨晓渡齐玉介绍加强党建工作和全面从严治党有关情况》,《中国纪检监察报》2017 年 10 月 20 日。

② 《全面从严治党启新局——写在十九届中央纪委三次全会召开之际》,《人民日报》2019 年 1 月 11 日。

期坚持下去。"①

一是要健全惩治和预防腐败的工作机制。建立健全惩治腐败的工作机制是党风廉政建设和反腐败斗争系统工程的重要内容，也是全面从严治党的必然要求。健全惩治和预防腐败的工作机制，就是要全面推进惩治和预防腐败体系建设，更加科学有效地防治腐败，加强反腐败体制机制创新和制度改革，不断开创健全惩治和预防腐败工作机制的新局面。健全惩治和预防腐败的工作机制首先要落实党风廉政建设责任制，强化责任追究，不能让制度成为"纸老虎""稻草人"。要增强党委履行主体责任的政治自觉，坚持党要管党、从严治党的要求，狠抓反腐倡廉制度的执行和落实。要增强纪检监察的责任意识、使命意识，增强纪委履行监督责任的政治自觉，严肃执纪问责，严肃查处违法违纪案件，协调推进惩治和预防腐败各项工作，形成惩治腐败、维护法纪的高压态势，遏制腐败滋生蔓延，推动全面从严治党各项措施落实到位。要进一步深化纪检监察体制改革，构建党统一指挥、全面覆盖、权威高效的监督体系，一体推进党的纪律检查体制改革、国家监察体制改革和纪检监察机构改革，全面完成各级监委组建和人员转隶，实行纪委监委监督检查和审查调查部门分设，创新派驻监督体制机制，加强法规制度建设，推动纪法贯通、法法衔接，推动制度优势转化为治理效能，不断提高反腐败工作法治化规范化水平。纪检监察机关是党和国家监督专责机关，要忠诚于党、忠于人民，要履行监督管理工作职责，带头增强"四个意识"、坚定"四个自信"、做到"两

---

① 《中共中央政治局召开会议　分析研究 2019 年经济工作　研究部署党风廉政建设和反腐败工作》，《人民日报》2018 年 12 月 14 日。

个维护"，要带头加强机关党的政治建设，健全内控机制，经常打扫庭院，清除害群之马，建设忠诚干净担当的纪检监察铁军；广大纪检监察干部要发扬光荣传统，讲政治、练内功、提素质、强本领，成为立场坚定、意志坚强、行动坚决的表率，要着力提升依纪依法办案的能力和水平，经得起磨砺，顶得住压力，打得了硬仗，为全面从严治党和反腐败斗争向纵深发展提供有力保证。

健全惩治和预防腐败的工作机制还要创新巡视巡察机制。巡视巡察是全面从严治党的重大举措，是党内监督的战略性制度安排，是党内监督的"前哨"、发现问题的"尖兵"、全面从严治党的"利剑"。要按照党的十九大关于巡视巡察的新部署，以更高的政治站位、政治要求，加强统筹谋划，制订工作规划，科学调配力量，落实中央巡视工作方针，深化政治巡视，坚持发现问题与整改落实并重，让巡视巡察利剑高悬、震慑常在。要积极探索落实巡视制度的有效途径，创新巡视巡察方式方法，统筹安排常规巡视、专项巡视、机动巡视，把巡视巡察与净化政治生态相结合，与整治群众反映强烈的问题相结合，与解决日常监督发现的突出问题相结合，做到有形覆盖与有效覆盖相统一，①同时加强巡视巡察成果运用，加大督促整改力度，切实增强巡视巡察的针对性和实效性。要适应巡视新形势新任务新要求，紧扣上下联动这个重要要求，构建巡视巡察监督网，完善巡视巡察网络格局，尤其要按照全面从严治党向基层延伸的部署，加强巡视巡察监督向基层延伸，着力发现和解决基层腐败和不正之风问题，促进巡视巡

---

① 《中国共产党第十九届中央纪律检查委员会第三次全体会议公报》，《人民日报》2019年1月14日。

察监督向纵深发展，做深做实做细市县巡察和纪委监委日常监督，在实践中拓展整治群众身边腐败和作风问题工作，从具体人、具体事着手，将问题一个一个解决，切实打通全面从严治党的"最后一公里"。要不断整合优化巡视资源，创造性地开展工作，提高巡视发现问题的能力，落实和健全巡视成效考评办法，强化巡视干部政治意识和责任担当，切实把全面从严治党要求落实到巡视工作全过程、各环节。

　　二是要加大惩治和预防腐败的工作力度。当前反腐败斗争形势依然严峻，大量待清理的腐败存量和腐败增量的出现都表明反腐败斗争任重道远，这就要求我们必须加强惩治和预防腐败的工作力度。要坚持无禁区、全覆盖、零容忍，坚持重遏制、强高压、长震慑，坚持受贿行贿一起查，坚定不移、精准有序，聚焦党的十八大以来不收敛、不收手的领导干部，重点查处政治问题和经济问题相互交织形成利益集团的腐败案件，[1]坚决打击在党内培植个人势力、结成利益集团、妄图攫取党和国家权力的阴谋行径。[2]形成持续震慑。要坚持靶向治疗、精确惩治，聚焦党的十八大以来着力查处的重点对象，紧盯事关发展全局和国家安全的重大工程、重点领域、关键岗位，加大金融领域反腐力度，对存在腐败问题的，发现一起坚决查处一起。要深化标本兼治，夯实治本基础，构建不敢腐、不能腐、不想腐的体制机制，把党风廉政建设和反腐败斗争引向深入。要坚持"老虎"露头就要

---

[1]　《中国共产党第十九届中央纪律检查委员会第二次全体会议公报》，《人民日报》2018年1月14日。

[2]　中共中央宣传部：《习近平新时代中国特色社会主义思想学习纲要》，学习出版社、人民出版社2019年版，第240页。

打，"苍蝇"乱飞也要拍，既坚决查处领导干部违纪违法案件，又切实解决发生在群众身边的腐败问题，严查基层干部违纪违法行为，严查黑恶势力"保护伞"，严查"村霸"、宗族恶势力和黄赌毒背后的腐败行为，坚定有腐必反、有贪必肃的信念，增强反腐整体推进的动力与合力，减少防治腐败中可能出现的顾此失彼、畸轻畸重的问题。要把惩治与预防、教育与监督、深化改革与完善制度有机结合起来，扎扎实实地推进惩治和预防腐败体系建设，加大惩治和预防腐败的工作力度，尤其是要着力解决发生在群众身边的腐败问题，始终把群众高兴不高兴、满意不满意、答应不答应作为检验巡视巡察成果的重要标准，确保各级领导干部干干净净办事。

三是要把权力关进制度的笼子，筑牢拒腐防变的制度防线。反腐败斗争是一个治标和治本相统一的过程。如果说加大惩治和预防腐败的工作力度是治标之策，那么把权力关进制度的笼子，完善权力制约机制则是治本之策。习近平总书记强调指出："要加强对权力运行的制约和监督，把权力关进制度的笼子里，形成不敢腐的惩戒机制、不能腐的防范机制、不易腐的保障机制。"①把权力关进制度的笼子需要着眼于两个方面。

一方面是要加强对权力运行的有效监督。权力是一把双刃剑，用之得当，则会成为增进社会和公众福祉的公共之器；用之失当，则会沦为掌权者谋取私利的私人之器。英国历史学家阿克顿曾指出："权力导致腐败，绝对的权力导致绝对的腐败。"列宁也曾指出："不

---

① 《习近平谈治国理政》第一卷，外文出版社 2018 年版，第 388 页。

受制约的权力，必然导致不受节制的堕落。"古今中外的历史表明，权力一旦失去制约和监督，腐败就会随之产生，绝对的权力绝对会产生腐败。因此，必须把权力主体的活动全过程置于有效监督之下，使权力主体不敢腐、不能腐、不易腐。要以权力监督权力，在加强各类权力监督主体实效性和充分发挥各类权力监督优势的基础上，积极探索多元监督的联动合作和整体协调机制，构建一套全方位、系统化和立体化的权力监督体系，形成监督合力，提升权力监督主体的整体和联动效应，确保监督贯穿权力行使的全过程，尤其是将事前、事中、事后三个监督阶段有效衔接起来，实现权力监督全覆盖，有效监督权力运行。要以权利监督权力，扩大人民群众的知情权、参与权、表达权和监督权，实行权力运行公开化、透明化，让人民群众监督权力，让权力在阳光下运行。要以制度监督权力，健全相关法律法规制度体系，合理界定公权力行使的边界，加大权力行使的规范性和不可违反性，使国家机构和人员按照法定权限行使权力，确保权力在"刚性"的制度笼子内运行的同时受到制度的约束和监督，有效防治腐败。

另一方面是要加强制度反腐建设，完善和健全制度设计，强化制度执行力。要深刻把握反腐制度建设规律，加强制度反腐的顶层设计，切实解决权力配置不科学、权力边界不清晰、权力运行不透明、权力制约不严密、权力监督不有力等问题，将制度建设融入反腐的过程之中，提高惩治与预防腐败的制度效能。要提高制度反腐执行力，积极解决反腐倡廉建设中存在的制度虚化、制度异化、制度边缘化等问题，补足制度短板，堵塞制度漏洞，加强制度执行力，形成制度决策、制度执行与制度监督的有机统一，通过制度反腐真正实现反腐败斗争从治标向治本的转换，发挥制度治党作为全面从严治党的治本之策。

四是要筑牢拒腐防变的思想道德防线。任何腐化、腐败行为都是从思想的蜕化开始的，因此，加强党员干部思想道德教育是反腐倡廉，尤其是预防腐败发生的重要途径。习近平总书记指出，"思想纯洁是马克思主义政党保持纯洁性的根本，道德高尚是领导干部做到清正廉洁的基础"，"要教育引导广大党员、干部坚定理想信念、坚守共产党人精神家园，不断夯实党员干部廉洁从政的思想道德基础，筑牢拒腐防变的思想道德防线"①。筑牢拒腐防变的思想道德防线，首先，要加强党性修养和党性锻炼，树立正确的世界观、人生观和价值观，牢记全心全意为人民服务的宗旨，坚定理想信念，强化道德修养，把道德认知和道德实践结合起来，自觉抵御各种腐朽思想的侵蚀，永葆共产党人政治本色；其次，要强化廉洁自律底线意识。习近平总书记强调指出："干部廉洁自律的关键在于守住底线。"②强化廉洁自律底线意识就是要求广大党员干部增强底线思维，居安思危，善于取舍，防患于未然，就是要守住做人的底线，做到对党要绝对忠诚，对组织要坚决服从，对群众要倾注真情；就是要守住处事的底线，做到履职尽责，谋事创业求真务实，树立正确的事业观和政绩观；就是要守住用权的底线，做到敬畏权力，牢

---

① 中共中央纪律检查委员会、中共中央文献研究室编：《习近平关于党风廉政建设和反腐败斗争论述摘编》，中央文献出版社、中国方正出版社 2015 年版，第 141 页。

② 《十八大以来重要文献选编》上，中央文献出版社 2014 年版，第 138 页。

记权力的来源和归属，秉公用权，模范遵守党章党规党纪和法律法规，依法依规办事，处理好公和私、情和法、利和法的关系，维护党纪国法的严肃性和权威性；就是要守住交友的底线，防止讲感情不讲原则、讲关系不讲党性、讲义气不讲正气、讲个人和少数人的利益不讲人民群众利益的行为。总之，"一个人能否廉洁自律，最大的诱惑是自己，最难战胜的敌人也是自己"，"我们共产党人更应该强化自我修炼、自我约束、自我塑造"①，筑牢拒腐防变的思想道德防线，在廉洁自律上作出表率。

第五节　着力强化权力运行制约和监督体系

从我国政治实践的实然层面来看，在个人权利与公共权力的关系处理上，通常呈现的是强势的公共权力与弱势的个人权利并存的失衡状态，这种失衡造成的一个直接后果就是公共权力对个人权利的侵害以及经由公共权力的非公共运用引发的权力腐败。"权力的正确行使，必须通过监督予以制约，必须通过监督予以规范。"②换言之，为了防止公共权力的异化和用权者的恣意妄为，必须着力强化权力运行制约和监督体系，从而确保公共权力始终运行在维护公共利益的轨道上。

---

① 中共中央文献研究室编：《习近平关于全面从严治党论述摘编》，中央文献出版社2016年版，第181页。

② 习近平：《大力推进机关效能建设　确保完成"狠抓落实年"的各项目标任务——在全省加强机关效能建设大会上的讲话》，《今日浙江》2004年第4期。

一、概念辨识①

"一切有权力的人都容易滥用权力,这是万古不易的一条经验。"② 为了降低权力滥用的风险,就必须制约和监督权力的运行。在"围绕健全权力运行制约和监督体系"开展研究的过程中,必须将概念作为分析问题的逻辑起点。否则,因为对核心概念存在认识上的模糊性或不准确性,就可能造成研究过程中丢弃了对我们有益的东西,而得到了对我们有害的东西。③ 对"权力运行制约和监督体系"这一概念而言,其可以视为由"权力运行""制约和监督""体系"这三个词语或短语合并而成,故而,有必要对这三个词语或短语进行界定,从而在此基础上厘清"权力运行制约和监督体系"的概念。

(一)关于权力运行

为了准确理解权力运行的含义,有必要对"什么是权力"加以阐释。不过,对"权力"这一术语作出科学、精确并广受认可的界定并非易事。莫里斯·迪韦尔热就曾指出:"给国家下定义已不是轻而易举的,要给权力下定义更是难上加难。"④ 正因为如此,所以有学者主张不应当再为权力的定义纠缠不清,因为给权力下定义的行为

① 参见周义程:《权力运行制约和监督体系的概念界说》,《行政论坛》2014 年第 3 期。
② [法] 孟德斯鸠:《论法的精神》上册,张雁深译,商务印书馆 1961 年版,第 154 页。
③ 周义程:《公共利益、公共事务和公共事业的概念界说》,《南京社会科学》2007 年第 1 期。
④ [法] 莫里斯·迪韦尔热:《政治社会学——政治学要素》,杨祖功、王大东译,华夏出版社 1987 年版,第 14 页。

不但无法避免概念纷争，反而导致争论更加复杂和激烈。[①] 不过，在我们看来，如果因为对"权力"加以界定的困难性而放弃界定，那么对权力运行制约和监督体系的研究就可能难以有效展开。鉴于"权力"是一个社会学、政治学、管理学等多个学科都在使用的术语，因而为了能够对"权力"的概念形成一个相对科学的界定，理应超越政治学这一单一的学科视角，从不同学科中选取代表性的定义加以分析、比较和整合。而在此之前，尚有必要从语义学角度对该术语作出概要梳理。

从语义学角度来看，在中国古代汉语中，"权"的初始含义是指测定物体重量的器具。《广雅·释器》指出："锤谓之权。"到了春秋战国时期，"权"字从名词被引申为动词，意指衡量、揣度。例如，孔子曾言："谨权易，审法度，修废官，四方之政行焉。"[②]孔子在这句话中就是将"权"作为衡量、揣度来用，即衡量百姓行为的善恶，法律制度的好坏，官员行为的正误。孟子也强调："权，然后知轻重。"[③]作为法家代表人物之一的慎到强调："贤而屈于不肖者，权轻也。"[④]在这里，"权"有约束的意思。《管子》中则指出："欲用天下之权者，必先布法诸侯。"此时，"权"已经可以理解为权力，强调的是影响和支配别人的力量。在《现代汉语词典》中，权力有两种解释：一是指政治上的强制力量，如国家权力、全国人民代表大会是最高国家权力

---

① ［英］戴维·米勒、韦农·波格丹诺主编：《布莱克维尔政治学百科全书》，邓正来主编（中文），中国政法大学出版社 1992 年版，第 596 页。

② 《论语·尧曰》。

③ 《孟子·梁惠王上》。

④ 《慎子·威德》。

机关；二是职责范围内的支配力量，如行使大会主席的权力。① 在印欧语系中，"权力"一词首先从拉丁语的动词 potere（意即"能够"）中引申出名词 potestas 或 potentia（意指能力），然后由这两个词演化出法语词汇 pouvoir。可见，"权力"一词在印欧语系中的含义是"能力"。

在社会学领域，马克斯·韦伯将权力界定为："在社会交往中一个行为者即使在遇到抵抗的情况下，也能实现其意志的可能性，而不管这种可能性以什么为基础。"② 在韦伯这里，权力是一种强制性地将意志贯彻下去的可能性，其体现的是排除阻力、达到目的的一种支配能力。受到韦伯的影响，彼德·布劳认为，应将权力的定义加以拓展，从社会互动和社会交换关系角度来理解权力，将其视为人与人之间的一种不平等的交换关系，即权力是个人或群体通过撤销有规律地被提供的报酬或惩罚等威慑手段将其意志强加于其他人的能力。③ 与韦伯不同的是，布劳对如何实现权力拥有者的意志作了更为具体的说明，即依靠威慑来贯彻意志。帕森斯指出："权力指一种个人或群体反复地把自己的意志强加于他人的能力，而不是指影响他们的一项决定的单个例子。"④ 丹尼斯·朗认为，权力是某些人对他人产生预期效

---

① 中国社会科学院语言研究所词典编辑室：《现代汉语词典》，商务印书馆 1996 年版，第 1048 页。

② Max Weber, *The Theory of Social and Economic Organization*, Free Press, 1947, p. 152.

③ ［美］彼德·布劳：《社会生活中的交换和权力》，孙非、张黎勤译，华夏出版社 1988 年版，第 137 页。

④ ［美］帕森斯：《现代社会的结构与过程》，梁向阳译，光明日报出版社 1988 年版，第 148 页。

果的能力。① 卢少华、徐万珉强调："权力将表明有一定社会地位的人
的能力和潜力，即在某种社会制度内对于其他人存亡所系的问题规定
条件、做出决定，即采取行动的能力或潜力。"② 由上观之，尽管不同
的社会学学者对权力的定义在表述上有一定差异，但基本上都将权力
看成一种能力。可见，在社会学领域，权力意味着个人或群体强制性
地让别的个人或群体将其意志贯彻下去并达到预期效果的能力。

　　在政治学领域，罗伯特·A.达尔将权力理解为影响力，即权力
是 A 影响 B 在某些方面改变自己的行为或倾向的能力。这种影响力
分为明显的影响力和暗含的影响力。③ 在达尔这里，影响力其实就是
指影响别人的能力，其属于能力的一种。马克思和恩格斯认为："权
力标志着一个社会阶级实现其特殊的客观利益的能力。"马克思和恩
格斯运用阶级分析方法来界定权力，将其看成一个阶级压迫另一个阶
级并实现自身特殊利益的能力。④ 托马斯·戴伊将权力看成是担任某
一职务的人在做决定时所具有的能力或潜力，而这种决定却能影响这
个社会制度中的其他一些人。⑤《布莱克维尔政治学百科全书》对学
界关于权力的定义加以总结后发现，权力是指一个行为者或机构影响

----

① ［美］丹尼斯·朗：《权力论》，陆震纶、郑明哲译，中国社会科学出版社 2001 年版，
　　第 2—3 页。
② 卢少华、徐万珉：《权力社会学》，黑龙江人民出版社 1989 年版，第 17 页。
③ ［美］罗伯特·A.达尔：《现代政治分析》，王沪宁、陈峰译，上海译文出版社 1987 年
　　版，第 38 页。
④ ［希腊］尼克斯·波朗查斯：《政治权力与社会阶级》，叶林、王宏周、马清文译，中
　　国社会科学出版社 1982 年版，第 108 页。
⑤ ［美］托马斯·戴伊：《谁掌管美国》，梅士、王殿宸译，世界知识出版社 1985 年版，
　　第 9 页。

其他行为者或机构的态度和行为的能力。[①] 李景鹏把权力界定为根据自己的目的去影响他人行为的能力，并认为权力是一种力量，依靠这种力量可以使他人的行为符合于自己的目的性。[②] 林喆将权力定义为特定主体将他的意志强加于他物，使之产生一种压力继而服从的能力。[③] 综上所述，在政治学领域，学者们大多将权力理解成一个行为者或机构影响其他行为者或机构以达到自己的目的的能力或力量。

在管理学领域，詹姆斯·麦格雷戈·伯恩斯将权力理解为人与人之间的一种关系："两个或更多的人去开发另一个人的动机基础的关系，并在运用权力过程中带来更多的资源，把大多数人的行为引向自己的轨道。"[④] 弗兰奇雷文则将权力界定为"一个人所具有并施加于人的控制力"[⑤]。颜佳华认为，权力是指权力主体（个人、群体、阶级、民族和组织）为实现其意志而借助一定方式和手段影响、制约和控制客体行为并引起一定后果的能力。[⑥] 可见，在管理学领域，权力往往被界定为个人、群体、阶级、民族和组织控制权力客体的能力。

前述不同学科对"权力"作出的具有代表性的概念界定为本研究提供了很好的基础。综合这些学科关于权力的定义，本书将权力界定

---

① ［英］戴维·米勒、韦农·波格丹诺：《布莱克维尔政治学百科全书》，中国政法大学出版社 1992 年版，第 595 页。

② 李景鹏：《权力政治学》，黑龙江教育出版社 1995 年版，第 32 页。

③ 林喆：《权力腐败与权力制约》，山东人民出版社 2009 年版，第 1 页。

④ ［美］詹姆斯·麦格雷戈·伯恩斯：《领袖论》，刘李胜等译，中国社会科学出版社 1996 年版，第 17 页。

⑤ 倪世雄：《当代国际西方关系理论》，复旦大学出版社 2006 年版，第 263 页。

⑥ 颜佳华：《当代中国社会转型期政府权力运行机制重塑研究》，华东师范大学博士论文，2004 年，第 18 页。

如下：所谓权力，是指个人、群体、阶级、民族或组织强制性影响或支配别的个人、群体、阶级、民族或组织，让其贯彻自己的意志以便达到预期目的的能力和力量。

何谓"运行"？按照《现代汉语词典》的解释，"运行"是指"周而复始地运转（多指星球、车船等）"[①]。例如，人造卫星的运行轨道、列车运行示意图、缩短列车的运行时间等。按照这一语义学层面的定义，权力运行可以从字面上解释为权力周而复始地运转的过程。为了克服仅从语义学角度进行界定的局限，尚须从学理上对"权力运行"的概念加以辨析。张国庆在《行政管理学概论》中虽没有对"权力运行"的概念进行厘定，但其对"行政权力运行"下了一个定义："行政权力运行的过程就是行政主体分配和行使权力的过程。行政权力的行使过程即行政权力主体对客体施加影响、并使客体按照主体意愿采取行动的过程。这一过程包括计划、组织、用人、指挥、执行、监督和反馈等一系列具体行为。"[②] 如果借用他的这一界定，那么权力运行就是权力主体分配和行使权力的过程，这一过程同样包括计划、组织、用人、指挥、执行、监督和反馈等一系列具体行为。

综合"权力"和"运行"的含义，我们认为：所谓权力运行，是指权力主体对所拥有的强制性影响或支配个人、群体、阶级、民族或组织的能力和力量进行分配和行使的过程。不过，"权力运行制约和监督体系"中的"权力"是指"政治权力"，因而"权力运行制约和

---

① 中国社会科学院语言研究所词典编辑室：《现代汉语词典》，商务印书馆1996年版，第1562页。

② 张国庆：《行政管理学概论》，北京大学出版社2000年版，第8页。

监督体系"中的"权力运行"就是指"政治权力运行"。借用"权力运行"的定义，可以将"政治权力运行"界定如下：所谓政治权力运行，是指政治权力主体对所拥有的强制性影响或支配个人、群体、阶级、民族或组织的能力和力量进行分配和行使的过程。

（二）关于制约和监督

《现代汉语词典》将"制约"解释为："甲事物本身的存在和变化以乙事物的存在和变化为条件，则甲事物为乙事物所制约。"①"制"的意思是用强力约束；限定；管束。②"约"的意思是限制使不越出范围；拘束。③可见，"制约"一词含有约束、束缚、限制、牵制、制止等多层意义。它通过对事物划定界限、规定范围、设定原则、建立机制、控制程序、进行评价等方式表现。④由此推断，在"权力运行制约和监督体系"这一术语中，制约是指对权力主体进行管束和牵制，以便使权力在规定的范围内规范有序地运行。

监督，从字面理解，监督之"监"，意味着监视、察看、临下，甲骨文中，"监"字为一睁目之人，利用皿中之水，照看自己，因而有"自监其容"之说；又指自上而下地察看，《说文解字》中曰："监，临下也。"监督之"督"，意味着督导、督促、纠正。因此，监督二字

① 中国社会科学院语言研究所词典编辑室：《现代汉语词典》，商务印书馆 1996 年版，第 1622 页。

② 中国社会科学院语言研究所词典编辑室：《现代汉语词典》，商务印书馆 1996 年版，第 1622 页。

③ 中国社会科学院语言研究所词典编辑室：《现代汉语词典》，商务印书馆 1996 年版，第 1554 页。

④ 林喆：《权力腐败与权力制约》，山东人民出版社 2009 年版，第 231 页。

合起来就是观察和纠正，体现在权力设置上，就是观察权和纠正权。在英语中，监督一词 supervision 由 super 和 vision 两部分组成，前词指位居上方，后词指观察、视察，基本与汉语同义。在《现代汉语词典》中，监督有两种含义：一是指查看并督促，如监督执行、接受监督；二是指做监督工作的人，如舞台监督。① 可见，在"权力运行制约和监督体系"这一术语中，监督就是指对权力行使者进行观察和纠正，以预防和纠正权力运用偏离公共利益的轨道。

在对制约和权力监督的上述界定中，似乎难以看出二者是否可以等同。实际上，制约和监督的目的都是为了确保权力始终运行在公共利益的轨道上，这是二者的相同之处，但二者的区别时常为人们所忽视。这种区别主要体现在四个方面。首先，制约的基础是分权，即通过权力的分解或分工来达到权力之间相互制约的目的。监督的基础是授权，强调依据人民主权原则，权力行使者的权力来自人民的委托，其只是权力的形式主体，人民才是权力的实质主体，因而理应受到人民的监督。其次，制约的运行方向是双向或多向的，其体现的是两个或多个权力行使者之间相互牵制和拘束的关系，这些权力行使者是既是制约主体，又是制约客体。监督则是单向的，其体现的是监督主体对监督客体所作出的监察和督促行为，而不存在监督客体对监督主体的监督。再次，制约作为权力行使者之间内在相互规约的手段，其特别强调依靠制度的笼子来规范和约束权力的运行，因而具有较强的刚性色彩。监督则是依靠监督主体这一外部主体来对权力运行进行监察

---

① 中国社会科学院语言研究所词典编辑室：《现代汉语词典》，商务印书馆 1996 年版，第 614 页。

和督促，进而达到约束权力行使者的目的，因而具有较强的柔性色彩，主观随意性较大。最后，制约注重防控权力运行的廉政风险，事前预防性特点明显。监督与制约相比，更多属于事中和事后的监察、督促、检举和惩处，相对滞后性特点显著。

制约与监督的上述差异表明，在保障权力正常运行方面，制约有着监督所不可替代的整体性、决定性功能。而监督则对制约起到了有益的补充价值和导向作用。① 为了规范权力运行，形成有效的约束机制，我们必须充分认识到制约和监督的区别，努力克服把二者混为一谈的倾向，着力使制约和监督相互配合、相互补充、相得益彰，力争让权力滥用现象得到有效遏制。

（三）关于体系

在《现代汉语词典》中，"体系"是指"若干有关事物或某些意识互相联系而构成的一个整体"②，如防御体系、工业体系、思想体系等。由于体系与制度、机制是存在一定关系且容易混淆的术语，因而有必要对制度和机制的概念加以厘定。

在英语中，"制度"一词是 institution，其存在建立、制定，公共机构或其建筑物，制度、惯例等三重含义。③ 在汉语中，"制度"由"制"与"度"合并而成。"制"的意思是制造、拟定、制定、限定、管束。"度"的原义是计量长短的标准，后来被引申为程度、章程、行为准

---

① 王寿林：《权力制约和监督研究》，中共中央党校出版社 2007 年版，第 75 页。
② 中国社会科学院语言研究所词典编辑室：《现代汉语词典》，商务印书馆 1996 年版，第 1241 页。
③ 《精选英汉汉英词典》，商务印书馆、牛津大学出版社 1999 年版，第 307 页。

则。将两个字合并后所形成的"制度"这一复合词就具有了约束人们的行为准则这一含义。在《现代汉语词典》中，"制度"有两种含义：一是指要求大家共同遵守的办事规程或行动准则，如工作制度、财政制度；二是指在一定历史条件下形成的政治、经济、文化等方面的体系，如社会主义制度、封建宗法制度。①从与"权力运行制约和监督体系"的关联性角度考虑，本书论及的制度应取第一种含义。

在学界，政治学、社会学、经济学等学科的学者都对制度作出了界定。美国政治学者亨廷顿把制度界定为"稳定的、受到尊重的和不断重现的行为模式"②。社会学家 R.毕那斯特德将制度视为"组织起来的程序"③。制度经济学家凡勃伦将制度定义为"个人或社会对有关的某种关系或某种作用的一般思想习惯"④。新制度经济学家诺思把制度看成"为决定人们的相互关系而人为设定的一些制约"⑤。在诺斯看来，这些制约包括正式约束和非正式约束两类。正式约束是指由人类设定的诸如政治规则、经济规则、合约等规则，非正式约束是指由社会流传下来的诸如行为规范、行为准则、习俗和禁忌等规则。非正式约束是对正式约束的扩展和补充。诺斯的界定与《现代汉语词典》中的第一种含义不谋而合且更为细致，也是本文中"制度"的含义。

---

① 中国社会科学院语言研究所词典编辑室：《现代汉语词典》，商务印书馆 1996 年版，第 1622 页。

② ［美］塞缪尔·亨廷顿：《变革社会中的政治秩序》，李盛平、杨玉生等译，华夏出版社 1988 年版，第 12 页。

③ 贺培育：《制度学：走向理性与文明的必然审视》，湖南人民出版社 2004 年版，第 15 页。

④ ［美］凡勃伦：《有闲阶级论》，蔡白受译，商务印书馆 1964 年版，第 139 页。

⑤ ［美］道格拉斯·C.诺斯：《制度、制度变迁与经济绩效》，刘守英译，上海三联书店 1994 年版，第 3—4 页。

在《现代汉语词典》中，"机制"有四种含义：一是指机器的构造和工作原理，如计算机的机制；二是指有机体的构造、功能和相互关系，如动脉硬化的机制；三是指某些自然现象的物理、化学规律，如优选法中优化对象的机制；四是泛指一个工作系统的组织或部分之间相互作用的过程和方式，如市场机制、竞争机制。[①] 上述四种含义实际上反映了"机制"这一专业术语应用的学科领域之拓展和演变。"机制"最早在工科即机械制造领域使用，取的是第一种含义。后来，其被引入生物学、医学等领域，引申出第二种含义。随后，其又被物理、化学等领域所应用，拓展出第三种含义。最后，社会科学领域借用了这一术语，并赋予其第四种含义。

根据前文关于"体系""制度"和"机制"的定义可以推断出，制度或机制可能是组成"体系"的"若干有关事物"中的可选事物之一，即若干制度或机制互相联系构成一个整体，从而形成以一定数量的制度或机制为构成要素的体系。

（四）关于权力运行制约和监督体系

"权力运行制约和监督体系"与"权力运行制约和监督机制""权力运行机制"是关系密切且容易混淆的概念，加之学界对"权力运行机制"和"权力运行制约和监督机制"已有所研究，因而可以通过准确界定"权力运行机制""权力运行制约和监督机制"的含义并厘清这两个术语与"权力运行制约和监督体系"之间的关系来对"权力运行制约和监督体系"的概念加以界说。

---

① 中国社会科学院语言研究所词典编辑室：《现代汉语词典》，商务印书馆1996年版，第582页。

关于什么是权力运行机制，学界已有相关界定。何克强认为，权力运行机制即权力系统内各部分相互作用的过程和方式，其主要包括权力交接机制、权力分配机制、权力执行机制、权力制约机制四个机制。这四个机制相互衔接、相互作用，共同构成了权力运行机制这个整体。其中，权力交接机制指的是中央或地方最高权力的交接过程和方式。权力分配机制是指由社会各阶级、阶层、集团的斗争和合作而逐步形成的国家权力在社会各阶级、阶层、集团的一种分配（配置）的过程和方式。权力执行机制是指执行国家权力的权力系统内部各部分较稳定有效的相互作用的过程和方式。权力制约机制指的是权力系统内部各部分在相互作用过程中形成的较稳定较有效的相互监督相互制约的过程和方式。① 唐莹莹指出："权力运行机制是关于国家公共权力运作和行使的一套具体程序和基本制度安排。任何一种公共权力，都必然有其运行过程，其运行过程是否科学、规范，是否在法定范围内进行公共运行，直接导致权力行使的效能及后果。"② 孙柏瑛认为，公共权力运行机制是国家政治体制与行政体制的重要组成部分，是国家行政组织权力资源配置规范化的制度体系，其核心是静态上的纵向和横向分权结构体系以及相配套的组织结构形式；动态上则主要是指权力资源的配套、协调与制约的关系以及权力控制的形式。③

综合借鉴学界关于权力运行机制的上述界定，可以发现，权力运

① 何克强：《权力运行机制初探》，《中共杭州市委党校学报》2004 年第 3 期。
② 唐莹莹：《构建和谐的权力运行机制——关于正确处理人大与"一府两院"关系的思考》，《新东方》2007 年第 2 期。
③ 孙柏瑛：《我国行政权力运行机制设计的初步建议》，《中国行政管理》2002 年第 4 期。

行机制是由若干个子机制相互衔接、相互作用、相互补充所形成的一个有机系统。而权力运行制约和监督机制则是其中的子机制之一。参照前文关于"权力运行""权力运行机制""权力制约""权力监督"的概念设定，可以将权力运行制约和监督机制界定如下：所谓权力运行制约和监督机制，是指对权力主体分配和行使权力的过程进行约束、限制、观察和纠正的过程和方式。其目的是通过系统的设计，使权力运行中诸种制约和监督的要素和环节紧密衔接、相互作用、科学整合，形成一个有机统一的整体，从而使权力在规定的范围内规范有序地运行，预防和纠正权力运行偏离公共利益的轨道。

前文已经指出，机制可能是组成"体系"的"若干有关事物"中的可选事物之一，即体系可以由若干机制构成，从而形成以一定数量的机制为构成要素的体系。更具体地说，"权力运行制约和监督体系"可以由若干个"权力运行制约和监督机制"构成。因此，结合"体系"和"权力运行制约和监督机制"的概念，可以将权力运行制约和监督体系界定如下：所谓权力运行制约和监督体系，是指由若干个对权力主体分配和行使权力的过程进行约束、限制、观察和纠正的机制相互联系而形成的一个统一体。可见，若干个权力运行制约和监督机制是权力运行制约和监督体系的基本构成要件。换言之，只有科学地设计出若干个权力运行制约和监督机制，才能在此基础上组合出权力运行制约和监督体系。那么，组成权力运行制约和监督体系的若干个"权力运行制约和监督机制"究竟是什么？关于这一问题，我们通过对党代会报告、政府工作报告、学者的理论研究成果等文献资料中的相关论述加以比较、分析和归纳后认为，可以在设定"结构合理、配置科学、程序严密、公开透明、制约有效"这一基本目标的前提下，以机制建设为抓手，构建起由权力配置、程序控制、信息公开、复合监督、责任追究等五大机制组成的权力运行制约和监督体系。

二、基本架构①

权力作为政治学研究中的一个核心概念，本是一个静止的事物，并无异化的可能。然而，由于权力具有可交换性、强制性、不平等性等特点，所以当其与不完善的人性相结合时，就容易在运行中沦为权力行使者谋取私利的工具。可见，权力腐败往往发生在权力的具体运行过程之中。因此，为了防止权力的滥用，就有必要建立健全权力运行制约和监督体系。

（一）权力运行制约和监督体系架构的依据

所谓权力运行制约和监督体系，是指由若干个对权力主体分配和行使权力的过程进行约束、限制、观察和纠正的机制相互联系而构成的一个整体。若干个权力运行制约和监督机制是权力运行制约和监督体系的基本构成要件。

虽然说"权力运行制约和监督体系"是党的十八大报告首次提出的一个术语，但如何建构权力运行制约和监督机制则是我们党一直关注和高度重视的时代性课题。早在 2001 年 9 月 26 日，党的十五届六中全会通过的《中共中央关于加强和改进党的作风建设的决定》中就

---

① 参见桑学成、周义程：《健全权力运行制约和监督体系研究》，《江海学刊》2014 年第5 期。

要求"建立结构合理、配置科学、程序严密、制约有效的权力运行机制"。2002 年 11 月 8 日，在党的十六大报告中，江泽民同志强调："建立结构合理、配置科学、程序严密、制约有效的权力运行机制，从决策和执行等环节加强对权力的监督，保证把人民赋予的权力真正用来为人民谋利益。"①2004 年 9 月 19 日，在党的十六届四中全会通过的《中共中央关于加强党的执政能力建设的决定》中，对建立结构合理、配置科学、程序严密、制约有效的权力运行机制的重要性作了全面阐述，并提出要按照坚持"标本兼治、综合治理，惩防并举、注重预防"的方针，抓紧建立健全与社会主义市场经济体制相适应的教育、制度、监督并重的惩治和预防腐败体系。2007 年 10 月 15 日，在党的十七大报告中，胡锦涛同志要求"确保权力正确行使，必须让权力在阳光下运行……建立健全决策权、执行权、监督权既相互制约又相互协调的权力结构和运行机制"②。2009 年 9 月 18 日，在党的十七届四中全会通过的《中共中央关于加强和改进新形势下党的建设若干重大问题的决定》中亦指出，要健全权力运行制约和监督机制……建立健全决策权、执行权、监督权既相互制约又相互协调的权力结构和运行机制，推进权力运行程序化和公开透明。2012 年 11 月 8 日，胡锦涛同志在党的十八大报告中强调：健全权力运行制约和监督体系……要确保决策权、执行权、监督权既相互制约又相互协调，确保国家机关

---

① 江泽民：《全面建设小康社会　开创中国特色社会主义事业新局面——在中国共产党第十六次全国代表大会上的报告》，人民出版社 2002 年版，第 36 页。

② 胡锦涛：《高举中国特色社会主义伟大旗帜　为夺取全面建设小康社会新胜利而奋斗——在中国共产党第十七次全国代表大会上的报告》，人民出版社 2007 年版，第 33 页。

按照法定权限和程序行使权力。① 至此，中共中央首次提出了"权力运行制约和监督体系"这一术语，并就该体系的构成作了一定的阐述。不过，从党的十八大报告的这些表述来看，对于权力运行制约和监督体系的基本架构并未明确阐述，尚有待进一步探索。2012 年 12 月 4 日，习近平总书记在《在首都各界纪念现行宪法公布施行 30 周年大会上的讲话》中强调："要健全权力运行制约和监督体系，有权必有责，用权受监督，失职要问责，违法要追究，保证人民赋予的权力始终用来为人民谋利益。"②2013 年 1 月 22 日，习近平总书记在十八届中央纪委二次全会上的讲话中要求："要加强对权力运行的制约和监督，把权力关进制度的笼子里，形成不敢腐的惩戒机制、不能腐的防范机制、不易腐的保障机制。"③2017 年 10 月 18 日，习近平总书记在党的十九大报告中强调："健全党和国家监督体系。增强党自我净化能力，根本靠强化党的自我监督和群众监督。要加强对权力运行的制约和监督，让人民监督权力，让权力在阳光下运行，把权力关进制度的笼子。强化自上而下的组织监督，改进自下而上的民主监督，发挥同级相互监督作用……构建党统一指挥、全面覆盖、权威高效的监督体系，把党内监督同国家机关监督、民主监督、司法监督、群众监

---

① 胡锦涛：《坚定不移沿着中国特色社会主义道路前进　为全面建成小康社会而奋斗——在中国共产党第十八次全国代表大会上的报告》，人民出版社 2012 年版，第 28—29 页。

② 习近平：《在首都各界纪念现行宪法公布施行 30 周年大会上的讲话》，人民出版社 2012 年版，第 12 页。

③ 本书编写组：《更加科学有效地防治腐败：习近平同志在十八届中央纪委二次全会上重要讲话精神学习读本》，人民出版社 2013 年版，第 98 页。

督、舆论监督贯通起来，增强监督合力。"①

由上观之，在党和政府的报告和文件中，结构合理、配置科学、程序严密、公开透明、制约有效是论述权力运行时常用的表述，"失职要问责、违法要追究""把权力关进制度的笼子里""构建党统一指挥、全面覆盖、权威高效的监督体系"等是习近平总书记作出的进一步阐发。这些表述为我们构建权力运行制约和监督体系提供了权威性依据。

（二）权力运行制约和监督体系架构的形态

综合党和政府的报告和文件中的相关表述，可以将权力运行制约和监督体系构建的基本思路设定如下：按照"结构合理、配置科学、程序严密、公开透明、责任到位、制约有效"这一总体目标，以机制建设为抓手，构建起由科学配置、程序控制、信息公开、综合监督、责任追究五大机制组成的权力运行制约和监督体系。其中，权力科学配置是制约和监督权力运行主体的有效途径，程序有效控制是制约和监督权力运行过程的基本保障，信息充分公开是制约和监督权力运行过程的重要抓手，监督多元并举是制约和监督权力运行的必然选择，责任严格追究是制约和监督权力运行后果的根本手段。

权力运行制约和监督体系这一术语中的"制约"和"监督"的目的虽然都是确保权力始终运行在公共利益的轨道上，但二者存在基础、运行方向、强度、时间节点等方面的显著差异。从基础来看，分权是制约的基础，其意在通过权力的分解或分工实现权力之间的相互制约；授权是监督的基础，其意在强调权力行使者的权力来自人民的

---

① 习近平：《决胜全面建成小康社会　夺取新时代中国特色社会主义伟大胜利——在中国共产党第十九次代表大会上的报告》，人民出版社 2017 年版，第 67—68 页。

委托，因而理应受到人民的监督。从运行方向来看，制约呈双向或多向运行状态，体现了两个或多个权力行使者之间相互牵制和拘束的关系；监督则单向运行，体现了监督主体对监督客体的监察和督促行为。从强度来看，制约特别强调依靠制度的笼子来规范和约束权力的运行，刚性色彩明显；监督则依靠监督主体这一外部主体来对权力运行进行监察和督促，柔性色彩显著。从时间节点来看，制约重在防控权力运行的廉政风险，具有事前预防性特点；监督主要是事中和事后的监察、督促、检举和惩处，具有相对滞后性特点。

根据制约和监督的前述区别，权力运行制约和监督体系可以划分为权力运行制约体系和权力运行监督体系。其中，科学配置机制、程序控制机制组成了权力运行制约体系，信息公开机制、综合监督机制、责任追究机制组成了权力运行监督体系。而根据习近平总书记在党的十九大报告中的阐述，党内监督、国家机关监督、民主监督、司法监督、群众监督、舆论监督构成了综合监督机制的基本要素。由此，权力运行制约和监督体系架构的基本形态如图1所示。

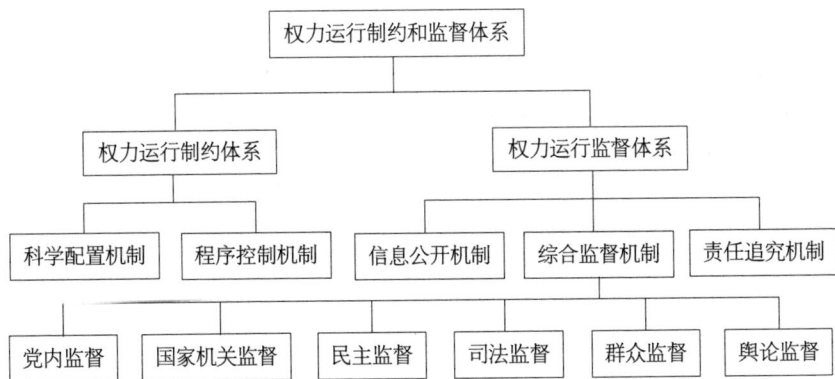

图1　权力运行制约和监督体系架构的基本形态

三、策略优化

建立健全权力运行制约和监督体系必然要求着力寻求优化权力运行制约体系和权力运行监督体系的策略。具体来说，就是要努力探寻构建权力运行的科学配置机制、程序控制机制、信息公开机制、综合监督机制以及责任追究机制的途径和方法。

（一）权力运行制约体系的优化策略

权力作为政治上的强制力和职责范围内的支配力，大致可以划分为决策权、执行权和监督权三种类型。如果这三种权力由同一个人或同一个机构集中行使，就容易因权力过度集中而引发极大的腐败。因此，如何在权力内部形成科学的配置机制，就成为构建权力运行制约体系必须首先解决的一个问题。构建权力运行的科学配置机制就是要在科学分解并相互制约的基础上形成稳定而高效的权力结构。其主要包括两个方面内容：一是通过对各权力主体的合理分解来防止权力过分集中于某个机构和某个人；二是通过科学划定权力职能和作用范围来增强权力运行的规范性、正当性和边界的清晰性。

构建权力运行的科学配置机制就是要从理顺决策权、执行权、监督权的关系入手，通过结构性调整"确保决策权、执行权、监督权既相互制约又相互协调"①。对整个国家来说，就是要实现党委、政府、人大、司法之间的相互制约协调，这就涉及党委与政府、人大、司法

---

① 胡锦涛：《坚定不移沿着中国特色社会主义道路前进 为全面建成小康社会而奋斗——在中国共产党第十八次全国代表大会上的报告》，人民出版社 2012 年版，第29 页。

机关之间的关系，人大与政府、司法机关以及政府与司法机关之间的关系等。对权力系统而言，就是要处理好一个权力系统内部的决策权、执行权、监督权相互制约协调问题，如党委系统、行政系统、司法系统、人大系统各自都存在决策权、执行权、监督权的相互制约协调问题。其中，国家层面的权力结构调适更具根本性，并能为权力系统内部的权力结构优化提供体制性基础。

当前，为了推进权力的科学配置，必须解决的关键性问题就是要准确分析我国权力结构的现状，在此基础上科学配置和调整党委与人大、政府、政协之间的权力，力争既确保人大、政府、政协正常行使职能，又能够加强和改进党的领导，同时推进人民当家做主。为此，应在不打破现有权力主体格局基础上，围绕人事和政策的提议权、调整权、政策执行权、政策审议权、执行审查权、执行评议权、参与权等，合理划分党委、政府、人大、政协的权力界限，以增进不同机构之间的权力制约和监督，具体如图2所示。

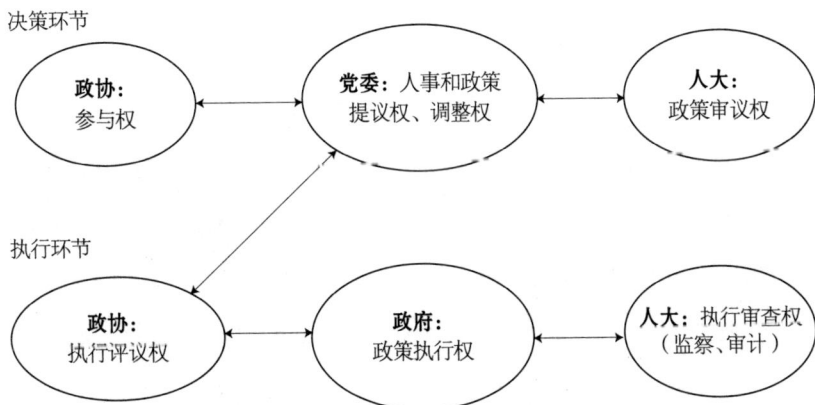

图 2　党委、人大、政府、政协之间的权力配置构想

在图 2 中，我们对党委、人大、政府、政协之间的权力配置进行了战略性设计。其一，为了保证党委的领导者和决策者地位不动摇，人事和政策提议权、调整权应划归党委。政协对党委决策有参与权和评议权，人大对党委提交人大的政策有审议权，这样就能通过政协、人大来对党委的决策权形成较好的制约。其二，政策执行权应划归政府。政协可以履行执行评议权，党委在修正政策和人事调整时要充分考虑评议结果，这样就能对政府的政策执行权形成一定的制约。其三，应将政策和预算的审查权划归人大。而为了提高审查权行使的专业性和有效性，可考虑将审计机关和行政监察机关并入人大。这样一来，人大就可以依靠审计机关对其他国家机关作出独立审计，并将审计结果直接向人大报告；人大亦可以依靠行政监察机关对公众信访投诉进行受理和调查。

从世界各国制约和监督权力的经验来看，程序是控制权力的有力工具。因此，必须改变我国长期存在的重实体、轻程序的传统观念，切实注重以程序制约权力，着力推进程序控制机制建设。程序严密是对程序控制机制的基本要求。所谓程序严密，就是根据分解后的权力结构和各自的权责配置来设计权力运行的具体程序，使程序的各个环节严密衔接，环环相扣。① 只有设计出了严格、规范、科学的程序并确保其得到切实的遵从，才能有效预防权力运行中的廉政风险。

到目前为止，我国权力运行中存在的一个突出问题就是决策权、

---

① 姜霁青：《论中国特色社会主义权力运行机制建设》，福建师范大学硕士学位论文，2004 年。

执行权、监督权之间以及每类权力内部都尚未形成无缝衔接、前后牵制、无懈可击的程序网络，由此导致权力行使中官僚主义、形式主义、享乐主义、奢靡之风等脱离群众的危险，以及权钱交易、权色交易等消极腐败的危险时有发生。

针对权力运行的程序不够严密问题，应努力细化规则，严密权力运行程序。基本思路是：任何权力都必须有运行程序相生相伴，任何已经设定的程序都必须为任何人所遵守，任何违反程序的用权行为都必须视为无效并要承担相应的责任。严密权力运行程序，一方面，要实现程序细化，要建立重大决策必须有两种以上备选方案方能研究的决策制度，坚持和完善重大决策公众听证制度、专家论证制度。要健全决策责任制，通过决策责任立法明确决策责任奖惩制度；另一方面，实行权力运行程序的严密化应重点完善执政党的权力运行程序。对党的各级代表大会和党代表而言，应探索实施党的代表大会常任制度，换届大会时本届党委向大会报告执行党代表大会决议情况的制度，党的代表大会差额直选党的委员会全体委员的制度。对党的各级委员会全体会议和全体委员来说，要让党章中强调的"凡属重大问题都要按照集体领导、民主集中、个别酝酿、会议决定的原则，由党的委员会集体讨论，作出决定"这一规定不折不扣地得到执行。为此，可以尝试每年举行两次中央委员会全体会议和3—4次地方各级党委全委会，从而为全委会集体决策提供必要条件；中央和地方各级党委全委会应起码提前一周向委员们呈送会议议题和相关文件；会议期间，应安排委员发表意见的环节并给予充足的时间保证，重大事项必须实行全体委员无记名投票表决。

（二）权力运行监督体系的优化策略

知情是监督的前提。假如监督者对被监督者的用权行为一无所知，那么监督也就无从谈起。因此，信息公开机制的目的就是要保障公民的知情权，由此从源头上消除腐败的机会。在我国，以河北省藁城县于 1988 年 5 月推行公开办事程序，公开办事结果，接受群众监督（简称"两公开一监督"）制度为标志，经过 20 多年的实践探索，信息公开的制度化、规范化程度日益提高。不过，到目前为止，我国权力运行的信息公开机制在信息公开的主体、内容和保障机制等方面仍然存在一些不容忽视的问题。从主体来看，作为信息公开主体的国家机关及其工作人员缺乏信息公开的积极性和主动性。由于长期形成的权力相对封闭运行的惯性，加之部分领导干部存在公开就是给自己带上枷锁的错误观念，因而信息公开的内生动力不足。从内容来看，避重就轻现象较为严重。不少国家机关对机构职能、机构设置、办事流程、法律法规等一般性的内容都能做到主动公开，但对重大项目决策、经费使用、人员选拔任用等信息要么完全不公开，要么只是笼统地公开其结果，从而使人民群众的监督无从下手。从保障机制来看，信息公开的机构和人员还缺乏保障。国家机关的信息公开没有一个统一的管理机构，从事这项工作的人员也多为兼职，其专业化水平相对较低。机构和人员的不稳定以及人员工作能力的不足导致信息公开工作难以精心开展。

针对上述问题，为了进一步完善权力运行信息公开机制，需要从立法、考核评价、保障机制等方面努力。第一，完善信息公开立法。根据西方发达国家信息公开的经验，采用政府条例来规范信息公开，存在层次低、效力差的问题，我国应在《政府信息公开条例》的基础上尽快出台《信息公开法》，对信息公开的主体、客体、内容、形式、程序、责任等进行更加全面和细化的规定。第二，健全考核评价体系。在民主评议政风行风中列入信息公开考核评价的相关内容，并结合党风廉政建设责任制的考核加以推进。从评价标准设定、评价方法选择、评价结果运用等方面进一步完善信息公开的考核评价体系。评价标准要尽可能做到定量化、可操作；评价方法要体现定期考核与不定期考核、群众评价与组织考核的有机结合，并根据部门性质和行业特点来突出重点；评价结果要作为干部选拔任用和奖惩的重要依据之一，要及时全面地公开整改意见及整改结果，并依据相关规定严格追究评价中较差或不合格的部门及人员的责任。第三，健全保障机制。在信息公开的领导体制上，要明确党政主要领导是第一责任人、负总责，分管领导具体负责，逐级分解到部门和个人，做到一级管一级，层层抓落实，人人要负责。在信息公开的办事机构上，要逐步设立常设工作机构，对机构职能、人员配备、工作责任等加以明确规定，确保信息公开工作有序、高效地开展。

我国现行权力监督机制从初始阶段就缺乏全面系统的精细化设计，更多是因实际需要而灵活地使用一些应对措施，"摸着石头过河"的色彩较为明显。这样做的优点是能够降低机制构建的成本和风险，但其亦容易犯头痛医头、脚痛医脚的错误。从长远来看，为了克服现行监督机制的流弊，需要努力构建起权力运行的综合监督机制，即综合运用党内监督、国家机关监督、民主监督、司法监督、群众监督、舆论监督等各种监督方式对权力运行进行全过程监督。

在党内监督方面，党的巡视巡察制度是党内监督的一项重要制度，其作用自不待言。通过回顾中国共产党的历史可以发现，我们党很早就开展了中央对地方的巡视工作。在党的十八大之前，我们党已经建立了巡视制度，组建了专门的巡视机构，对党组织定期开展巡视工作。党的十八大以来，在推动全面从严治党的宏观背景下，党中央围绕巡视中发现的问题，不断完善巡视制度。例如，2015 年和 2017 年就分别对《中国共产党巡视工作条例》进行了修订。在党的十九大报告中，习近平总书记进一步强调要"深化政治巡视，坚持发现问题、形成震慑不动摇，建立巡视巡察上下联动的监督网"①。2017 年 10 月 24 日，中国共产党第十九次全国代表大会通过了《中国共产党章程（修正案）》。2019 年 1 月，习近平总书记在党的十九届中央纪委三次全会上进一步强调，要"高质量推进巡视巡察全覆盖"②。习近平总书记的这些论述为党的巡视巡察制度向纵深推进指明了方向，十九大新修改的党章中明确写入了巡视巡察制度则体现了我们党对巡视巡察制度的高度重视。从地方实践来看，早在 2005 年，江苏省徐州市委、市政府就首先在邳州市试行党风廉政建设责任制巡查制度。2006 年 4 月，徐州市委、市政府在全市范围内全面推行党风廉政建设责任制巡查制度。随后，徐州市委、市政府专门出台《徐州市党风廉政巡查工作实施办法》。在巡查对象上，将县处级党政领导班子、党政"一把手"及班子其他成员作为巡查的主要对象，而党政"一把手"则作为

---

① 习近平：《决胜全面建成小康社会　夺取新时代中国特色社会主义伟大胜利——在中国共产党第十九次全国代表大会上的报告》，人民出版社 2017 年版，第 67 页。

② 《深入学习十九届中央纪委三次全会精神》，人民出版社 2019 年版，第 4 页。

巡查的重点。① 巡视巡察要做到明察与暗访相结合，适时开展隐形监督。所谓隐形监督，就是指被监督者不知道有没有人对其进行监督，如果有，监督者是谁，在什么地方，用什么方式都不知道。巡视巡察工作要相对独立，人员要加强。巡视巡察组不能随便接受被巡视巡察地方的资源，尤其是物质资源，以免被腐蚀和同化。

派驻制度同样是党内监督的一项成效显著的制度。派驻制度作为派驻监督的一项重要制度安排方式，"是党和国家监督体系的重要组成部分，本质上是上级纪委对下级党组织监督的一种机制"②。

进入新时代以来，以习近平同志为核心的党中央非常重视派驻制度改革。早在党的十八届三中全会 2013 年 11 月 12 日通过的《中共中央关于全面深化改革若干重大问题的决定》中，就对派驻机构改革作出了顶层设计："全面落实中央纪委向中央一级党和国家机关派驻纪检机构，实行统一名称、统一管理。派驻机构对派出机关负责，履行监督职责。改进中央和省区市巡视制度，做到对地方、部门、企事业单位全覆盖。"为了全面落实派驻机构全覆盖这一具体要求，中央办公厅于 2014 年 12 月专门印发了《关于加强中央纪委派驻机构建设的意见》（以下简称《意见》），强调"将通过新设、调整等方式，设置派驻机构，实现中央一级党和国家机关派驻机构全覆盖"。《意见》还将中央纪委派驻机构的名称统一称为"中央纪委派驻纪检组"，并

---

① 徐州市委、徐州市政府：《创建党风廉政巡查机制　着力提高监督制约实效》，载江里程主编：《惩防体系建设在江苏·实践篇》，江苏人民出版社 2011 年版，第 53—56 页。
② 朱基钗：《健全党和国家监督体系的重要内容——聚焦深化中央纪委国家监委派驻机构改革》，《光明日报》2018 年 11 月 2 日。

通过采取单独派驻、归口派驻两种形式来加强对有关部门和单位领导班子及其成员的监督。所谓单独派驻，是指对系统规模大、直属单位多、监督对象多的部门，单独设置派驻机构。所谓归口派驻，是对业务相近、相关或者系统规模小、监督对象少的部门，归口设置派驻机构。①

从派驻机构的发展历史看，在 2015 年以前，中央纪委主要向政府行政系统的国家机关派驻纪检组。而在 2015 年 3 月，中央纪委向中央办公厅、中央组织部、中央宣传部、中央统战部、全国人大机关、国务院办公厅、全国政协机关派驻纪检组等七个部门派驻纪检机构。其中，实行单独派驻的是全国人大机关和全国政协机关，其他五个部门则实行归口派驻。这也是中央纪委首次向党中央工作部门和人大、政协机关派驻纪检组。这一重大举措意味着派驻监督制度建设迈出了关键一步。2015 年 11 月，中央办公厅印发《关于全面落实中央纪委向中央一级党和国家机关派驻纪检机构的方案》，明确提出"中纪委共设置 47 家派驻机构②，实现对 139 家中央一级党和国家机关派

---

① 过去实行的往往是"点对点"的派驻模式，纪检组组长一般兼任驻在部门党组成员，其要接受驻在部门党组的领导，因而容易出现不敢监督党组成员的问题，而且其还要承担大量非纪检监察方面的业务，也难以全力聚焦主责主业。与此相反，归口派驻的一个巨大的优点就是实现了一个纪检组监督多个党组，从而使纪检组能够摆脱同级党委的领导，并由此实现从同体监督到异体监督的重大转变，并有利于纪检组更好地聚焦主责主业。

② 在实现对中央一级党和国家机关派驻纪检机构全覆盖之前，中纪委共有 52 个派驻机构，而在全覆盖后，派驻机构的数量反而减少至 47 个。其中的原因在于，对不少机关采用了归口派驻模式。具体来说，47 家派驻机构中有 27 家为归口派驻，负责监督的机关为 119 家。

驻纪检机构全覆盖"。2018年3月，党的十三届全国人大一次会议表决通过的《中华人民共和国监察法》第十二条规定："各级监察委员会可以向本级中国共产党机关、国家机关、法律法规授权或者委托管理公共事务的组织和单位以及所管辖的行政区域、国有企业等派驻或者派出监察机构、监察专员。监察机构、监察专员对派驻或者派出它的监察委员会负责。"第十五条规定："监察机关对下列公职人员和有关人员进行监察：（一）中国共产党机关、人民代表大会及其常务委员会机关、人民政府、监察委员会、人民法院、人民检察院、中国人民政治协商会议各级委员会机关、民主党派机关和工商业联合会机关的公务员，以及参照《中华人民共和国公务员法》管理的人员；（二）法律、法规授权或者受国家机关依法委托管理公共事务的组织中从事公务的人员；（三）国有企业管理人员；（四）公办的教育、科研、文化、医疗卫生、体育等单位中从事管理的人员；（五）基层群众性自治组织中从事管理的人员；（六）其他依法履行公职的人员。"这些规定为从法律层面实现监察的全覆盖和无死角提供了有力保障，特别是改变了我国过去主要以行政机关及其工作人员为行政监察对象的状况，将监察对象拓展到所有机关和所有公职人员。2018年10月，中央办公厅印发了《关于深化中央纪委国家监委派驻机构改革的意见》（以下简称《意见》），对中央纪委国家监委派驻机构的领导体制作了明确设计，即"建立中央纪委常委会统一领导、中央纪委国家监委统一管理，中央纪委副书记（常委）、国家监委副主任（委员）分管，相关职能部门分工负责、协调配合的派驻工作领导体制"。从这一领导体制不难发现，其基本导向是"全面加强对派驻机构的领导"，并强调"中央纪委国家监委派驻机构是中央纪委国家监委的重要组成部分，由中央纪委国家监委直接领导、统一管理"。例如，就中央纪委国家监委驻财政部纪检监察组而言，这一领导体制"更加明确派驻财政部纪检监察组本身就是中央纪委国家监委的组成部分，监督对象是财政部党组及其成员和各司局级干部；同时中央纪委国家监委对其领导更加紧密，不仅由中央纪委国家监委的相关监督检查室对其加强日常联系监督指导，更明确了由中央纪委副书记（常委）、国家监委副主任（委员）直接分管"①。《意见》为了"推动驻在部门党组织担负起全面从严治党政治责任"，进一步健全了相关工作机制，即强调要"建立定期会商、重要情况通报、线索联合排查、联合监督执纪等机制，为党组（党委）主体作用发挥提供有效载体，形成同向发力、协作互动的工作格局"。

从地方实践来看，江苏省无锡市在推进派驻机构管理体制改革尤其是归口派驻方面较早地进行了实践探索。为了应对派驻人员工作精力分散、职能难以发挥，派驻机构与驻在部门同体监督难以到位、派驻机构工作力量薄弱等问题，该市在保留部门派驻机构的基础上，从纳入统一管理的 109 个纪检监察编制中集中 31 个，成立五个跨部门派出纪工委（工作室）这一跨部门派出机构，并将全市 80 家市直单位和 16 家省垂直单位，按工作性质划分为五个大口，每个跨部门派出纪工委（工作室）负责一个大口的 15—20 个部门。部门派驻机构和跨部门派出纪工委（工作室）由市纪委统一管理，编制单列。五个

① 朱基钗：《健全党和国家监督体系的重要内容——聚焦深化中央纪委国家监委派驻机构改革》，《光明日报》2018 年 11 月 2 日。

跨部门派出纪工委（工作室）集中办公，人员关系、后勤保障与驻在部门完全脱离。① 概括地看，我们既要加强对派驻机构的统一管理，又要在适宜设立而尚未设立派驻机构的地区和部门增设派驻机构，逐步使派驻制度成为主要的监督形式。

在国家机关监督方面，2014 年 6 月，党中央审议通过了《党的纪律检查体制改革实施方案》。2016 年 1 月，习近平总书记在十八届中央纪委六次全会上强调："要坚持党对党风廉政建设和反腐败工作的统一领导，扩大监察范围，整合监察力量，健全国家监察组织架构，形成全面覆盖国家机关及其公务员的国家监察体系。"② 习近平总书记的这一番话表明国家监察体制改革已正式提上议事日程。2016 年 10 月 27 日发布的十八届六中全会公报则指出："各级党委应当支持和保证同级人大、政府、监察机关、司法机关等对国家机关及公职人员依法进行监督，人民政协依章程进行民主监督，审计机关依法进行审计监督。"③ 在这段表述中，监察机关与人大、政府、司法机关被并列提出，这意味着监察机关将从政府的职能部门上升为与政府、司法机关等平级法院、检察院平级。

从实践运作层面来看，根据党中央决定和全国人大常委会授权，

---

① 无锡市纪委、监察局：《改革管理体制 完善工作机制 提升履职能力——无锡市积极探索派驻（出）机构管理体制改革》，载江里程主编：《惩防体系建设在江苏·实践篇》，江苏人民出版社 2011 年版，第 44—45 页。

② 习近平：《在十八届中央纪律检查委员会第六次全体会议上的讲话》，人民出版社 2016 年版，第 23—24 页。

③ 《中国共产党第十八届中央委员会第六次全体会议公报》，人民出版社 2016 年版，第 18 页。

国家监察体制分为三个阶段。①第一阶段：三省市试点探索。2016年11月，中共中央办公厅印发了《关于在北京市、山西省、浙江省开展国家监察体制改革试点方案》，探索在这三个地区设立各级监察委员会，试图通过这一政策试点为在全国面上推进监察体制改革提供经验积累。2016年12月25日，第十二届全国人大常委会第二十五次会议决定：在北京市、山西省、浙江省开展国家监察体制改革试点工作。2017年1月18日，山西省成立全国第一个省级监察委员会。2017年1月20日，北京市监察委员会成立。同日，浙江省监察委员会成立。2017年3月17日，杭州市上城区监委依法对杭州市某机关下属事业单位某工作人员采取留置措施。监察体制改革以来首次采取留置措施案例。2017年4月7日，北京市首次采取留置措施，通州区某财政所某出纳被区监委采取留置措施。2017年4月13日，山西省监委通报称对某集团有限公司原董事长采取留置措施。这是山西省首次使用留置措施案例。2017年4月27日，浙江省湖州市选举产生市监委主任，至此，北京、山西、浙江三试点省市各级监委全部成立。2017年6月底，第十二届全国人大常委会第二十八次会议首次审议监察法草案。第二阶段：试点在全国推开。2017年10月18日，习近平总书记在党的十九大报告中指出，要深化国家监察体制改革，将试点工作在全国推开，组建国家、省、市、县监察委员会，同党的纪律检查机关合署办公，实现对所有行使公权力的公职人员监察全覆盖。制定国家监察法，依法赋予监察委员会职责权限和调查手

---

① 参见《一图读懂国家监察体制改革的三个阶段》，中央纪委国家监委网站2019年3月19日，见 http://www.ccdi.gov.cn/yaowen/201903/t20190319_190865.html。

段，用留置取代"两规"措施。2017 年 10 月，中共中央办公厅印发了《关于在全国各地推开国家监察体制改革试点方案》，部署在全国范围内深化国家监察体制改革，完成省、市、县三级监察委员会的组建工作，实现对所有行使公权力的公职人员监察全覆盖。2017 年11 月 4 日，全国人大常委会通过了在全国各地推开国家监察体制改革试点工作的决定，从而开启了在全国范围内进行监察体制改革的新征程。2017 年 11 月 7 日，《中华人民共和国监察法（草案）》面向社会征求意见。2018 年 2 月 11 日，新任命的青海省监察委员会副主任、委员在青海省第十三届人大常委会第一次会议上，向宪法宣誓。至此，全国 31 个省（区、市）和新疆生产建设兵团监察委员会领导班子全部产生。2018 年 2 月 25 日，广西壮族自治区崇左市大新县监察委员会正式成立。至此，全国 31 个省、自治区、直辖市建立起完整的省、市、县三级监察委员会。第三阶段：国家监察体系总体框架初步建立。2018 年 2 月 28 日，党的十九届三中全会审议通过了《中共中央关于深化党和国家机构改革的决定》和《深化党和国家机构改革方案》，要求推进党的纪律检查体制和国家监察体制改革，健全党和国家监督体系，提出组建国家监察委员会等改革任务。2018 年3 月 11 日，十三届全国人大一次会议第三次全体会议表决通过的《中华人民共和国宪法修正案》在第三章"国家机构"中新增"监察委员会"一节。2018 年 3 月 17 日，十三届全国人大一次会议通过了《关于批准国务院机构改革方案的决定》，要求将国家监察委员会、国家预防腐败局并入国家监察委员会。2018 年 3 月 18 日，十三届全国人大一次会议第六次全体会议选举杨晓渡为中华人民共和国国家监察委员会主任。2018 年 3 月 20 日，十三届全国人大一次会议闭幕会表决通过了《中华人民共和国监察法》，国家主席习近平签署第三号主席令予以公布施行。2018 年 3 月 28 日，中央全面深化改革委员会第一次会议审议了《关于深化纪检监察体制改革和中央纪委国家监委机构改革情况的报告》。2018 年 6 月 20 日，中央纪委国家监委统一设立派驻机构，名称为中央纪律检查委员会国家监察委员会派驻纪检监察组。对驻在部门新设或更名的，派驻机构名称作相应变更。派驻纪检监察组对中央纪委国家监委负责，履行党的纪律检查和国家监察两项职责。2018 年 8 月 24 日，中央纪委国家监委印发了《国家监察委员会特约监察员工作办法》，决定建立特约监察员制度，并对特约监察员工作进行指导和规范。2018 年 10 月 30 日，新华社发布了中共中央办公厅印发《关于深化中央纪委国家监委派驻机构改革的意见》这一重要消息。2019 年 1 月 11 日至 13 日，十九届中央纪委三次全会将"创新纪检监察体制机制，切实把制度优势转化为治理效能"列入 2019 年主要任务。2019 年 3 月 1 日，《求是》杂志发表习近平总书记的重要文章《在新的起点上深化国家监察体制改革》。经过近三年的实践探索，国家监察体系总体框架初步建立起来，改革取得了重大阶段性成果。

在民主监督方面，亟须从强化政协的民主监督地位和完善民主监督程序等方面进行努力。一般来说，政协的基本职能就是参政议政和民主监督。政协的民主监督是指各民主党派通过提出意见、建议和批评的方式对中国共产党各级党委和中共党员、其他国家机关及其工作人员进行的一种政治监督。从理论上说，政协民主监督应以民主为着眼点，以监督为着力点①。由于政协民主监督在本质上属于权力监督，因而其强制性相当有限。正因为如此，所以政协民主监督通常存在软弱无力的问题。政协委员在行使民主监督权时经常会存在因害怕得罪别人和受到打击报复而不敢监督，因难以充分了解情况、难以准确把握分寸、认为监督了也不起作用而不愿监督等心理障碍。②有鉴于此，应尽快出台相关法律，对政协民主监督的地位、组织实施、结果运用等作出明确规定。同时，要健全政协的民主监督程序。严谨、科学、规范的监督程序是提升民主监督有效性的重要保障，应当根据实际需要设计出务实、管用、可操作的民主监督程序。

在司法监督方面，要尽快出台《公务员财产申报法》，对申报对象、财产范围、申报时间、申报程序、申报监督等都做出明确具体的规定。从申报对象看，除县（处）级以上领导职务的公务员外，还应当增加法院、检察院、公安、税务、证券、工商、海关等特殊部门的所有公职人员，乡镇党政负责人，同时对于非公务员序列的人员如军事机构中的师级以上（含师级）军官、大中型股份制企业和中外合资企业中由政府委派或批准的处级以上（含处级）负责人等可以参照适用公务员财产申报制度。③从申报登记的财产范围看，必须包括个人收入中的固定收入和非固定收入两部分，必须包括公务员本人的财产和其直系亲属的财产，必须包括他们财产收入剧增和剧减的变化情

---

① 段援埃：《关于多党合作制度框架内民主监督的几点思考》，《重庆社会主义学院学报》2009 年第 5 期。

② 陈奇星、罗峰：《完善政协民主监督的对策思考》，《上海行政学院学报》2007 年第 5 期。

③ 董丽君、袁伟华：《外国公务员财产申报制度与借鉴》，《理论界》2007 年第 1 期。

况。从申报时间看，应借鉴国外的相关立法经验，规定任职申报、每年定期申报、离职申报，从而将职前申报、职中申报和职后申报有机结合起来。从申报程序来看，申报人应按国家统一制定的"公职人员财产申报表"的内容和要求如实填写，并按时将申报表提交给主管机关；申报主管机关负责接受申报表，并对其进行严格审核。[①] 从申报监督看，要借鉴国际经验，健全处罚措施，加大处罚力度。[②] 如果申报不实，或无理由拒绝申报，或查出申报之外的巨额财富，不仅要规定相应的纪律、行政处分条例，更要规定严厉的刑罚制裁措施。[③] 为了完善法律监督，还要制定《公民举报法》，畅通群众监督渠道。实践表明，群众举报不仅具有动员和依靠群众的性质，又有利于规范和制约群众的参与行为，使群众参与从激情型向理性型转化。制定一部《公民举报法》则是拓宽群众监督渠道和保证参与渠道畅通的基本手段。为了保证《公民举报法》的科学性和可操作性，确保群众监督渠道更加畅通，应当重点解决好以下三个问题：（1）完善和改进举报网络。将建立信访举报机构的协调配合制度纳入举报法范畴，做到及时将重复举报、多头举报分别移送有关部门处理，避免分散精力、重复劳动，使各举报机构及时互通情况、互相合作，避免各自为政或以罚代纪、以纪代刑。（2）使对群众举报的处理更趋程序化和规范化。明确规定对群众举报的限期答复时限，做到妥善解决，对于推来推去，

---

① 周佑勇、刘艳红：《我国公职人员财产申报制度探讨》，《社会科学研究》1997年第6期。

② 周杏梅：《公务员财产申报之立法思考》，《河南师范大学学报（哲学社会科学版）》2009年第3期。

③ 王世谊、周义程：《权力腐败与权力制约问题研究》，中国社会科学出版社2011年版，第334—335页。

久拖不决，甚至不了了之等情况要确定相应的问责措施。通过相关的法律性规定，严禁对群众举报做简单的层层下转，令群众失望。对于群众举报已经查实的问题，必须从快处理，并作出有关案件公开曝光和处理不及时如何追究相关人员的责任等规定。（3）明文规定举报人的合法权益。我国举报人保护必须纳入《公民举报法》之中，即采用以"公民举报法"为骨架的基本模式。举报是公民的基本权利，这是一切与举报相关的制度建设的逻辑起点与前提原则。[①] 在我国，为了消除举报人怕遭受报复的顾虑，要在举报、受理、保管、移送、查处、反馈等各个环节上，通过《公民举报法》的形式建立严格的保密制度规定。要明确责任，明文规定不允许将举报内容和举报人情况透露给无关人员。对举报有功人员要采取适当方式予以奖励。

在群众监督方面，习近平总书记曾经强调，要发挥人民监督作用，织密群众监督之网，开启全天候探照灯，各级党组织和党员、干部的表现都要交给群众评判。"知屋漏者在宇下，知政失者在草野。"广大人民群众是人数最为众多的监督力量，如果作用发挥得充分，就能形成一张全领域无死角监督的"天网"，让"胆子"再大的公职人员也得收敛，[②] 让形形色色的腐败行为无处遁形。为了更有效地推进群众监督，必须要进一步推动举报和监督渠道的畅通和便捷。正如习近平总书记2018年1月11日在十九届中央纪委二次全会上发表重要讲话时所强调的那样，要坚持党内监督和群众监督相统一，以党内

---

① 　赖彩明、赖德亮：《加强公民举报权的制度保障》，《法学》2006年第7期。

② 　卢骏骅：《用好群众监督的"天网"》，人民网2017年5月12日，见http://theory.people.com.cn/n1/2017/0512/c409497-29271749.html。

监督带动其他监督，积极畅通人民群众建言献策和批评监督渠道，充分发挥群众监督、舆论监督作用。值得肯定的是，从实践层面来看，"各级纪检监察机关在畅通、拓宽信访举报渠道上下功夫，尤其在'互联网＋'时代，充分运用互联网技术和信息化手段，让群众反映问题更便捷，群众监督作用更好发挥"①。天津市借助"互联网＋"，通过优化升级信访举报受理平台和综合运用网站、微博、微信公众号、手机客户端等新媒体的在线举报功能，形成"人人可监督""时时可举报"的监督网。江苏省开通了纪检监察网络举报平台，举报人上网搜索"江苏12388"并登录平台后，点击全省118家纪检监察机关对应的名称，从而进入相应的举报页面，然后填写统一格式的信息表提交即可。在举报提交后，平台会生成唯一的查询码，供举报人随时登录平台查询办理情况。云南省纪委监委努力推进线上线下举报的一体化建设，构建起了来信、来访、网络举报、电话举报、新媒介举报"五位一体"模式，打造了纵向覆盖省市县乡村五级、横向覆盖省市县三级纪委监委派驻机构的"一纵三横"信访举报受理体系。贵州省纪委监委借助大数据技术，建立了民生扶贫领域、"三公"经费、执纪审查监督系统为主的数据查询分析平台，并将该平台与12388举报平台有效衔接，综合研判举报反映的问题。② 总的来看，多地纪检监察机关顺应深化监察体制改革的新要求，借助新媒体、大数据等现代传播

---

① 张弛、徐杨：《举报渠道更多元　群众监督更给力》，《中国纪检监察报》2018年8月14日。

② 张弛、徐杨：《举报渠道更多元　群众监督更给力》，《中国纪检监察报》2018年8月14日。

媒介和信息技术，不断探索完善举报渠道的新举措，着力打通群众举报"最后一公里"，取得了显著成效。当然，在经由畅通举报渠道而获得更多举报信息的同时，是否能够切实避免出现问题严重的重视重视、情节较轻的应付应付、追得紧的重视一下、追得松的压一压等懒政怠政行为，从而真正做到更加重视群众举报的问题线索，并坚持一查到底、绝不姑息，这仍然是值得高度重视的问题，而这一问题的解决必须从进一步完善举报件首办责任制、举报办事公开制等举报受理机制方面着手。

在舆论监督方面，一是要切实保障公民对权力腐败的舆论监督权。唯其如此，才能大力提高舆论监督的实效。为了保障公民的舆论监督权，一方面对他们的批评建议、检举、揭发、申诉、控告要及时处理，作出明确交代，特别是对那些被检举揭发出来的违法违纪、搞特权的人要作出法律、政纪处分，不能让他们占便宜；另一方面要健全举报人保护机制，特别是要为检举、揭发的群众保密，严禁打击报复，如有打击报复，要严肃查处。① 这样就可以为公民进行舆论监督提供宽松的环境和氛围，使其敢于监督。二是要加大对反权力腐败的发动和宣传。实践证明，发动和宣传工作是反权力腐败的舆论工作的一个很重要的方面。要通过对权力腐败问题的揭露，对典型案例的剖析，使广大群众更加深入地认识到权力腐败的本质和危害，更加充分地了解反权力腐败斗争的目的和意义，不断增强其反权力腐败的意识，使其认识到参与和支持反权力腐败，不仅是自己的权利，而且是

---

① 　李文发：《论邓小平的群众监督思想》，《毛泽东思想研究》2003 年第 3 期。

自己应尽的义务。三是要广泛宣传中共中央关于反权力腐败的重要方针、政策、原则和部署，要及时将有关反权力腐败的各种具体法规公告群众，以使群众充分掌握。此外，还要通过各种形式，如召开公开处理大会，组织反腐败成果展览，召开典型案例剖析会和新闻发布会，大力宣传反权力腐败所取得的成绩，增强群众参加反权力腐败斗争的信心和决心，从而为反权力腐败营造良好的舆论环境和舆论监督氛围。

世界各国反腐倡廉的经验普遍表明，让权力与责任相生相伴，是促使权力规范运行的有效途径。建立健全权力运行的责任追究机制，是惩治权力腐败和加强权力监督的一把利剑。责任追究机制是指特定的问责主体对权力主体在工作中由于不履行或者不适当履行法定职责，而造成重大损失或者恶劣影响而追究责任的制度。"这种权力责任可分为两种：一种是不作为的责任，即权力行使者依法应当行使权力，以实现公众利益的目标，但没有行使权力，因失职而应当承担的责任；一种是不当行使权力的责任，即权力行使者没有严格依法办事、渎职、玩忽职守、滥用权力而应当承担的责任。"[①]建立健全责任追究机制，以责任来约束权力，是对权力运行进行监督的重要方式。

当前，必须秉承"有权必有责，用权受监督，侵权要赔偿"的基本理念，用改革创新的时代精神推进责任追究机制的健全完善。第一，健全国家机关权责体系。清晰明确的权责体系是责任追究的前提。一是明确责任边界。合理划分各类国家机关之间、央地之间、正

---

① 高山：《国家权力的制约监督》，河北人民出版社 2005 年版，第 149 页。

副职之间、集体与个人之间的责任界限，消除权责不一致、职责不明晰的现象，尤其要细致、完备地界定领导干部的领导责任。二是完善岗位责任。根据"权责统一"原则健全岗位责任制，对各个岗位和承办人员的工作责任进行分解、细化和落实，促进岗位责任的规范化。第二，确定责任追究标准。标准是责任追究的依据。相关国家机关应根据党政领导干部责任追究方面的已有规定，进一步出台更加具体的实施细则。对责任追究标准的规定应根据不同国家机关及其工作人员的工作内容和职责权限差异，进行定性和定量相结合的设计，从而增强标准的可操作性。第三，健全救济制度。为了尽可能减少责任追究和复出的主观性，应对责任追究和复出的现行规定加以完善，增强责任追究对象申辩和复出的规范性、针对性和可操作性。为此，需要对责任追究对象申辩、申诉、再申诉的方式、程序、途径进行全面细致的规定，以实现对责任追究对象合法权益的有效保护。同时，必须明确规定责任追究对象重新任职的方式、程序和途径，要从违纪违法行为性质、责任大小、个人对问题的认识以及过去的工作表现等方面综合考虑，客观、公正地设定复出条件和程序。对存在重大过错且造成重大损失的，不再重新任用；对存在轻微过失，但未对公共利益造成损害且过去工作表现的确较好的，在严格考察基础上酌情重新任用。[①] 此外，需要及时向社会公开责任追究对象复出情况，从而减少公众不必要的猜疑，也能实现对责任追究对象个人权利和公众的监督权的双重保障。

---

① 　陈党：《问责法律制度研究》，知识产权出版社 2008 年版，第 220—221 页。

第六节　着力落实管党治党责任

坚持党要管党、全面从严治党，是党的建设一贯要求和根本方针。中国特色社会主义进入新时代，党肩负着治国理政的历史重任，经受着新时代历史使命考验，更要加强全面从严治党。必须时刻增强责任感、紧迫感、使命感，以党的政治建设为统领，提高政治站位，坚决把思想和行动统一到以习近平同志为核心的党中央决策部署上来，始终在政治立场、政治方向、政治原则、政治道路上同以习近平同志为核心的党中央保持高度一致，把党中央关于加强党的建设的部署要求落细落实。因此，新的形势下推进全面从严治党，必须增强管党治党意识，明确落实管党治党责任，习近平总书记指出："不明确责任，不落实责任，不追究责任，从严治党是做不到的。"[①] 新时代贯彻全面从严治党要求，落实从严管党治党责任首先是一项重要的政治责任，要切实落实从严管党治党责任，必须把党的政治建设摆在首位，提升管党治党主体责任意识，增强管党治党行动自觉，坚守责任敢于担当，推进全面从严治党不断向纵深发展。

一、把政治建设摆在首位，落实管党治党政治责任

2019 年年初，习近平总书记在十九届中央纪委三次全会上发表

---

① 习近平：《在党的群众路线教育实践活动总结大会上的讲话》，人民出版社 2014 年版，第 15 页。

重要讲话，提出要以新时代中国特色社会主义思想为指导，增强"四个意识"，坚定"四个自信"，做到"两个维护"，以党的政治建设为统领全面推进党的建设，取得全面从严治党更大战略性成果，巩固发展反腐败斗争压倒性胜利。新形势下落实管党治党各项要求，必须把党的政治建设摆在首位，层层落实政治责任。习近平总书记强调："我们要聚精会神抓好党的建设，使我们党越来越成熟、越来越强大、越来越有战斗力。这是全党的政治责任，首先是中央政治局的政治责任。"[①] 中国共产党是执政党，全面从严治党要害在治，"治"是为了更好地担负历史使命，推进党的建设新的伟大工程。把党的政治建设摆在首位，落实管党治党责任作为一种政治责任具有根本性，主要表现在以下几个方面：

第一，从我们党担负伟大光荣的历史使命来看，把政治建设摆在首位进一步继承和发扬了我们党的优良传统。在历史的新起点上，继承和发扬我们党讲政治的优良传统，也是马克思主义政党的根本要求。正如习近平总书记在十八届中央政治局常委与中外记者见面时的讲话中所指出："这个重大责任，就是对民族的责任。"[②] 因为在五千多年的文明发展历程中，中华民族历经各种磨难，为了实现民族伟大复兴，无数仁人志士奋起抗争，但一次次地失败了，自从中国共产党成立后，团结带领人民前赴后继、顽强奋斗，中华民族伟大复兴才展现出前所未有的光明前景，人民对美好生活的向往，也成为我们党的奋斗目标。不可否认，新形势下，我们党仍面临着许多严峻挑战，党

---

① 《习近平关于全面从严治党论述摘编》，中央文献出版社 2016 年版，第 6 页。

② 《习近平谈治国理政》第一卷，外文出版社 2018 年版，第 3 页。

内存在着许多亟待解决的问题，尤其是一些党员干部中发生的贪污腐败、脱离群众、形式主义、官僚主义等问题，仍然要下大气力解决。因此，习近平总书记强调把抓好党建作为最大的政绩，"切实解决自身存在的突出问题，切实改进工作作风，密切联系群众，使我们党始终成为中国特色社会主义事业的坚强领导核心"①。尤其是我们已经走到了改革攻坚期和矛盾凸显期相互叠加，党面对着"两个前所未有"的复杂局面，坚持党要管党、全面从严治党，落实管党治党政治责任，要求党员领导干部要自觉把讲政治贯穿于党性锻炼全过程，领导干部是党执政的中坚力量，身处关键岗位、关键领域、关键环节，其言行对党的事业和党的形象具有重大影响，深化全面从严治党，加强和规范党内政治生活，重点就是各级领导机关，关键是各级领导干部，全面从严治党的创造性在于充分发挥领导干部队伍关键作用，发挥党员队伍基础作用和各级党组织主导作用。现阶段适应新的形势要求，建设忠诚干净担当的高素质干部队伍，是全面从严治党创造性的关键，必须抓住领导干部这个"关键少数"。2019 年是中华人民共和国成立 70 周年，也是我们党在全国执政的第 70 个年头，在这个时间节点上，以县处级以上领导干部为重点开展"不忘初心、牢记使命"主题教育，是坚持党要管党、全面从严治党的内在要求，是关键时期抓"关键少数"的战略举措。对"关键少数"严格按照党的原则和规矩办事，把党中央大政方针不折不扣落实到位，为实现中华民族伟大复兴的中国梦带领人民不懈奋斗，必将产生重大而深远的影响。

---

① 《习近平谈治国理政》第一卷，外文出版社 2018 年版，第 4—5 页。

第二，从坚定不移坚持和发展中国特色社会主义的伟大实践来看，使命意味着责任，责任必须担当。旗帜引领方向，道路关乎命运，在全面建成小康社会的决胜阶段、中国特色社会主义发展的关键时期，我们党召开了主题教育工作会议，习近平总书记在会议上强调指出，党的十九大提出的"两个一百年"奋斗目标，是人民对美好生活向往的集中体现，是当代中国共产党人最重要最现实的使命担当。中国特色社会主义承载着几代中国共产党人的理想和探索，凝聚着全国各族人民的奋斗和实践，是实现我国社会主义现代化的必由之路，是创造人民美好生活的必由之路。可以说，中国特色社会主义是改革开放以来党的全部理论和实践的主题，高举中国特色社会主义伟大旗帜，牢固树立中国特色社会主义道路自信、理论自信、制度自信、文化自信，才能确保党和国家事业始终沿着正确方向胜利前进，才能深化改革开放，不失时机地推进重要领域和关键环节改革，继续解放和发展社会生产力，继续推动我国社会主义制度自我完善和发展。推进伟大斗争，完成伟大事业，最根本的是坚持党的领导不动摇，"历史和现实都证明，中国共产党的领导是中国特色社会主义最本质的特征，是中国特色社会主义制度的最大优势"①。坚持党的领导，必须从严管党治党，落实管党治党政治责任，不断加强党的政治建设，把我们党这个领导核心建设得更加有力，锻造得更加坚强。党的十九大以来，习近平总书记始终把加强党的政治建设、全面从严管党治党放在重要位置，无论是中央从上到下率先垂范，还是把责任追究进行

---

① 中共中央宣传部：《习近平总书记系列讲话重要读本》，学习出版社、人民出版社2016年版，第102页。

到底的举措，都给党员领导干部带来了深深的告诫，使整个社会局面为之而变，气象为之而新，民心为之而振，进一步增强了人民群众对党的信任和支持，厚植了党执政的政治基础。党的十九大以来的从严管党治党实践已经试出了人心向背，全面从严治党顺应了党心民意，落实好全面从严治党的政治责任，把全面从严治党的新内涵新要求继续贯彻落实到管党治党的各个方面，我们就一定能够管好党、治好党，确保我们党始终成为中国特色社会主义事业的坚强领导核心。

第三，把党的政治建设摆在首位，从严管党治党是一个永恒的重大课题。如上所述，我们党担负着团结带领人民全面建成小康社会、推进社会主义现代化、实现中华民族伟大复兴的重任。只有确保党始终成为中国特色社会主义事业的坚强领导核心，党坚强有力，国家才能繁荣稳定，人民才能幸福安康。对于一个在中国长期执政的马克思主义政党而言，治国必先治党，治党务必从严，党员领导干部是党执政的中坚力量，推进全面从严治党首当其责。必须始终坚持党管干部、党管人才原则，把政治标准放在首位，执行好党的干部政策，落实"好干部"五条标准，牢固树立正确的选人用人导向，把公道正派作为干部工作的核心理念，全面地历史地辩证地看待领导干部，实事求是地考察评价干部，精准科学地选人用人。着眼于党的事业发展，选好干部，配强各级班子。我们党历来就高度重视选贤任能，习近平总书记指出："用一贤人则群贤毕至，见贤思齐就蔚然成风。"[①]干部任用中的违规问题不仅形成错误的用人导向，而且违反党纪国法，带坏

———————

① 《习近平谈治国理政》第一卷，外文出版社 2018 年版，第 418 页。

社会风气，从源头上破坏政治生态，形成"劣币驱逐良币"的逆淘汰，对全面从严治党带来整体性的恶劣影响。用人是风向标，用什么样的人，就会形成什么样的政治生态，要把具有担当精神、忠诚履责、尽心尽责、勇于担责作为干部工作核心理念贯穿选人用人全过程，当前还要加大"为官不为"的处理与追究力度，激励保障敢为、善为的党员干部，把严格管理和关心爱护结合起来，把为加快发展的无意过失与谋取私利违纪违法行为区分开来，把德才兼备的好干部选出来、用起来，为担当者撑腰，为干事者加油，为有为者鼓劲。

由此可见，把党的政治建设摆在首位，落实管党治党责任作为一种政治责任之所以具有根本性，是由我们党作为在中国长期执政的马克思主义政党所应承担的伟大而崇高的历史使命、坚持和发展中国特色社会主义的伟大实践和党的自身建设的艰巨性、复杂性和长期性决定的。领导干部把讲政治落实到抓发展的各项工作中，是履行党的执政使命的客观需要，我们越是在接近中华民族伟大复兴关键时刻，越要把党的政治建设摆在首位，牢固树立"四个意识"，自觉在思想上政治上行动上同以习近平同志为核心的党中央保持高度一致，坚决维护和服从党中央的集中统一领导。

二、深化理想信念教育，提升主体责任意识

全面从严治党能否见实效，关键在主体责任这个"牛鼻子"抓没抓住。在十九届中央纪委三次全会上，习近平总书记强调要"强化主体责任，完善监督体系"，要求各级党组织主动担当作为，以永远在

路上的坚韧和执着认真履职尽责，扎实推进全面从严治党。"中国共产党从成立之日起，就在马克思列宁主义的指导下，将改变中国命运作为建党的初心，也明确把'责任'二字写在了自己的旗帜上。"①在落实管党治党责任的过程中，党委能否落实好主体责任具有关键性的作用，因而必须明确自身在落实管党治党过程中应承担的职责。习近平总书记指出，党委能否落实好主体责任直接关系到党风廉政建设成效，在全面从严治党实践中，习近平总书记首先指出了党委负主体责任，明确了党组织和党委书记的责任，强调"党组织必须严格执行和维护党的纪律"②。

落实管党治党主体责任，就要唤醒党员领导干部的担当精神。主体责任是政治责任，对各级党员领导干部特别是党委主要负责人来说，落实好全面从严治党主体责任，既是政治责任、政治担当问题，又是政治态度、政治立场问题。理想和信念是行动的先导，任何行动和实践都是建立在正确的思想认识基础上，强化党委的主体责任意识，就是通过理想信念教育不断地向责任主体灌输责任意识和担当意识，深深地根植于责任主体灵魂深处，才有助于形成全面从严治党的政治自觉、思想自觉和行动自觉，进而推动全面从严治党不断发展。关键一点就是要选好用好干部，其中选好干部是重中之重，在选好干部时，必须全面考察干部的德、能、勤、绩、廉，同时要坚持走群众路线，"从群众中来，到群众中去"。坚持把密切联系群众，全心全意

---

① 岳奎、李思学：《习近平关于党委主体责任思想及其对全面从严治党的重大意义》，《马克思主义研究》2017 年第 4 期。

② 《习近平关于全面从严治党论述摘编》，中央文献出版社 2016 年版，第 232 页。

为人民服务，把崇尚实干、注重实绩作为选拔任用干部的重要依据，善于发现和选拔人品正、干实事、破难题、谋发展的干部，因为他们能始终坚定共产党人的理想信念，遇事不避难，敢于亮剑，勇于担当，善于担当。思想是行为的先导，坚定的理想信念是我们党独特优势和执政之魂，引导党员干部"精神补钙、思想铸魂"，而"文化自信是'中国特色'的本质特征和力量源泉，也是中国共产党最基本的自信和最根本的力量"①。现阶段必须继续以思想涵养和文化自信提高政治觉悟，坚定理想信念，使广大党员干部不忘初心、牢记使命，敢于担当。因此，强化党委主体责任意识，激发领导干部的担当精神，是推进全面从严管党治党的先决条件和重大举措。

在坚定理想信念、强化责任担当方面，还要发挥好示范表率作用。理想信念高于天，纪律规矩是底线，党员干部没有理想信念，或者理想信念不坚定，精神上就会得"软骨病"，就会在歪风邪气面前败下阵来。没有严明的纪律，也就没有强大的执行力，理想就会成为空谈。"教者，效也，上为之，下效之。"如果领导干部只把眼睛盯在下级单位，把注意力放到基层党员干部身上，只对别人作指示、提要求，自己反倒成局外人，"手电筒照人不照己"，那么主体责任意识将会偏离方向。作为党员领导干部必须切实找对政治方向，把好政治航向，坚定理想信念，始终保持"做党的人、听党的话、跟党走"的责任和担当，真正做到任何时候都心中有党、对党忠诚、起表率作用。改革开放以来，我们党先后开展过整党、"三讲"教育、农村"三个

---

① 冯鹏志：《构筑全面从严治党的文化支撑》，《理论视野》2017 年第 5 期。

代表"重要思想学习教育活动、保持共产党员先进性教育活动、学习实践科学发展观活动及其延伸的创先争优活动、党的群众路线教育实践活动及其延伸的"三严三实"主题教育和"两学一做"学习教育,"不忘初心、牢记使命"主题教育等,始终坚持不懈用马克思主义中国化最新成果武装全党,以坚定的理想信念筑牢精神之基。新时代要不断深化对主题教育重大意义的认识,深化对党的初心和使命的认识,深化对党面临的风险考验的认识,只有认识到位,行动才会自觉。党员干部必须永远保持中国共产党成立时的理想信念,以实际行动让党员和群众感受到理想信念的强大力量。落实党委主体责任是核心也是党委一把手的自觉担当,担当就是责任,在党风廉政建设问题上必须教育党员领导干部敢于动真格、敢碰硬、不逃避、不推诿。切实理解责任就是自己手中的"施工图",绝不是简单应付和不以为然,要以"亮剑"的胆量真抓、实抓、敢抓,积极主动担起管党治党的主体责任。

要把坚定理想信念、牢记初心使命体现在干事创业上。初心如磐,使命在肩,中国共产党 98 年栉风沐雨,70 年砥砺前行。习近平总书记强调,中国共产党作为百年大党,如何永葆先进性和纯洁性、永葆青春活力,如何永远得到人民拥护和支持,如何实现长期执政,是我们必须回答好、解决好的一个根本性问题。各级领导干部唯有做到忠诚干净担当,才能承载起时代重任和历史使命。新时期领导干部提升主体责任意识就要管好班子,做好责任担当的榜样,有责任就要担当,落实好管党治党的主体责任,根本在担当,有多大的担当才能干多大的事业,尽多大的责任才会有多大的成就。因此,各级党委特别是主要负责领导干部必须抓好自己的责任田,落实好管党治党的主体责任，责无旁贷。因为能否落实好管党治党的主体责任，不仅直接关系到落实管党治党的成效，而且是我们党的政治责任，这关系到我们党在新时代能否经受住"四大考验"，能否化解当前我们党所面临的"四大危险"，进而关系到实现我国的国家治理现代化，实现中华民族的伟大复兴。习近平总书记关于党委主体责任的重要论述，从全面从严治党的高度要求党组织和领导干部要主动担负党的领导的政治责任，新时代加强党的领导，要求坚定理想信念，树立正确的权责观，厘清责任界限，做到有权必有责，权责对等，要把坚定理想信念、牢记初心使命体现在学懂弄通做实新思想上，提高运用党的创新理论指导实践、推动工作的能力，将新思想学习不断引向深入。可以说"这样就抓住了全面从严管党治党的关键性问题，为严格落实党委主体责任、从源头上从严管党治党提供了理论遵循"①。

问题是时代的声音，只有解决了问题，才能推进事业前进。党员领导干部作为"关键少数"，把党的政治建设摆在首位，要带头先行讲党性、讲担当，不断增强"四个意识"，带头执行党中央的决策部署，在思想上政治上行动上始终同党中央保持高度一致，确保政令畅通、执行到位、落地见效。我们党是高度集中统一的马克思主义政党，对马克思主义的信仰，对社会主义和共产主义的信念，是共产党人的政治灵魂，思想上的统一、政治上的团结、行动上的一致是党的事业不断发展壮大的根本所在。我们的干部教育培训工作必须坚持教育引导党员干部坚定理想信念，增强"四个意识"，坚定"四个自信"，

---

① 岳奎、李思学：《习近平关于党委主体责任思想及其对全面从严治党的重大意义》，《马克思主义研究》2017 年第 4 期。

自觉做共产主义远大理想和中国特色社会主义共同理想的坚定信仰者、忠实实践者。现阶段主题教育就是以解决实际问题的成效为衡量标准的，发现问题就要立行立改，不能拖延，不能应付。领导干部必须带头学习教育，带头调查研究，带头检视问题，带头整改落实，带头讲专题党课，带头开展批评和自我批评，实现理论学习有收获、思想政治受洗礼、干事创业敢担当、为民服务解难题、清正廉洁做表率的目标任务。注重从理想信念、宗旨意识、党性修养、政治纪律和政治规矩等方面找根源，把根源挖深，明确努力方向和改进措施，以好的作风开展主题教育，党员干部焕发出来的热情就能转化为攻坚克难、干事创业的实际成果。

三、压实责任清单，增强管党治党行动自觉

新时代全面落实管党治党政治责任，将全面从严治党这场伟大的自我革命进行到底，实现党的自我净化、自我完善、自我革新、自我提高。必须推动各级党组织比着清单抓问题解决、对着清单抓督查考核、照着清单抓责任落实，切实激发各级党组织抓好工作的内在活力。习近平总书记在十九届中央纪委二次全会上强调，要坚持行使权力和担当责任相统一，真正把落实管党治党政治责任作为最根本的政治担当，紧紧咬住"责任"二字，抓住"问责"这个要害。事实证明，那些缺失了责任担当的党组织，就像断了线的风筝，最后得到的不是自由而是坠落。对照责任清单，明确主体责任，强化担当精神，就能以思想到位和行动对标切实履行管党治党责任，增强新形势下管党治

党行动自觉。

就落实管党治党责任清单而言，首先要建立科学的清单管理制度。党的十八大以来，以习近平同志为核心的党中央一以贯之、坚定不移地推进全面从严治党。全面从严治党是顺利推进现代化事业的根本保障，党要带领全国人民全面建成小康社会、实现"两个百年"奋斗目标和中华民族伟大复兴的中国梦，首先要坚持全面从严治党，把自身建设搞好，锻造坚强领导核心。当前，管党治党不严的问题还比较突出，管党治党责任不清、落实力度不够是一个很重要的原因。增强管党治党行动自觉，如果不明确责任、不落实责任、不追究责任，从严管党治党就是一句空话。只有明确各级党委管党治党的主体责任，把党要管党、从严治党落到实处，才能解决好自身存在的突出问题，使我们党始终成为全国人民群众的领导者，带领人民群众去实现我们的宏伟目标。增强管党治党行动自觉，压实责任清单，党委要紧紧抓住主体责任这个"牛鼻子"，切实把责任担起来、落实好。当然，党委和纪委在责任清单中处于不同的角色地位，具有不同的任务分工，党委主体责任和纪委监督责任，既不能错位，更不能缺位。建立科学的责任清单管理制度有助于明确二者的任务，让纪委在推动责任落实中发挥更大的作用。落实主体责任关键在行动，根本在担当。党委书记作为管党治党第一责任人，在工作中要彻底解决"只挂帅不出征"、当"甩手掌柜"的问题，发挥好"一把手"组织领导作用。党委书记作为一把手要树立强烈的担当精神，认真抓班子，从严带队伍，做好管党治党的责任人和带头人。作为党委班子成员和党委部门要具体分担责任，在党委书记负总责的前提下，班子成员分工负责协助工作，严格履行分管职责，督促纠正问题，及时报告工作，带头遵纪守法。党委部门各负其责，切实分担起管党治党的具体责任。

就落实管党治党责任清单而言，还要制定责任追究制度。习近平总书记明确指出："强化责任追究，不能让制度成为'纸老虎''稻草人'。"① 责任追究制度是责任清单的重要部分，必须严格建立"一岗双查"制度，对管党治党不严的地方或部门，既要追究当事人责任，又要追究相关党委领导的责任；既要追究党委的主体责任，又要追查纪委的监督责任，向社会传递"有权必有责，用权受监督，失责要问责，违法要追究"② 的强烈信号，考核问责真正严起来，做到有错必究、有责必问。我们从一系列腐败案例中，再次印证了没有问责就难有担当的事实，没有责任担当与责任落实，也就不会有全面从严治党。另一方面还要加快研究制定贯彻落实"两个责任"的具体措施，列出管党治党"责任清单"，进一步明确和细化党委主体责任、纪委监督责任的具体内容和制度规范，使落实"两个责任"有章可循、有据可依。进一步完善管党治党责任制检查办法，探索实行下级党委（党组）书记向上级党委报告管党治党责任制并接受评议制度，加强对各级党委班子履行管党治党主体责任的考核。用好责任追究这个"撒手锏"，对党的领导弱化、党的建设缺失、从严治党不力和不正之风长期蔓延的地方、部门和单位，实行"一案双查"，既追究当事人责任，又追究相关领导责任。对不担责、不履职、不抓不管导致职责范围内管党治党出现严重问题的，一律实行责任倒查、一追到底，用

---

① 《习近平谈治国理政》第一卷，外文出版社 2018 年版，第 395 页。
② 《习近平关于全面从严治党论述摘编》，中央文献出版社 2016 年版，第 199 页。

强有力的责任追究倒逼主体责任的落实。

就落实管党治党责任清单而言，还要坚持抓住"关键少数"。习近平总书记指出，全面从严治党，是我们党在新形势下进行具有许多新的历史特点的伟大斗争的根本保证，关键是要抓住领导干部这个"关键少数"。领导干部作为治国理政的骨干和中坚力量，对党的建设与各项事业的发展都起着巨大的示范效应。让"关键少数"发挥"关键作用"，就要建设一支政治强、懂专业、善治理、敢担当、作风正的干部队伍。只有让领导干部这个"关键少数"去带动"绝大多数"，才能形成一级带一级、一级抓一级的示范效应，营造风清气正的发展环境。新时期从严管党治党是不变常态，作风建设是推进全面从严治党的重要内容和永恒课题。全面推进从严管党治党，增强管党治党行动自觉，严肃执纪问责持续深化作风建设，也是新时期加强党的建设的必然要求，没有问责，责任就落实不下去。当前一些党组织和领导干部之所以对主体责任不上心，责任难以落实下去，一个重要原因就是责任追究不到位。增强管党治党行动自觉，必须抓住"关键少数"，让落实责任不力就要追责问责成为新常态，党员领导干部没有落实好主体责任，就要受到追究，就要受到处理。同时要坚持"一案双查"，既追究当事人的责任，又倒查追究相关领导的责任，主要负责人不管是现职还是已经调离或者升迁，都要倒查追究责任，通过问责一个，达到警醒一片的效果。如果不能压实责任清单，管党治党责任就落实不下去，问责追责本质就重在"严"、贵在"责"，依法追究失职渎职责任，其根本的指向就是杜绝乱作为、不作为和无作为，权力越大，责任也越重。通过科学运用问责机制与容错纠错机制，让真正想干事、能干事、敢担当、善作为的干部得到重用，为干事创业汇聚正能量。

新的历史条件下，压实责任清单，问责追责就是严格依据我们党和国家的相关条令条例和法律法规制度明确党员干部的权与责，旨在监督检查党员领导干部履职尽责是否到位，严责管党治党失职渎职行为，决不姑息迁就。问责追责犹如长鸣的警钟，经常提醒和警示党员领导干部在行使手中权力时，必须想清楚自己所应遵循的角色责任、能力责任相应的行为准则，从而在相关条令条例和法律法规制度的压力和鞭策下不断增强责任意识和忧患意识，不断增强党自我净化、自我完善、自我革新、自我提高能力，保证党的先进性和纯洁性，全面提升党的领导水平与执政能力。

四、强化监督考核机制，推动管党治党责任落实

为政之要，贵在谋事，重在执行。在十九届中央首轮巡视的 30 份意见反馈中，压实责任无一例外被提到非常重要的高度来强调，责任既是对十八届中央巡视工作经验的总结和传承，也是十九届巡视工作坚持深化的方向，在落实管党治党责任的过程中，监督又是这一工作的重心。习近平总书记从党和国家全局的高度强调指出，各级党委（党组）要坚持全面从严治党、依规治党，坚持不懈加强领导班子建设，完善党内监督体系。党的十九大以来，在党中央坚强领导下，中央纪委国家监委和地方各级纪委监委深入学习贯彻习近平新时代中国特色社会主义思想，树牢"四个意识"，坚定"四个自信"，一体推进

党的纪律检查体制改革、国家监察体制改革和纪检监察机构改革，取得重要阶段性成果，制定《监察法》是全面监督的重大创新。权力必须受到制约和监督，完善我国监督体系，既要加强党内监督，又要加强国家监察。

强化监督考核机制，要求切实履行好管党治党的监督责任。坚守责任敢于担当，就不能把纪律作为一个软约束或是束之高阁的一纸空文，必须清楚知道遵守党的纪律是无条件的，要说到做到，有纪必执，有违必查。党的各级组织要加强对党员、干部遵守政治纪律的教育，作为执政党，党的监督主要是监督权力运行，监督党的组织和机构履职情况。当前"尤其要监督决策权、执行权和主要领导干部，这是监督有效的着力点"①，尤其要明确履行好管党治党的监督责任就是一种政治责任。然而，由于体制、机制等方面的不完善，对领导干部的监督责任履行还存在一定的问题。有的地方、单位管理失之于宽、无能为力，一些地方发生窝案串案，有的地方则成为腐败重灾区。正是由于有些地方监督责任履行不力，导致形式主义、官僚主义、享乐主义、奢靡之风等"四风"问题表现突出，还有的党组织领导不力，缺乏责任担当，有的党员干部理想信念丧失，管党治党不严，党组织形同摆设、疏于管理，加上我们的党员、干部队伍庞大，管理起来难度很大，因而履行好管党治党的监督责任任重而道远。对我们党而言，党内监督是第一位的监督，党内监督有力有效，其他监督才能发挥作用。健全党和国家监督体系是党的十九大提出的重要任务，也

---

① 蔡志强：《大力推进党内监督制度建设》，《理论探索》2016 年第 6 期。

是深入推进全面从严治党的必然要求。今后要继续创新形式，多管齐下，用好派驻、巡视等党内监督，正确运用监督执纪"四种形态"，使监督更加聚焦、更加精准、更加有力。中国特色国家监察体制已经形成，让新的监察体制释放的治理效能最大化，要求进一步深化改革，研究监察法实施过程中出现的新情况新问题，抓好纪委监委合署办公后的人员融合和工作协调，既做好纪法贯通、纪法衔接，还要妥善解决监察法本身适用问题，推动监察对象全覆盖，监察力量向基层延伸。

强化监督考核机制，必须健全考核机制，坚持问责必严。干部考核评价工作是干部队伍建设的核心内容。干部考核既是了解考察干部的过程，也是教育帮助干部的过程，更是激励鞭策干部的过程，通过严格科学的考核，客观、公正、全面地评价干部的德、能、勤、绩、廉，不仅能为干部的选拔、使用提供客观依据，还能寓教于考核过程中，使考核真正起到教育、帮助、激励干部的作用。但我们在具体的操作过程中，干部考核评价机制由于缺乏有效地监督，很难实现考核评价的全面、客观、准确。这就需要我们进一步完善考核评价机制，客观公正地评价每一个干部，不断探索绩效考核、平时考核和分类差异化考核，增强考核的针对性和可操作性，全面提升考核工作的科学化、规范化水平。加强领导干部日常管理监督，继续用好提醒、函询、诫勉等方式，强化对考核评价工作的监督，加大对考核评价工作的监督力度，做到与考核评价过程相伴随，与干部选拔任用工作的监督相衔接，确保考核评价操作过程公开、公平、公正，考核评价结果科学、客观、准确，同时对考核考察工作中不正之风严重、干部群众反映强烈以及对违反考核考察工作纪律等行为查处不力的，要视具体情况追究党委（党组）主要负责人和有关领导成员、组织人事部门负责人以及其他相关人员的责任。习近平总书记指出："从严治党，必须增强管党治党意识、落实管党治党责任。不明确责任，不落实责任，不追究责任，从严治党是做不到的。"① 这也体现了党中央对新形势下党风廉政建设规律的战略思考和科学把握，是落实党要管党、从严治党的重要制度性安排，各级党委纪委必须提高认识，增强落实管党治党主体责任和监督责任的行动自觉性，把主体责任当作分内之事、应尽之责，始终扛在肩上。要用好问责这把"杀手锏"，对不抓不管导致不正之风长期滋生蔓延的，对屡屡出现重大腐败问题不制止、不纠正、不报告的，既要追究当事人的责任，又要倒查追究相关领导的责任，以强有力的问责倒逼主体责任落实到人、到岗、到底。以往的责任追究往往到直接责任人便止步，至于"谁推荐的""谁提拔的""谁考察（考核）的""谁投赞成票的""谁审计的""谁监督的""为什么没有及时发现或阻止""为什么没有人反对"等疑问几乎没有人提出，也不对之进行相应的责任追究。现在对组织人事部门、纪检监察部门的责任，即在"用人失当""监督落空"方面的相关责任也要追究。

总之，强化监督考核机制，推动管党治党责任落实，我们只有从理论上认识落实管党治党责任的科学内涵，从政治责任的高度，明确主体责任的重要性，才能抓好监督责任这一重心，将管党治党责任落

---

① 习近平：《在党的群众路线教育实践活动总结大会上的讲话》，人民出版社 2014 年版，第 15 页。

到实处。与此同时，落实好党委的主体责任和纪委的监督责任两者相互依存、缺一不可，因为落实管党治党责任，党委主体责任是前提，纪委监督责任是保证。实践证明，一个地方或单位党委能够紧紧抓住主体责任这个"牛鼻子"，切实把责任担起来、落实好，纪委的监督责任才能更好地发挥。同样，如果纪委监督主体意识强，积极协助和推动党委主体责任落实，查处违纪违法案件坚决有力，党委关于党风廉政建设的决策部署和工作安排就能落到实处，主体责任就能落实到位。各级党委、纪委及纪律检查机关要深刻认识落实管党治党的"双责"，即党委主体责任和纪委监督责任的重要性和必要性，既不能只强调主体责任而推卸、弱化监督责任，也不能以监督责任代替主体责任。深化国家监察体制改革的初心，就是要把增强对公权力和公职人员的监督全覆盖、有效性作为着力点，推进公权力运行法治化，消除权力监督的真空地带，压缩权力行使的任性空间，"要通过强化党委主体责任，加强纪律建设、查办案件、全面落实管党治党责任，才能实现两个责任良性互动、共同发力，才能更加旗帜鲜明地反对腐败，更加科学有效地防治腐败，做到干部清正、政府清廉、政治清明，才能永葆共产党人清正廉洁的政治本色"①。

五、推进全面从严治党，把握管党治党责任

办好中国的事情，关键在党，关键在党要管党、全面从严治党。

① 《十八大以来重要文献选编》上，中央文献出版社 2014 年版，第 81 页。

推进全面从严治党，必须增强管党治党意识，落实管党治党责任。以从严管理干部为重点推进全面从严治党，是以习近平同志为核心的党中央管党治党的鲜明特点，习近平总书记在许多重要会议、重要活动、重要场合，对全面从严治党、从严管理干部，发表了一系列重要讲话，作出了一系列重要指示，为干部管理提供了根本遵循。

推进全面从严治党，把握管党治党责任，要求党员干部以主动担当的作为推动管党治党从"宽松软"走向"严实硬"。中国共产党自诞生之日起，就自觉致力于民族复兴伟业，革命、建设和改革取得举世瞩目的历史性伟大成就，靠的是党的建设这个法宝，靠的是从严治党这个光荣传统和独特优势。领导干部要强化实干导向，凝聚精气神，调动积极性，把管党治党的成效体现在干部队伍的战斗力上、体现到干事创业上。2014 年年底在江苏考察调研时，习近平总书记就强调从严治党的重点，在于从严管理干部。他指出，这些年在我们党各级组织中，对干部重使用轻管理的现象大量存在，从严管理干部的课题十分紧迫地摆在全党面前。党的十八大以来，中央巡视组经过多轮巡视发现，几乎所有地方选人用人上都存在一些违纪违规现象，其中突击提拔调整干部较为突出。因此，习近平总书记要求各级党委要从查处的大量腐败案件中反思选人用人的得失，下决心治理吏治腐败，为好干部打开广阔成长空间，为从严治党夯实干部工作基础。

推进全面从严治党，把握管党治党责任，要更加有力抓党建促发展，更好地推动党员干部提振精神、奋发有为，为高水平全面建成小康社会提供坚强政治保证。党的十八大以来，以习近平同志为核心的党中央，坚持和加强党的全面领导，坚持党要管党、全面从严治党，坚持把干部队伍建设作为关系党和人民事业的关键性、根本性问题来抓，鲜明提出新时期好干部标准，强化党组织领导和把关作用，完善选人用人制度机制，严把选人用人质量关，坚决匡正选人用人风气，推动干部工作取得显著进展、发生重大变化，为把中国特色社会主义伟大事业不断推向前进提供了坚强组织保证。学习贯彻这些新精神新论断，关键是要掌握核心要义、领会思想精髓。一是深刻把握担当的责任意识。党中央对从严治党做出的一系列决策部署，是从历史的大视野出发，着眼于"两个一百年"奋斗目标和中华民族伟大复兴中国梦的实现，着眼于确保党在发展中国特色社会主义历史进程中始终成为坚强领导核心，充分展示了胸怀天下、忧党忧国的精神，展示了强国富民、勠力复兴的担当。二是深刻把握问题的导向。问题是时代的声音。党中央对干部管理存在的重点难点问题，不回避、不遮掩，有什么问题就说什么问题，什么问题突出就强调什么问题，以钉钉子精神盯住不放、着力解决。三是深刻把握从严的要求。实践证明，只要真正严肃起来、严格起来，就能把党员干部管住管好。新一届党中央从一开始就突出强调从严的要求，坚持严字当头、严肃管党治党，努力保持干部队伍先进性纯洁性，防止和避免失之于宽、失之于软、失之于松。四是深刻把握为民的情怀。党的宗旨是全心全意为人民服务，党的干部是人民的公仆。党中央从严治党的根本出发点和落脚点，就是为了让党的干部更加服务好人民，更加密切党群干群关系，努力实现、维护、发展好最广大人民的根本利益，带领人民创造更加幸福美好的生活。

推进全面从严治党，把握管党治党责任，对于中国共产党这样一个近百年的老党大党来说，从严管党治党更有其自身规律。中国共产党是一个善于总结经验、认真吸取教训、勇于自我修正的政党，党通过党的代表大会、党内政治生活、党的理论创新等途径和方式，既对党的事业进行总结，又对党的自身建设进行总结，在深刻认识和把握从严治党规律中提升自我、走向成熟。中国共产党的建设基本涵盖政治、思想、组织、作风、纪律和制度建设各方面，根据习近平总书记的全面从严治党战略思想，从建党 95 周年讲话到长征胜利 80 周年讲话，到党的十八届六中全会，再到十九届中央纪委三次全会，以习近平同志为核心的党中央带领全党重整行装再出发，全面贯彻新时代党的建设总要求，在坚持中深化、在深化中发展，以永远在路上的执着把全面从严治党引向深入，以改革创新精神推动纪检监察工作高质量发展，开创了全面从严治党新局面。针对新形势下党内政治生活的状况以及出现的一些突出问题，我们党先后制定了《关于新形势下党内政治生活的若干准则》，从政治规矩、政治纪律、政治生态等方面加强和规范党内政治生活。以加强党内监督、严肃问责为保证，修订了《中国共产党党内监督条例》，明确规定加强党内监督严肃问责的基本任务、重点任务和具体工作，强调了监督、问责、执纪共同发力，以加强党内监督、严肃问责来保证、推动全面从严治党。2018 年 8 月，修订公布《中国共产党纪律处分条例》，再向全党划出新的纪律"红线"，将党章和《关于新形势下党内政治生活的若干准则》等党内法规的要求细化具体化，坚持使命引领和问题导向，实现制度的与时俱进，紧密结合新时代新使命新要求，对侵害人民群众利益的问题，增加了相应处分规定。面对新形势下党的建设的突出问题，党始终坚持依规管党、制度治党，构建系统完备、科学规范、简便易行、有效管用的党内法规制度体系。继续以巡视制度推进构筑党内监督常态化、制度化，健全责任分解、倒查追究的完整链条，落实"一案双查"，做到有错必纠、有责必问，切实严肃问责，可以说，"党内问责制为推进全面从严治党战略提供了重要抓手，党内问责制也应成为全面从严治党战略的重要内容和应有之义"①。同时，继续提高制度执行力，坚持把制度执行到人到事到底，使制度成为硬约束而不是"橡皮筋"，真正做到用制度管权管事管人。在管党治党制度改革成果基础上，扎实推进国家监察体制改革，完善党和国家自我监督，从我们党治国理政的全局和战略高度出发推进纪检体制、监察体制改革，实现一届任期内巡视监督和派驻监督全覆盖，加快构建覆盖国家机关和公务人员的监察体系，形成了上下同心、同频共振抓管党治党的良好局面。

伟大的事业需要伟大的政党，中国共产党肩负着"两个一百年"的奋斗目标和中华民族伟大复兴的中国梦，新时期面临的矛盾风险和执政考验前所未有，不断增强全面从严治党的实效性，中国共产党通过提高驾驭全局、推动改革、化解矛盾的能力，在推进国家治理现代化进程中获得持续的支持力量，激发广泛的认同效应，在全面深化改革时代大潮中担当起历史重任。思想是行动的先导，落实全面从严治党的要求，把握管党治党责任，第一位的要求就是增强全党上下管党治党、从严治党的意识，这是落实全面从严治党战略布局的前提条

---

① 李焱：《党内问责制：全面从严治党的重要抓手》，《人民论坛》2017 年第 15 期。

件。新时代中国共产党以自我革命的政治勇气贯彻管党治党要求，在加强党的自身建设促进党的执政能力提高的同时，也将极大促进国家治理能力的全面提升，要始终把党的政治建设放在首位，以开展"不忘初心、牢记使命"主题教育为契机，树牢"四个意识"，坚定"四个自信"，坚决做到"两个维护"，切实把坚持党的领导贯彻落实到各方面全过程。要始终坚持务实创新，以更大的力度、更实的举措，推动全面从严治党向纵深发展。要始终压紧压实管党治党主体责任，严格落实"一岗双责"，切实履行第一责任人责任，以高度的政治责任感担负起全面从严治党政治责任。要始终把纪律规矩挺在前面，积极开展党章党规党纪教育，持之以恒纠"四风"转作风，严格落实中央八项规定，着力营造风清气正、干事创业的良好政治生态。当前，全面建成小康社会进入决胜阶段，前进的号角已经吹响，中国共产党使命光荣，责任重大，牢固树立全面从严治党永远在路上的思想，以强烈的使命担当推动全面从严治党向纵深发展，才能永葆我们党的蓬勃生机和旺盛活力，更广泛地凝聚共识汇聚力量，在新的起点上继续肩负起干事创业的历史担当。

第四章

推动全面从严治党向纵深发展的辩证思考

　　全面从严治党作为党的建设的重大战略思想，基础是"全面"，关键是"从严"，重点是"治吏"，是对党的"党要管党、从严治党"思想的继承和发展，是党的十八大以来管党治党的基本思路，是对新形势下执政党建设规律的进一步认识，更是推进党的建设新的伟大工程的必然要求。习近平总书记在党的十九大报告中强调，实现伟大梦想，必须建设伟大工程，坚持问题导向，保持战略定力，推动全面从严治党向纵深发展。必须以党章为根本遵循，把党的政治建设摆在首位，思想建党和制度治党同向发力，统筹推进党的各项建设。因此，全面从严治党要向纵深推进必须处理好全面推进与突出重点、严格自律与严肃他律、着力治标与注重治本、集中性教育与经常性教育、依规治党与以德治党、党内监督与国家监察等方面的辩证关系。

第一节　全面推进与突出重点相辅相成

全面从严治党必须坚持全面推进与突出重点相辅相成。全面从严治党作为一项系统工程，基础和着力点在全面。从全面从严治党的内容看，领域全方位；从全面从严治党的主体看，人员全覆盖；从全面从严治党的进程看，贯穿全过程。也就是说，通过全面从严治党，将从严治党常态化、制度化，使全面从严治党成为各级党组织建设的新常态，成为广大党员干部的自觉和习惯。什么是"全面从严治党"？习近平总书记在十八届中央纪委六次全会上发表的讲话中明确指出：全面从严治党，核心是加强党的领导，基础在全面，关键在严，要害在治。①"全面"就是管全党、治全党。面向 9000 多万党员、400 多万个党组织，覆盖党的建设各个领域和各个方面。"严"就是真管真严、敢管敢严、长管长严。"治"就是从党中央到省市县党委，都要肩负起主体责任，党委书记要把抓好党建作为分内之事、必须担当的职责；各级纪委要担负起监督责任，敢于执纪，勇于问责。同时，在全面从严治党中必须突出重点，抓好领导干部这个"关键少数"至关重要，这关系到全面从严治党的整体效果，关系到中国共产党最大政治优势的充分发挥，解决好了"关键少数"的问题，可以推动全面从严治党向全体党员拓展。

---

① 习近平：《在第十八届中央纪律检查委员会第六次全体会议上的讲话》，人民出版社 2016 年版，第 16 页。

一、内容全方位、主体全覆盖、贯穿全过程

全面从严治党中的"全面"是针对新形势下党的建设面临的突出问题而提出来的一种要求。因为随着社会历史的发展进步，党建面临的复杂性、艰巨性越来越明显，我们需要站在全局的角度，来看待目前党的建设中存在的问题。由于这些问题之间的关联性、关联度越来越强，那么就得有顶层设计，就得从全局的角度考虑和解决问题。全面从严治党体现了党的建设理论创新与实践创新的一脉相承而又与时俱进，是党的建设新常态，是管党治党的新要求。需要站在"全面"的战略高度，谋划和推进从严治党。全面从严治党体现了党中央整体性、系统性从严管党治党的意志与决心，反映了中国共产党对自身建设的高度自觉与自省。

把握"全面从严治党"的科学内涵，需要把"全面"放在基础地位来理解。对于"全面"可以从以下四个方面来认识：一是从全方位的视角认识全面，这种全方位包括从历史与现实、理论与实际、目标与手段、主体与客体、德治与法治、党内与党外等相结合的角度去把握理解，把新时期党的建设融入党、国家、社会乃至世界发展的大局，以及政治、经济、文化、社会、生态文明建设的总过程中认识和把握，避免片面性和简单化。二是从全主体的视角认识全面，这种全主体是指党的建设的各级各类主体，如各级组织、全体党员干部都负有从严治党的使命。不仅各级党委要抓、书记要抓，各有关部门和各级党委（党组）成员也要抓；不仅党中央要抓，党的各级组织都要主动思考、主动作为，全体党员也必须自觉贯彻和践行从严治党的要

求，通过实际行动营造全面从严治党的良好小气候以促进大气候的形成。各级党组织和党员干部在党章党规党纪面前一律平等，党内不存在任何特殊党员及特殊行为。三是从全领域的视角认识全面，要看到党的建设是一个开放的与时俱进的过程，要以党的政治建设为统领，以坚定理想信念宗旨为根基，以调动全党积极性、主动性、创造性为着力点，全面推进党的政治建设、思想建设、组织建设、作风建设、纪律建设，把制度建设贯穿其中，深入推进反腐败斗争，体现出党建的系统性和整体性，落实从严治党的高标准、严要求，做到不留死角、没有空白。同时，党的建设也包括诸如组织文化、政治生态、党员干部心理等方面内容，而且要随着政党发挥作用领域的扩大不断调整党建的时空观，跟上时代发展的潮流。四是从全过程的视角认识全面，党的建设的具体过程都应体现全面从严治党要求，目前党建过程主要包括党内政治生活、干部权力行使、党员干部个人生活领域等方面。全面从严治党要把这些过程都包括在内，从严要求和管理，同时也要改变重权力行使轻党内政治生活的偏向。要把全面从严治党的要求贯穿执政党建设的全过程，贯穿改革开放和社会主义现代化建设的全过程。只有站在"全面"的战略高度审视、把握和推进新形势下的党建工作，才能保证从严治党各项要求与任务的真正落实。

全面推进从严治党需要增强从严治党的系统性，必须树立整体、系统的大党建观，在党的建设总体布局的有机统一中深化对全面从严治党的认识。充分认识全面从严治党与党的建设总体布局的关系[①]：

[①]　韩强：《全面从严治党需要处理的几个重大关系》，《党政研究》2017年第1期。

首先，全面从严治党是党的建设总体布局在新形势下的发展提升。"一条主线、五大建设"的总体布局形成于党的十七大，是对过去党的建设经验的科学总结，到党的十八大时对这一布局又作了调整和充实，成为党的建设的基本指导原则。根据党建实际和领导中国特色社会主义建设的实践需要，才提出了全面从严治党的问题。2014年10月，在党的群众路线教育实践活动总结大会上，习近平总书记明确提出全面推进从严治党的要求。同年12月，习近平总书记在江苏考察调研时从"四个全面"战略布局的高度，提出了全面从严治党新要求。党的十八届六中全会又集中研究全面从严治党重大问题，党的十九大进一步提出全面从严治党永远在路上，并明确新时代党的建设总要求。表明了党的建设在总体布局指导下对管党治党规律的新认识，使党的建设从"党要管党、从严治党"阶段提升到全面从严治党的新阶段。

其次，要从"四个全面"战略布局高度来思考和把握全面从严治党。把"全面从严治党"纳入"四个全面"的战略布局，就必须正确认识和处理全面从严治党与全面建成小康社会、全面深化改革、全面推进依法治国的关系。既不能单纯就党的建设而谈党的建设，也不能单纯就从严治党而谈从严治党，必须从"四个全面"的有机统一中来深刻认识全面从严治党。一方面要对党的自身建设进行系统思考，在深刻把握从严治党的基本内容、基本任务的同时，深刻把握党的建设伟大工程本身的整体性与系统性。将党的政治建设、思想建设、组织建设、作风建设、纪律建设进行系统思考，把握五大建设之间的关联性与相辅相成性，认识把制度建设贯穿其中的重要性；另一方面还必须从"党的建设、党的领导、党领导的伟大事业"相统一中，深入思考党的建设的根本目的，克服与避免单纯就党建而谈党建、为党建而党建的倾向。要从"深化党建改革与深化政治体制改革相辅相成"的高度来把握与推进全面从严治党，要从国家治理体系与治理能力现代化的统一中来思考党的领导能力协同提高的问题。

最后，全面从严治党与党的建设总体布局各有侧重相辅相成。党的建设的总体布局是着眼于一个较长时期党建的宏观整体战略安排，其目的正如党的十八大报告指出的，不断提高党的领导水平和执政水平，提高拒腐防变和抵御风险能力，是党巩固执政地位、实现执政使命必须解决好的重大课题。党的十九大提出不断提高党的建设质量，把党建设成为始终走在时代前列、人民衷心拥护、勇于自我革命、经得起各种风浪考验、朝气蓬勃的马克思主义执政党。全党要增强紧迫感和责任感，坚持解放思想、改革创新，坚持党要管党、从严治党，建设学习型、服务型、创新型的马克思主义执政党，确保党始终成为中国特色社会主义事业的坚强领导核心。这一任务具有长期性、长远性和根本性，可以说贯穿党的建设的始终。而全面从严治党侧重于当前党建所面临的突出问题，通过一系列举措，使得问题在短期内得以改观，为长期改善打下良好的基础。习近平总书记在十八届中央纪委六次全会上的讲话中曾指出："全面从严治党是我们立下的军令状。"[①]因此，注重当下、强烈的问题意识、极强的针对性和现实性是全面从严治党的主要特征，当然这些特征与党的建设的长远目标是一致的、

---

① 习近平：《在第十八届中央纪律检查委员会第六次全体会议上的讲话》，人民出版社2016年版，第6页。

前后协调的。党的建设是由性质、宗旨、目标、任务、途径、手段等组成的宏大体系，其根本目标或者说最高纲领是建成共产主义，实现无产阶级和全人类的彻底解放，而近期目标或者说较低纲领是推进中国特色社会主义伟大事业。全面从严治党是党建的阶段性目标，通过阶段性目标的实现来促进长远任务的达成。因此，全面从严治党与党的建设总体布局都是实现党的建设总目标的重要途径，两者各有侧重相辅相成。

二、从"关键少数"向全体党员拓展

整体和部分是辩证统一的，整体由部分构成，离开了部分，整体就不复存在。部分的功能及其变化影响整体的功能，而关键部分的功能及其变化甚至对整体的功能起决定和制约作用。这一辩证原理告诉我们必须重视关键部分的作用，抓好关键，用关键部分的发展变化推动整体的发展变化。领导干部虽然人数不多，但却握有党的执政权和国家立法、行政和司法等公权力，是党的领导整体中的关键部分。因此，全面从严治党不能平均用力，必须突出重点，紧紧抓住领导干部这个"关键少数"。习近平总书记在党的十九大报告中强调抓住"关键少数"，坚持"三严三实"，坚持民主集中制，严肃党内政治生活，严明党的纪律，强化党内监督，发展积极健康的党内政治文化，全面净化党内政治生态。领导干部是全面建成小康社会的核心力量，必须把全面从严治党贯穿到干部队伍建设的全过程和各方面，真正做到思想教育要严实、管理监督要严格，着力解决一些领导干部缺乏动力

"不想为"、缺乏担当"不敢为"、缺乏本领"不会为"、缺乏自律"乱作为"的现象，充分调动广大党员尤其是领导干部爱岗敬业、干事创业的积极性。

　　中国共产党一贯重视抓好领导干部这个关键，在其革命、建设和改革的各个历史时期，从严管理领导干部一直是优良传统和政治优势，是赢得广大人民群众拥护和支持的重要法宝之一，也是管好党、治好党的重要历史经验。毛泽东同志曾经在党的六届六中全会报告中指出，"中国共产党是在一个几万万人的大民族中领导伟大革命斗争的党，没有多数才德兼备的领导干部，是不能完成其历史任务的"，"政治路线确定之后，干部就是决定的因素"①。毛泽东同志深谙领导干部这个关键，对各级领导干部从来都是高标准严要求。革命年代，他主持制定"三大纪律八项注意"的禁令；延安时期，他力排众议下令处决了党内军内的违法者；中华人民共和国成立初期，他拒绝多方求情下令处决了天津两名贪污腐败的高官；在社会主义建设时期，他明令各级领导干部必须定期轮番下放工厂、农村或去五七干校参加劳动，努力改造其主观世界。邓小平同志也曾明确指出："党要管党，最关键的是干部问题。"②党是整个社会的表率，党的各级领导同志又

---

① 1934 年 1 月斯大林《在党的第十七次代表大会上关于联共（布）中央工作的总结报告》中说："在正确的政治路线提出以后，组织工作就决定一切，其中也决定政治路线本身的命运，即决定它的实现或失败。"斯大林在这里说到了正确挑选人才的问题。1935 年 5 月斯大林《在克里姆林宫举行的红军学院学员毕业典礼上的讲话》中，提出和说明了"干部决定一切"的口号。（《斯大林选集》下卷，人民出版社 1979 年版，第 343、371 页）

② 《邓小平文选》第一卷，人民出版社 1994 年版，第 328 页。

是全党的表率。他说："如果党的领导干部自己不严格要求自己，不遵守党纪国法，违反党的原则，闹派性，搞特殊化，走后门，铺张浪费，损公利私，不与群众同甘共苦，不实行吃苦在先、享受在后，不服从组织决定，不接受群众监督，甚至对批评自己的人实行报复，怎么能指望他们改造社会风气呢！"①"要有群众监督机制，让群众和党员监督干部，特别是领导干部。""对各级干部的职权范围和政治、生活待遇，要制定各种条例，最重要的是要有专门的机构进行铁面无私的监督检查。"②

党的十八大以来，以习近平同志为核心的党中央身体力行、率先垂范，特别强调领导干部这个"关键少数"。他指出，从严管理的要求能不能落到实处，领导机关和领导干部带头非常重要。领导机关和领导干部做出样子，下面就会跟着来、照着做。各级领导机关和领导干部，尤其是中央机关和中央国家机关、高级领导干部要强化带头意识，时时处处严要求、作表率。③同时，党中央严厉打击领导干部特别是高级领导干部的腐败行为，严打"老虎"，向全党全社会声明，无论什么人，无论其职务多高，只要触犯了党纪国法，都要受到严惩。党的十八届六中全会通过的《关于新形势下党内政治生活的若干准则》（以下简称《准则》）和《中国共产党党内监督条例》（以下简称《条例》）为新形势下加强和规范党内政治生活、加强党内监督提供了根本遵循，其中突出强调了抓好领导干部特别是高级干部这个

---

① 《邓小平文选》第二卷，人民出版社 1994 年版，第 177—178 页。
② 《邓小平文选》第二卷，人民出版社 1994 年版，第 332 页。
③ 陈华兴：《全面从严治党关键在领导干部》，《浙江日报》2016 年 12 月 6 日。

"关键少数"的重要性。

所以，抓好"关键少数"是全面从严治党的关键和重点环节。权力导致腐败，绝对权力导致绝对腐败。新形势下加强和规范党内政治生活，重点是各级领导机关和领导干部。领导干部整体素质如何，精神状态如何，作风形象如何，备受全党和全社会的关注，自然党内监督的重点也是党的领导机关和领导干部。党的领导干部对于党的事业发展至关重要，历史经验表明，严管领导干部才能推进党和社会主义事业前进，苏联解体的最主要原因是苏共的主要领导干部腐化堕落。党的十八届六中全会通过的《准则》和《条例》都把高级干部作为加强和规范党内政治生活、加强党内监督的重中之重。《准则》强调："新形势下加强和规范党内政治生活，重点是各级领导机关和领导干部，关键是高级干部特别是中央委员会、中央政治局、中央政治局常务委员会的组成人员。"《准则》中的所有条款都有对领导干部、特别是高级干部的要求和强调。《条例》更是将"党的中央组织的监督"单设一章，强调："党内监督的重点对象是党的领导机关和领导干部特别是主要领导干部。"如此规定就使得监督重点明确、操作性更强，充分体现了党内政治生活的全覆盖、党内监督的无禁区。因此，党的十八届六中全会抓住了"关键少数"中的"少数关键"，明确要求高级干部特别是中央领导层组成人员必须以身作则，率先垂范，发挥全面从严治党中的示范带动作用，党的十九大报告中习近平总书记再次强调抓住"关键少数"，才能全面净化党内政治生态，反映了以习近平同志为核心的党中央在政治上的高度清醒与从严治党的高度自觉。

三、全面从严治党疏而不漏

马克思主义重点论和两点论相结合的理论告诉我们全面从严治党需要坚持全面推进和突出重点的有机统一。马克思主义理论认为，在复杂的矛盾体系中，存在着主要矛盾和非主要矛盾，主要矛盾决定着非主要矛盾乃至整个事物的存在和发展；而在每一对矛盾中，因其地位和作用的不同，又存在着矛盾的主要方面和非主要方面，事物的性质是由矛盾的主要方面决定的。正是基于这一马克思主义重点论与两点论有机统一的辩证思想，党的十八届六中全会精神要求在全面从严治党中必须坚持突出重点和全面推进相辅相成。

《中国共产党第十八届中央委员会第六次全体会议公报》中规范党内政治生活的重点对象是各级领导机关和领导干部，但又要使全党同志都能自觉服从和遵守《准则》。从重点论视角来看，《准则》强调新形势下加强和规范党内政治生活，重点是各级领导机关和领导干部，关键是高级干部特别是中央委员会、中央政治局、中央政治局常务委员会的组成人员。这包括两方面的重点：首先是各级领导机关。党的领导机关是党的各级组织机构的实体和核心，具体指挥全党的相关活动。其次是各级领导干部。《准则》分别从三个层次上突出了重点：一是相对于普通党员来说，强调重点对象是各级领导干部；二是相对于一般领导干部来说，强调了关键是高级干部；三是相对于高级干部来说，特别强调了中央委员会、中央政治局、中央政治局常务委员会的组成人员。《准则》之所以如此区分，就是因为党的各级领导干部所扮演的角色和所担负的使命是不同的。正如邓小平同志曾经指出，对执政党来说，党要管党，最关键的是干部问题，特别是高级领导干部以身作则非常重要。习近平总书记也一再强调，领导机关和领导干部带头非常重要，要求各级领导机关和领导干部，尤其是中央机关和中央国家机关、高级领导干部要强化带头意识。因此，加强党内监督，必须首先从这部分"关键少数"抓起，使他们能够在全党作出表率，很多事情就会迎刃而解。这些都清楚地表明了在全面从严治党中坚持全面与重点相统一、以重点推进全面的基本思路。

但重点毕竟不是全部，马克思主义的两点论告诉我们，党的领导机关和领导干部也不代表所有的党组织及其党员，而且后者在党内监督中所暴露的问题也不容忽视，所以《条例》在突出重点的同时提出了全面性的要求。例如，《条例》总则第三条明确规定：党内监督没有禁区、没有例外。这是对全党的共同要求，谁都不能独立于《条例》之外，都不能逃避党内监督。又如，《条例》总则第九条规定：建立健全党中央统一领导，党委（党组）全面监督，纪律检查机关专责监督，党的工作部门职能监督，党的基层组织日常监督，党员民主监督的党内监督体系。此外，《条例》第五章还专门就党的基层组织和党员的监督作出相关规定。这显然不仅只是对共产党的领导机关和领导干部进行监督规范，而且覆盖党的基层组织和全体党员。[①] 党的十九大报告进一步强调，加强基层组织建设。党的基层组织是确保党的路线方针政策和决策部署贯彻落实的基础。要以提升组织力为重点，突出政治功能，把企业、农村、机关、学校、科研院所、街道社

---

① 　郑又贤：《新时期坚定推进全面从严治党的辩证思考》，《东南学术》2017 年第 2 期。

区、社会组织等基层党组织建设成为宣传党的主张、贯彻党的决定、领导基层治理、团结动员群众、推动改革发展的坚强战斗堡垒。全面从严治党中的"全面"并非忽视重点，不分轻重缓急，必须处理好全面与重点的辩证关系。全面是在与重点相统一基础上的全面，全面中包含着重点，是以全面指导重点，以重点推进全面。而且全面主要是战略上的要求，是指党的建设的目标、总体布局等要统筹规划、全面安排。而在具体工作层面一定要有重点，要以重点工作的突破带动全面工作的开展。因此，全面从严治党要全面管控与紧盯重点相结合。坚持用辩证唯物主义观点看待和处理抓全面与抓重点的关系，以抓重点来带动、引领全面，以抓全面来影响、推动重点。

第二节　严格自律与严肃他律合力建构

自律和他律的哲学思考在西方哲学史上源远流长，在古希腊智者亚里士多德那里就已初现端倪。但真正具有独特意义的、系统的自律、他律理论，是在近代德国哲学中产生和发展起来的。康德、黑格尔在这方面作出了很大的贡献。[①]道德自律的概念由康德提出，并被黑格尔的他律思想所发展，但他们的思想都存在局限，因而由马克思、恩格斯作出进一步的改造。康德的自律概念，以绝对自由的意志为前提，而马克思、恩格斯的自律，则把个体的意志自由放在特定

---

① 宋希仁：《论马克思恩格斯的自律他律思想》，《马克思主义与现实》2014 年第 2 期。

的历史条件下来考察，强调这种自由总是要依赖于人对外部世界的规律性、必然性的认识，总是要依赖于生产和深化这种认识的实践活动。① 道德作为一种社会意识，是由变化着的社会存在决定的。恩格斯认为："人们自觉地或不自觉地，归根到底总是从他们阶级地位所依据的实际关系中——从他们进行生产和交换的经济关系中，获得自己的伦理观念。"② 道德的自律是道德主体为自身立法，但是这种立法不同于康德纯粹理性的先验法则，而是基于现实的社会存在的客观要求，受到经济关系的规范和调节。人类创造社会，同时又依赖社会，就像马克思所指出："作为人类历史的经常前提，也是人类历史的经常的产物和结果，而人只有作为自己本身的产物和结果才成为前提。"③ 这样马克思就确立了自律观的历史唯物主义基本原则。马克思、恩格斯站在全人类的高度将人的自由全面发展作为共产主义社会的基本特征之一。他们在《共产党宣言》中说明了对未来社会的设想："代替那存在着阶级和阶级对立的资产阶级旧社会的，将是这样一个联合体，在那里，每个人的自由发展是一切人的自由发展的条件。"④ 人的自由全面发展与社会历史的进步是相互统一、相互促进的。自律是将人从外在社会规范和准则的压力下解放出来，使道德成为人们自愿把握的社会规范，促使人实现真正的自由。马克思、恩格斯在《神圣家族》一文中指出："既然正确理解的利益是整个道德的基础，那

---

① 李志君、于向花：《市场自律释义——以证券市场为视角》，《浙江金融》2007 年第 1 期。

② 《马克思恩格斯选集》第 3 卷，人民出版社 1995 年版，第 43 页。

③ 《马克思恩格斯全集》第 35 卷，人民出版社 2013 年版，第 350—351 页。

④ 《马克思恩格斯选集》第 4 卷，人民出版社 2012 年版，第 647 页。

就必须使个别人的私人利益符合于全人类的利益。"① 马克思、恩格斯的自律观扬弃了康德空洞、抽象的绝对意志的自由，它是立足于变化着的现实社会历史条件的主体道德自律。马克思、恩格斯的相关思想是在批判德国古典哲学之中的自律和他律基础之上建立起来的，他们将人类道德放在历史唯物主义的视野中进行考察，认为其与个体自由和社会秩序密切相连。微观上实现个体的道德自律和他律的统一，宏观上实现人类的自由及其秩序，构成马克思和恩格斯道德哲学的两个基本点。② 马克思、恩格斯的自律与他律思想告诉我们，全面从严治党需要严格自律与严肃他律的合力建构。

一、在自律中追求高线

自律就是自己约束自己，是一种内在的定力，是自我约束和自我限制的行为。在春秋战国时期曾子就提出"吾日三省吾身"，屈原在《九章·橘颂》中写道："闭必自慎，终不失过兮。"汉代《释名》解释："律，累也。累人心，使不得放肆也。"律己就是自我约束克制，不随心所欲。严以律己，心律是元律，是始律，是建立在信仰、信念、信心基础上的内在之律和政治自觉。③ 西方在古希腊时代，哲人苏格拉底也说过，"能够自制或自律，是人和牲畜的重要区别"。儒家向来提倡以修身为本，能否自律，被看作是君子与小人的重要区别。共产党

---

① 《马克思恩格斯全集》第 2 卷，人民出版社 1957 年版，第 167 页。

② 李志强：《唯物史观视野中的自由及其秩序》，《理论探讨》2014 年第 3 期。

③ 贺家铁：《严以律己重在"三律"》，《党建》2015 年第 10 期。

员慎独自省，即通过独立思考，严于解剖自己，从而提升自己的思想境界，在自我剖析和严于律己中加强党性修养。

习近平总书记在省部级主要领导干部学习十八届六中全会精神专题研讨班上指出，领导干部特别是高级干部必须加强自律、慎独慎微，经常对照党章检查自己的言行，加强党性修养，陶冶道德情操，永葆共产党人政治本色，并特别强调，要注重自觉同特权思想和特权现象做斗争，注重在选人用人上把好方向、守住原则，注重防范被利益集团"围猎"，注重自觉主动接受监督。领导干部廉洁自律，是指各级党员领导干部，按照党和国家有关廉洁从政的制度规定，实行严格的自我约束，正确行使权力，做到清正廉洁、克己奉公。严格自律追求高线，在贯彻执行《准则》和《条例》上形成自觉，养成习惯。《条例》规定："党的领导干部应当强化自我约束，经常对照党章检查自己的言行，自觉遵守党内政治生活准则、廉洁自律准则，加强党性修养，陶冶道德情操，永葆共产党人政治本色。"通过自律、自重、自省，树立正确的世界观、人生观、价值观，真正从思想上筑牢反腐倡廉、拒腐防变的堤坝。在党的十九大报告中习近平总书记强调，让党员、干部知敬畏、存戒惧、守底线。

全面推进从严治党向纵深发展，做到严格自律尤为重要，它是党员领导干部为政之道、成事之要和修身之本。

首先，自律是共产党人的基本道德价值追求。马克思说："道德的基础是人类精神的自律。"[1] 自律是人类的一种美德，也是共产党人

---

[1]　《马克思恩格斯全集》第 1 卷，人民出版社 1995 年版，第 119 页。

的基本道德要求。斯大林在《悼列宁》中说："我们共产党人是具有特种性格的人，我们是由特殊材料制成的。"① 这里的"特殊材料"是指共产党人要自觉改造主观世界，提高精神境界，防止道德沦陷；同时要在改造客观世界的实践中，锤炼意志，提升素质能力，防止蜕化变质。当前党的建设面临"四大考验"和"四种危险"，领导干部严格自律尤为重要，自律是领导干部的为政之德。领导干部做到严格自律，既要靠纪律规矩的外在约束，也要靠党性修养的内核驱动，筑牢信仰之"基"，补足精神之"钙"，树起思想之"魂"。要把对党绝对忠诚作为领导干部修身律己的首位要求，坚持在加强理论武装中保持政治上清醒坚定，在严格组织生活中增强党性观念，在主动接受监督中强化纪律约束，做到表里如一、言行如一。② 一些领导干部面对各种诱惑，"眼里识得破、心里忍不过"，原因在于内在修养不够、心中缺乏定力。领导干部必须加强严格自律，增强政治定力、纪律定力、道德定力和抵腐定力。始终做遵规守纪、崇德尚廉的带头人，切实担起全面从严治党的政治责任和领导责任。③

其次，自律能够有效防范和避免被利益集团所"围猎"。随着社会主义市场经济的发展，导致各种利益关系盘根错节，形成了利益的藩篱。作为领导干部，手中掌握着一定的权力，更容易成为利益集团拉拢、围猎的对象，如果不注意加强自律，随时都可能陷入"人见利

① 吕培亮、吕超杰：《新形势下共产党人与众不同的先进性表现在哪里》，《领导之友》2016 年第 20 期。
② 王新海：《领导干部要在严格自律上当标杆作表率》，《解放军报》2017 年 3 月 20 日。
③ 吴桂韩：《增强"四个定力"，始终严格自律》，《中国纪检监察报》2017 年 6 月 21 日。

而不见害，鱼见食而不见钩”的陷阱，随时都可能如“温水煮青蛙”般一步步被糖衣炮弹击倒。那些落马领导干部无不是因为不能自律，逐步变质堕落。因此，领导干部从政伊始就要努力提高自律意识，实现由他律向自律的升华。

最后，自律是他律的前提和基础。毛泽东同志指出：“外因是变化的条件，内因是变化的根据，外因通过内因而起作用。”① 推进从严治党，必须坚持内因与外因的有机统一。首先必须注重党员干部的自律。习近平总书记强调：“思想上松一寸，行动上就会散一尺。”② 从严治党要取得好的效果，必须要求广大党员干部做到严格自律，增强党性修养，树立正确的世界观、人生观、价值观和权力观，坚定共产主义理想信念，积极践行社会主义核心价值观。“道之以政，齐之以刑，民免而无耻；道之以德，齐之以礼，有耻且格。”（《论语·为政》）中华民族传统文化历来强调德法相依、德治礼序。德法并用，是常用的社会治理方式，强调的就是自律与他律的结合。对领导干部而言，首要是加强自律，并在自律前提下接受他律。

全面从严治党向纵深推进要求党员领导干部在严格自律中永葆共产党人的政治本色，做到慎独慎微。注意强化党性修养，加强主观世界改造，自觉同特权思想和特权现象做斗争，苏联共产党长期存在的特权阶层是苏共亡党亡国的原因之一，这已成为覆辙之鉴。③ 党的

---

① 《毛泽东选集》第一卷，人民出版社 1991 年版，第 302 页。

② 习近平：《在党的群众路线教育实践活动总结大会上的讲话》，《人民日报》2014 年 10 月 9 日。

③ 黄金桥、井娟娟：《领导干部严格自律才能真正做到拒腐防变》，《检察日报》2017 年 3 月 14 日。

十八届六中全会提出，各级领导干部是人民公仆，没有搞特殊化的权力，要带头执行廉洁自律准则，自觉同特权思想和特权现象作斗争。党员领导干部需要不忘初心，始终坚持正确的权力观，常修为政之德，常思贪欲之害，常怀律己之心。领导干部要想真正拥有自由，必须在原则、界限和规矩的框架内活动，否则，就可能被利益集团"围猎"，最终失去真正的自由。① 因此，党员尤其是领导干部必须严格自律，追求高线，自觉主动接受监督。

二、在他律中严守底线

他律是相对自律而言的，是指非自愿地受他人约束、检查和监督。通常是指执行包括法律法规制度、道德标准、社会风俗等方面的社会规范，是来自外界的约束和异己的强制。最初是皮亚杰描述儿童道德、判断发展所用的术语，后来被逐步应用到管理领域。他律是外在约束，是个体在某种外部压力下，被动地遵守道德或规范的非主动行为，表现为要我守法、要我守规、要我努力等。他律与自律是辩证统一的，他律是自律的前提和条件，自律在他律的影响下发挥作用，两者殊途同归，都是为了规范行为。

唯物史观告诉我们，道德律令存在于社会历史之中，受社会历史条件的制约，而不是康德所认为的道德是理性自身的规定。在《黑格尔法哲学批判》一文中，马克思肯定了黑格尔为道德找到了客观基

---

① 刘玉瑛：《领导干部要注重防范被利益集团"围猎"》，《紫光阁》2017 年第 3 期。

础，他指出："黑格尔把权利和道德都看作这一类的抽象，但他并没有由此得出结论说：国家，即以这些环节为前提的伦理，无非是这些虚幻东西的社会性（社会生活）而已。相反，黑格尔由此得出结论说：这些虚幻的东西是这种伦理生活的从属环节。"① 马克思肯定了黑格尔认为道德从属于伦理的观点，他指出黑格尔之前的康德只是在纯粹理性上讲道德，而黑格尔找到了道德的客观基础，将道德深深地根植于市民社会之中。马克思对黑格尔这种道德观的肯定，也就是肯定了道德的他律性。他指出："道德的自律不是别的，而是个体在内化社会律令基础上自己立法的结果。这表明个人的道德立法是以社会立法为前提的。而社会的立法是一些思想家根据社会秩序发展的'规律'要求和人类自身人性完善的要求，并在总结人们道德生活实践基础上，提炼、概括、制定的行为原则，这种立法者颁布的道德律令既不是主观臆造，也不是纯粹理性的规定，而是基于社会历史的必然和现实利益的要求。"② 古希腊的思想家倡导人们节制的同时也号召人们要遵守合理的社会规范。建立在社会现实基础上的道德律令本身是外在于道德主体的，它不是主观自生的，它受制于社会历史条件，反映了人类社会发展的一种规定，因此道德律令相当于一种"他律"。只有当道德主体经过自己的消化吸收，内化为自身的道德准则，并积极地遵守履行，社会道德律令才具有了自律性。③ 人类虽然受制于社会

---

① 《马克思恩格斯全集》第 1 卷，人民出版社 1956 年版，第 380 页。

② 王淑芹：《道德的自律与他律——马恩与康德的两种不同的道德自律观》，《道德与文明》1998 年第 4 期。

③ 宋希仁：《论马克思恩格斯的自律他律思想》，《马克思主义与现实》2014 年第 2 期。

经济条件，但又是具有主观能动性的人。"人不是被动地服从社会道德的约束，而是主动把握道德规范的要求，自主地选择道德活动，也就是说，道德是在一定社会关系基础上通过人的自由自觉活动表现出来的。"① 这种自律并不排斥他律，它是建立在他律基础上，自律和他律相统一的自律。

加强他律可以促进自律。他律的形式多种多样，像批评建议、检查督促、惩戒处理和法律法规等。他律的主体包括各种组织（如党组织、国家行政机关、司法机关、人大机关、政协、新闻媒体等）和人民群众等。全面从严治党需要充分发挥各种他律主体的作用，通过多种形式来加强监管，促使党员干部严格自律。监督就是他律的重要形式，习近平总书记指出："加强对干部的监督，是对干部的爱护。放弃了这方面责任，就是对党和人民、对干部的极大不负责任。"② 党员领导干部，要坦然面对来自上级与下级、组织与群众、社会与媒体等方方面面的监督，时刻将自己置身于党规党纪的约束和广大人民群众的监督之下，把自觉接受监督看成是一种自我保护，由此筑牢思想防线，坚守做人底线。③ 习近平总书记在党的十九大报告中指出，重点强化政治纪律和组织纪律，带动廉洁纪律、群众纪律、工作纪律、生活纪律严起来。因此，全面推进从严治党需要严肃他律，严守底线。离开了有效的他律作保障，个体的自律是难以实现的，也是极为靠不

---

① 王淑芹：《道德的自律与他律——马恩与康德的两种不同的道德自律观》，《道德与文明》1998 年第 4 期。

② 《十八大以来重要文献选编》上，中央文献出版社 2014 年版，第 138 页。

③ 符和文：《纪律、自律、他律》，《湛江日报》2011 年 1 月 30 日。

住的。特别是在社会公权领域，决不能将任何人预设为道德高人，而疏于监督与管理，这已是被无数事实反复证明了的一条铁律。公权力的行使必须建立在健全有效的他律基础之上，坚持在有效他律的前提下，再强调和加强个体的自律。

三、注重自律与他律的有机结合

自律与他律最初是由康德提出的哲学伦理学范畴的一对矛盾。自律要求社会个体自我约束，自我控制，自觉地遵守党纪国法和社会公德；他律是用社会法律、制度、纪律和社会规则等对个体的约束，是由政府或其他权力机关来执行的一种监督机制。自律与他律作为矛盾着的两个方面，是互为条件、相辅相成的。自律是良好品德养成的重要标志，而以规范约束为特征的他律是走向自律的必要手段。没有自律，他律难以充分发挥作用。没有他律，自律也难以有效建立，二者不可偏废。他律越规范，自律的人就会越来越多；自律的人越多，社会就会越文明，越和谐，越进步，反之亦然。他律对自律意识的形成起着重要作用。只有将外在的他律转化为内在的道德自律，才能收到事半功倍的效果。一个国家、一个党、一个社会，如果多数人都能严格自律，那么法制和纪律的实施必定容易得多，他律也就越有效。同样，在一个"严"字当头的他律环境下，制度严、监督严、执法严，懂得自律的人肯定会多起来，各种腐败行为也会有所收敛。马克思主义认为自律是人类道德品行的基础，他律则是人类道德规范内容的来源。中国传统文化也历来强调通过自律自省来提高道德修养，正所谓"为仁由己"。全面从严治党，加强党风廉政建设和反腐败斗争需要坚持自律与他律相统一的原则。同时也要看到，他律在廉洁自律精神的养成中有着不可忽视的作用，尤其是当道德主体还尚未形成稳定的自律人格时，他律的约束必不可少。《中国共产党纪律处分条例》正是起到了这样一种约束和惩戒的作用，使全体党员常存敬畏之心。

在自律与他律的合力建构中推进全面从严治党。唯物辩证法认为："外因是事物变化的条件，内因是事物变化的根据。"自律就是内因，他律就是外因。要提高党性修养水平，就必须把内在的自觉性和外在的约束性进行统一，即把自律和他律有效结合起来。自律固然重要，他律更不能忽视。离开他律的有效保障，个体的自律是难以实现的。尤其是公权力的行使必须建立在健全有效的他律基础之上，坚持他律有效的前提下，强化和加强自律。习近平总书记强调："要加强对权力运行的制约和监督，把权力关进制度的笼子里，形成不敢腐的惩戒机制、不能腐的防范机制、不易腐的保障机制。"①更多的是强调要加强他律，也彰显了他律的关键作用。因此，在自律与他律的合力建构中推进全面从严治党向纵深发展，建立科学完善的制度体系具有根本性、全局性和长期性，只有科学完备的制度才能规范人、纠偏差、正人心、造就人。与此同时，在既有的制度面前，自觉加强党性修养、提高现代理性、牢固树立底线意识与底线思维、廉洁自律等对制度的贯彻执行非常重要。既要坚持依规治党、制度

① 《习近平谈治国理政》第一卷，外文出版社 2018 年版，第 388 页。

治党，也要以德治党、道德感化，达到"自律"与"他律"的有机统一、合力建构。

第三节　着力治标与注重治本有机统一

习近平总书记在十八届中央纪委第七次全会上强调指出，深入推进全面从严治党，必须坚持标本兼治。要坚持治标不松劲，不断以治标促进治本，既猛药去疴、重典治乱，也正心修身、涵养文化，守住为政之本。① 这是党中央总结十八大以来全面从严治党实践得出的科学结论，深刻揭示了新形势下管党治党的内在规律，为在新的起点上推动全面从严治党向纵深发展，增强全面从严治党的系统性、创造性、实效性，提供了根本遵循。

全面从严治党需要同时治标和治本。标是表象，是客观、表面、外部之所在；本为根源，是主观、内在、核心之因素。标源生于本而影响着本，本作用于标而制约着标。从严治党中的治标指的是严格执法，严惩腐败，它主要是针对党内出现的各种现实问题进行纠正和治理，属于事后补救；而治本指的是通过强化制度机制建设，从根本上铲除滋生各种问题的土壤和条件，它主要是针对易发生的党内各种问题进行防范，属于事前预防。换言之，治标突出的是一个"惩"字，严惩腐败行为，为治本创造条件；治本突出的是一个"防"字，从源

---

① 吴杰明：《标本兼治深入推进全面从严治党》，《解放军报》2017 年 1 月 13 日。

头治理，解决问题。① 治标和治本具有相对的因果关系，它们之间是相辅相成、相互渗透、相互促进的。所以，在全面从严治党中，要始终贯彻标本兼治的原则。②

标本兼治是中国共产党管党治党的一贯要求。早在改革开放之初，邓小平同志就提出反腐败既要靠教育，又要靠法制的重要思想。1997 年 9 月，党的十五大第一次明确提出管党治党要"坚持标本兼治"的原则。2004 年 9 月，党的十六届四中全会通过的《中共中央关于加强党的执政能力建设的决定》正式提出"坚持标本兼治，综合治理，惩防并举，注重预防"。党的十八大以来，习近平总书记结合新的实际进一步丰富其科学内涵。过去讲标本兼治，主要是就反腐倡廉尤其是反腐败斗争而言，习近平总书记把这一方针拓展到党的建设整个领域，他在十八届中央纪委第二次全会上首次提及"标本兼治"时，就是针对党的各方面建设来讲的。在中央纪委第六次全会上又着眼全面从严治党的需要，强调要"深化标本兼治"。从而使标本兼治的范畴从反腐倡廉扩大到全面从严治党，使其有了更为充实的思想内容和更加广阔的实践空间。习近平总书记的重要讲话，紧紧围绕在全面从严治党中为什么要标本兼治和如何实现标本兼治，全面、科学、系统、准确地回答了相关的重大问题，提出了许多新理念新思想新战略，极大地丰富和发展了中国共产党在全面从严治党问题上的理论与实践。③

---

① 邓聿文：《反腐的治标与治本》，《中国经营报》2013 年 3 月 4 日。

② 王晓旭：《反腐倡廉要始终贯穿标本兼治》，《伊春日报》2011 年 9 月 13 日。

③ 吴杰明：《标本兼治深入推进全面从严治党》，《解放军报》2017 年 1 月 13 日。

一、治标是全面从严治党的有效举措

治标是对全面从严治党过程中刻不容缓的突出问题如预防和惩治腐败等问题的治理，是针对不同症状的辩证施治，包括必要的猛药与手术。治标是预防和惩治腐败的有效举措，党的十八大以来，中国共产党坚持以零容忍的态度惩治腐败，"老虎""苍蝇"一起打，强力惩治腐败，使党内政治生活呈现新的气象，腐败蔓延势头得到有效遏制，形成了反腐败斗争的压倒性态势。党的十九大提出坚持反腐败无禁区、全覆盖、零容忍，坚定不移"打虎""拍蝇""猎狐"，不敢腐的目标初步实现，不能腐的笼子越扎越牢，不想腐的堤坝正在构筑，反腐败斗争压倒性态势已经形成并巩固发展。与此同时，党中央也始终高度重视抓治本工作，坚持正本清源、固本培元，在思想教育和制度建设等方面都取得了重要进展，通过消除腐败炎症，以治标促治本，为治本创造了条件，赢得了时间和民心，使形势不断向着有利于治本的方向转化。

急则治标，缓则治本。党的十八大以来，习近平、王岐山等中央领导多次明确强调，运用法治思维与法治方式反对腐败，反腐败应坚持标本兼治，当前要以治标为主，为治本赢得时间。这一新思路表明，中国共产党对反腐败从理论到实践有了更加深刻、科学的认识。"治本"要靠全方位的体制机制变革，"治标"重在惩治已经暴露出来的腐败问题。在体制机制尚不完善且不可能一蹴而就的形势下，以治标为主，为治本赢得时间是当前反腐败斗争和反腐倡廉建设的现实选择，以"治标"彰显"治本"决心。当前，反腐败力度不断加大，坚决惩治腐败，是解决腐败问题最直接、最有效的方式，是纯洁党性、凝聚民心的关键举措。只有人民群众满意度的不断提高，才能彰显我们党反腐败的鲜明态度和坚强决心，增强党在人民群众中的公信力。①

"治标"为"治本"奠定基础。反腐败斗争是一场"持久战"，腐败现象的形成和蔓延原因复杂，与多种社会矛盾相互交织，涉及经济、政治、文化等多方面因素。没有经济、政治、文化等领域的全方位改革，腐败难以消除。当前，党的执政面临"四大考验"，这种考验是长期的、复杂的和严峻的。因此，反腐败斗争不能急于求成，要先打几场漂亮的"歼灭战"，取得立竿见影的效果，以此震慑腐败分子，遏制腐败易发多发势头，为赢得"持久战"奠定基础。"治标"就要在尊重规律和实际的基础上不断探索腐败形成的特点和规律，从而有针对性地进行惩治腐败的顶层设计。只有先以治标为主，才能集中力量打击腐败存量，弘扬浩然正气。才能遏制住腐败滋生蔓延的趋势，形成"邪不压正"的良好氛围，治本也才有必要的缓冲时间。②

目前治标已产生不敢腐的震慑效应。严惩对于反腐败虽然不一定长期奏效，但是可以在短时间内形成强大的威慑力，为治本营造好的社会氛围。通常情况下，作为理性人的官员在预期的腐败收益大于腐败成本的情况下，会选择腐败。所以，在惩治腐败中要加大力度提高腐败成本，为其从事腐败行为而付出政治上、精神上和道德上的巨大代价，要使得抱有侥幸心理的人对搞腐败望而生畏。从党的十八大以

---

① 李珩:《"治标"与"治本"之辨》，《中国纪检监察报》2013 年 5 月 7 日。

② 邓联繁:《标本兼治，治本不会缺席》，《检察日报》2014 年 3 月 11 日。

来的反腐败成效看，已初步形成令官员不敢腐的震慑效应。① 治标为了治本，严肃查处违法乱纪，从严治党、从严治政，挤压权力寻租的空间，遏制腐败滋生蔓延，为治本创造前提条件。

二、治本是全面从严治党的根本之策

治本，重在固本扶元，重在预防，形成强大的免疫系统，增强机体的免疫能力。治本针对问题产生的原因，注重从源头上、根本上解决问题，治本是对治标成果的巩固，是治标的落脚点和归宿。治标侧重惩治腐败，重在形成"不敢腐"的震慑压力；治本则侧重预防腐败，重在形成"不愿腐"与"不能腐"的长效机制。治标主要运用查处打击手段，治本则主要强调教育、制度、监督、改革等方面的手段。治本是预防和惩治腐败的根本之策。从时间效应上看，治标往往短期即可见效，治本则需假以时日。为此，必须深化惩治和预防腐败体系建设，创新反腐败体制机制，完善党内法规制度和反腐败法律制度，巩固不敢腐的成果，形成不能腐、不想腐的有效机制。

腐败之"本"主要是权力，其他方面相对来说是"标"。因此，反腐败要治本，就需要通过一系列措施和制度来规范权力运作。正如习近平总书记所言，把权力关进制度的笼子里。所以，要治本就要建立结构合理、配置科学、程序严密、制约有效的权力运行机制，从决策和执行等关键环节加强对权力监督，使腐败分子不能轻易得逞，保

---

① 黄红平：《标本兼治实现不敢腐不能腐不想腐"三不"效应》，《检察日报》2014 年 9 月 2 日。

证把人民赋予的权力用来为人民谋福祉。要从深化体制改革着手，以加强对官员特别是主要官员的监督，建立全方位的权力监控系统。构建决策权、执行权与监督权既相互制约又相互协调的权力结构和运行机制，减少各级政府官员的权力，增加权力使用的透明度和社会对权力的监督力度。①目前"监察委员会"体制的试点改革，是建立党统一领导下的国家反腐败工作的制度创新，有利于整合反腐败资源，扩大监察范围，丰富监察手段，实现对行使公权力的公职人员监察全面覆盖，建立集中统一、权威高效的监察体系，深入推进党风廉政建设和反腐败斗争，构建不敢腐、不能腐、不想腐的有效机制。这是反腐败由治标转向治本的重要一步，即实现反腐制度化。与此同时，在法治化的基础上整合反腐败资源，进而加强反腐力度和密度。对权力进行合理的分解，确保权力在阳光下行使，坚持用制度管权、管事、管人，建构决策科学、执行坚决、监督有力的权力运行体系，以有效遏制权力滥用，保证权力规范运行。②反腐的根本目的不在于拉下多少贪官，而在于以治标促治本，建立一种制度，一种培养清官、遏制贪官的党规党纪的制度体系。

治本决定治标。加强制约性和监督性管理，是有效预防和治理腐败的关键。进一步明晰权、责、利的关系，把权与责挂钩、权与利分开，从源头根除腐败土壤。不断加强思想作风、工作作风、领导作风、生活作风建设，用《中国共产党党员领导干部廉洁从政若干准

---

① 邓聿文：《反腐的治标与治本》，《中国经营报》2013年3月4日。

② 黄红平：《标本兼治实现不敢腐不能腐不想腐"三不"效应》，《检察日报》2014年9月2日。

则》《中国共产党党内监督条例》和《中国共产党纪律处分条例》约束党员领导干部的一言一行、一举一动，用正确的人生观、世界观、价值观影响和定位权力观、政绩观、利益观。通过认知以及体制、机制等方面的变革解决党员领导干部根本的、深层次的问题，使广大党员尤其是领导干部常修为政之德、常思贪欲之害、常怀律己之心，为治标奠定牢固的基础。①

三、坚持标本兼治，铸牢理想信念

为进一步巩固深化全面从严治党阶段性成果，党的十八大以来，以习近平同志为核心的党中央坚持标本兼治，治标为治本赢得时间、创造条件，治本为治标巩固成果。当前，反腐败斗争压倒性态势已经形成。同时，要清醒认识党风廉政建设和反腐败斗争形势依然严峻复杂，在强化"不敢腐"氛围的同时，更加注重标本兼治，深化源头治理，推进改革创新，积极构建不敢腐、不能腐、不想腐的体制机制，不断压缩腐败的生存空间和滋生土壤。

坚持标本兼治，铸牢理想信念，深入推进全面从严治党。习近平总书记强调："要坚持治标不松劲，不断以治标促进治本。"②2016 年 1 月 1 日起实施的《中国共产党纪律处分条例》围绕党纪戒尺要求，开列负面清单，划出了党组织和党员不可触碰的底线；同年 7 月 8 日实

---

① 王晓旭：《反腐倡廉要始终贯穿标本兼治》，《伊春日报》2011 年 9 月 13 日。
② 中国行为法学会廉政行为研究会：《从严治党与廉政之道》，人民出版社 2017 年版，第 137 页。

施的《中国共产党问责条例》，突出管党治党政治责任，强化党内问责；党的十八届六中全会审议通过的《关于新形势下党内政治生活的若干准则》和《中国共产党党内监督条例》，为完善党内政治生态、强化党内监督提供了基本遵循。2016 年 1 月 1 日起实施的《中国共产党廉洁自律准则》强调自律，为全体党员和党员领导干部树立了一个看得见、够得着的高标准。通过这些条例和准则，教育党员干部不断强化"四个意识"，坚定"四个自信"，强化社会主义核心价值观的引领，继承和发扬党的优良传统和作风，弘扬中华民族传统美德，做到正己修身，切实解决好世界观、人生观、价值观这个"总开关"问题，坚定共产主义远大理想的信仰、中国特色社会主义共同理想的信念，坚守全心全意为人民服务的根本宗旨，永葆共产党人的政治本色，从思想源头上消除贪腐之念。加强正面引导和反面警示，用榜样的力量激励人、引导人，使党员干部见贤思齐；剖析好运用好反面典型，使党员干部见不贤而内自省，真触动、真警醒，铸牢共产党人应有的理想信念。

第四节　集中性教育与经常性教育互为补充

集中性教育与经常性教育是中国共产党进行党员教育的两种常用方式。集中性教育是指在党员教育中根据形势任务对党的建设的新要求或者针对党内存在的突出问题，在全党范围内集中开展的马克思主义教育和实践活动，其具有阶段性、时效性的特点。对党员进行集中性教育的次数和时间都相对来说是有限的。集中性教育往往引导着党性教育宏观发展的方向，开展集中性教育，一方面是为了用中央精神统一全党的思想，另一方面是为了解决党员队伍和党组织中存在的现实突出问题，进而推动影响本地区本部门本单位改革发展稳定和涉及群众切身利益的实际问题的解决，以适应改革、发展和稳定的现实需要。经常性教育主要指以党支部为基本单位，以"三会一课"、组织生活会、民主评议党员等党的组织生活为基本形式，以落实党员教育管理为基本依托，针对党员的不同情况作出经常性学习教育的安排，真正将党员学习教育抓在日常、严在平时，让党章党规和党中央精神入脑入心，体现在每个党员的实际行动上，促进集中性教育中所阐释的思想精神对党员群体产生潜移默化的影响和作用。经常性教育处于相对稳定的状态，具有长期性、系统性的特点，起到了巩固和加强集中性教育效果的长远作用。

因此，经常性教育是集中性教育基本经验和成效的延续和发展，集中性教育是对经常性教育的集中强调和强化。二者相互衔接、互为补充和有机结合，就使得党员日常教育有张有弛，富有节奏感，波浪式前进。坚持经常性教育与适当的集中性教育相结合，促进党员教育的正规化、制度化、系统化，可以着重解决党员思想上入党的问题，将牢固树立共产主义远大理想同努力实现党在社会主义初级阶段的目标有机统一起来，让全体党员始终保持全心全意为人民服务的基本宗旨，自觉增强党性观念，发挥先锋模范作用，按照党章党规用好权，执好政。通过经常性教育与集中性教育的有机统一建立起党员教育的长效性机制，将党员的思想教育活动培养成一种习惯，将党的为人民服务的宗旨培养成每一个党员的自觉意识，从而达到全面从严治党的真正目的。

一、集中性教育是全面从严治党的应急手段

党的集中性教育活动是全面从严治党的应急手段，它是党的经常性教育的继续和深化，是加强党的自身建设的有效方式和优良传统。通过集中性教育，使得广大党员思想政治素质得到新的提高，普遍受到深刻的理想信念教育和党性锻炼，党员先锋模范作用将得到进一步发挥，能够使得共产党员永葆先进性。因此，集中性教育是经常性教育过程中的一个关节点，是量变过程中的质变。每一次集中性教育既是对以往经验和做法的继承，也有与时俱进的创新和发展，并将掀起经常性教育的一个高潮。①

每当革命、建设、改革的关键时刻，中国共产党都要适时开展不同形式的集中性教育活动，以便于统一全党思想，增强党的凝聚力和战斗力，更好地推进中国特色社会主义事业。历史地看，中国共产党的集中性教育活动大致经历了三个阶段：②

第一阶段，中华人民共和国成立前党的集中性教育活动。这是党的集中性教育活动的起始阶段。这一时期主要有两次影响深远的教育活动。一是 1941 年至 1945 年的延安整风运动。毛泽东同志在《整顿

---

① 顾继虎：《经常性教育与集中性教育》，《组织人事报》2006 年 4 月 27 日。
② 民政部直属机关党委：《开展集中性教育实践活动的历史经验与加强改进之思考》，《中国民政》2013 年第 12 期。

党的作风》一文中指出，反对主观主义整顿学风、反对宗派主义整顿党风、反对党八股整顿文风。运动的目的是摆脱教条主义的思想束缚，打破对共产国际的盲目迷信，推动马克思主义中国化，使党在思想上、政治上、组织上更加巩固、更加团结统一。[①]二是1947年至1948年的"三查""三整"运动，即根据当时部分党的地方组织特别是农村组织暴露的思想、作风和组织不纯的问题，在解放区开展的以查阶级、查思想、查作风和整顿组织、整顿思想、整顿作风为主要内容的整顿活动，整个活动与土地改革同时进行。通过整顿，农村基层党组织在思想上、政治上和组织上都有了很大进步，为争取土改和战争胜利提供了重要政治思想保证。

第二阶段，1949年后至改革开放前党的集中性教育活动。这是党的集中性教育实践活动的发展阶段，其中也遭遇过挫折。这一时期，主要有四次运动。一是1950年整风运动。1950年5月，中共中央发出《关于在全党全军开展整风运动的指示》，主要是解决新党员中的思想不纯问题，克服老党员中的因胜利而产生的骄傲自满情绪及强迫命令作风。二是1951年至1954年的整党运动。1951年中央在第一次全国组织工作会议上，决定对全国党的基层组织进行一次普遍整顿，对全体党员进行一次社会主义、共产主义前途教育，主要形式是以延安整风为模板，开展批评与自我批评的方法，分期分批地进行思想整顿、组织整顿和党员审查，此次活动有效保持了党组织的纯洁性。三是1957年的整风运动。主要是为了克服一些干部中日益滋长

[①]　万纪耀：《党内集中教育的历史回顾和现实启示》，《山西社会主义学院学报》2013年第3期。

的主观主义、宗派主义、官僚主义作风，围绕如何正确处理人民内部矛盾，采取了开门整风的方式。但运动主题逐渐由正确处理人民内部矛盾转变为"反对右倾机会主义"运动，使党和国家的民主生活遭受严重破坏。四是 1963 年至 1965 年的社会主义教育运动，在部分农村和少数城市基层单位开展。主要是结合整党重点整治所谓"党内走资本主义的当权派"，导致"左"倾错误的扩大化。此外，"文化大革命"期间的 1969 年至 1971 年，还开展了一次以思想上整顿和组织上"吐故纳新"为主要内容的整党建党运动，由于指导思想和路线方针的错误，没有取得预期成果。

第三阶段，改革开放后党的集中性教育活动。这是党的集中性教育活动的成熟推进阶段。这一时期，先后完成了十次左右的集中性教育实践活动，分别是 1983 年至 1987 年的整党活动，1992 年的学习邓小平同志南方谈话活动，1996 年至 2000 年的"三讲"教育活动，2000 年年底至 2002 年的全国农村"三个代表"重要思想学习教育活动，2005 年至 2006 年的保持共产党员先进性教育活动，2008 年下半年至 2010 年年初的学习实践科学发展观活动，2010 年至 2012 年的创先争优活动。党的十八大以来的群众路线教育实践活动、"三严三实"专题教育和"两学一做"学习教育，以及从 2019 年 6 月开始，在全党自上而下分两批开展"不忘初心、牢记使命"主题教育。总的来说，这一时期的集中性教育实践活动，不管是在学习内容还是在学习方式方法上，都彰显我们党建党思想的日益成熟。①

---

① 民政部直属机关党委：《开展集中性教育实践活动的历史经验与加强改进之思考》，《中国民政》2013 年第 12 期。

通过上述三个阶段的集中性教育实践活动分析，可以发现改革开放前党的历次集中性教育实践活动与改革开放后的历次活动在作用和特点等方面，都有较大不同。改革开放前的历次活动，立足当时历史条件，着眼于巩固新生的人民民主政权、解决党执政后面临的一系列问题，在统一思想、整顿组织、改进作风、查处问题等方面起到了积极作用。但同时，这一阶段党的集中性教育实践活动也留下了宝贵的经验教训。因为通过政治运动解决党内突出问题的方式容易使民主法治遭到破坏，造成打击面扩大化的严重后果。党的十一届三中全会以后，我们党果断停止了通过政治运动达到教育目的的做法，改为开展"集中性教育实践活动"。从"运动"到"活动"，是党的集中性教育实践历史上的一大变革，更是一大进步。改革开放以后，党的历次集中性教育实践活动强化"两个服务"，即为推进理论武装和理论创新服务，为实现党的中心工作服务。"活动"中都采用马克思主义中国化最新理论成果武装全党、教育干部，广泛开展理想信念教育，将广大人民群众团结在中国特色社会主义理论旗帜之下，搞好党性教育，推进全面从严治党向纵深发展。

新常态下为了推进全面从严治党，需要加强和改进集中性教育实践活动。将党内实际和时代要求紧密结合，增强集中性教育实践活动的时代性。着眼于指导实践、推动工作、提高党员素质和执政能力，在强化思想教育的同时，更加注重思想教育成果与实践成果的有机统一。增强集中性教育实践活动的针对性，着眼于解决群众反映强烈的重点问题、密切党群关系，把活动目标定位在取得实效和建设群众满意工程上。把普遍要求和分类指导结合起来，既要对各级党组织和广大党员提出共性要求，又要根据不同层次、不同行业党组织和党员特点，对教育实践活动提出具体要求。不断创新集中性教育实践活动的内容和方法，拓展新的实践平台，完善各项教育制度。① 在教育中将解决问题与制度建设相结合，不仅注重集中性教育实践活动的实效，而且强调活动成果的总结和经验转化应用，探索巩固、扩大教育成果的长效机制。在全党开展集中性教育实践活动，使得马克思主义中国化的最新成果转化为全党的力量源泉，广泛提高了党员干部的党性修养，有效改善党群、干群关系，从而增强全党的创造力、凝聚力和战斗力，巩固党执政的合法性基础。②

二、经常性教育是全面从严治党的常态化措施

通过经常性教育加强党的思想政治建设，是中国共产党的优良传统，是全面从严治党的常态化措施。毛泽东同志曾经指出："掌握思想教育，是团结全党进行伟大政治斗争的中心环节。如果这个任务不解决，党的一切政治任务是不能完成的。"③ 经常性教育是集中性教育的深化发展，党的思想教育实践表明，集中性教育作用显而易见，但不可能解决所有的问题。即使存在的突出问题解决了，也还会出现新的问题，因此，必须依靠经常性教育来深化和巩固集中性教育的效

① 万纪耀：《党内集中教育的历史回顾和现实启示》，《山西社会主义学院学报》2013 年第 3 期。
② 民政部直属机关党委：《开展集中性教育实践活动的历史经验与加强改进之思考》，《中国民政》2013 年第 12 期。
③ 高建生：《"两学一做"是党内经常性教育的重大创新》，《前进》2016 年第 6 期。

果，并把着力点放在经常性教育上。经常性教育的形式多样，方法灵活，效果也往往是潜移默化的。各级党组织需要以集中性教育破解经常性教育中的难题，以经常性教育深化集中性教育的成果，通过建章立制把教育活动实践中形成的好经验、好做法固定下来，坚持下去，积极探索党员教育管理的长效机制，把党建实践中取得的成效、创造的经验转化为经常性活动，使集中性教育的成果通过经常性教育得到固化。①

中国共产党成立伊始，就把对党员的经常性教育作为党的建设的基本要求。中共一大党纲规定："超过十人的应设财务委员、组织委员和宣传委员各一人。"其中的"组织委员和宣传委员"就担负着党员的教育工作。1923 年党的三届一中全会通过了《教育宣传问题决议案》，要求通过"政治讨论""原理讲演""劳动生活讨论"等形式，用"健全的唯物主义宇宙观和社会观及集体主义人生观"武装党员。党的四大在关于"宣传工作之议决案"中，提出"宣传马克思列宁主义和各国党之布尔什维克化"的教育，"更值得我们特别注意，应使之成为党教育工作的理论根据"，还针对"党中政治教育做得极少，在党报上我们几乎很难找到教育党员关于党的政策的讨论文字"的问题，要求加强党内教育。② 党的六大通过的党章则明确对党支部的教育任务作出规定，并把"征收和教育新党员，散布党的出版物，在党员及无党工农中进行文化和政治教育的工作"作为基本任务。在此之后，加强党内经常性教育就成为党代会历次通过或修改后的党章对党

---

① 顾继虎：《经常性教育与集中性教育》，《组织人事报》2006 年 4 月 27 日。
② 高建生：《"两学一做"是党内经常性教育的重大创新》，《前进》2016 年第 6 期。

的基层组织确定的基本工作职能。而在革命实践中，中国共产党也一直把党内经常性教育作为党的建设的重要内容。1928 年，毛泽东同志在《井冈山的斗争》中提出了用无产阶级的思想领导广大党员的重要思想。1929 年在古田会议上，毛泽东同志提出了"教育党员使党员的思想和党内的生活都政治化、科学化"的方法，强调要通过开展党内批评、进行党的正确路线教育等方式加强党内经常性教育。到了1938 年的六届六中全会，毛泽东同志号召"来一个全党的学习竞赛"，推动全党范围内马克思主义理论教育的开展，并把党员干部教育放在全部干部教育工作的首位。1942 年 2 月，中共中央在《关于在职干部教育的决定》中指出："干部教育工作，在全部教育工作中的比重，应该是第一位的。而在职干部教育工作，在全部干部教育工作中的比重，又应该是第一位的。"关于党内经常性教育的这些认识及其实践，正如毛泽东同志在党的七大《论联合政府》报告中所指出，是党的建设工作的核心内容，是中国共产党带领人民夺取革命胜利的"利器"。中华人民共和国成立后党中央对加强经常性教育有了更为深入的认识。随着《毛泽东选集》各卷的出版，全党掀起了学习毛泽东同志著作的热潮，刘少奇在《党在宣传战线上的任务》中提出，要在全党加强思想政治教育，"如果埋头到这些实际工作中去，不加强政治学习，不加强马列主义理论学习，那就有危险性，就会脱离政治，脱离基本理论，使非无产阶级的思想发展起来"①。在全党经常性教育普遍加强的同时，1951 年中央发布了《关于加强理论教育的决定（草案）》，

① 秦华：《深化党内教育：让每个党员不忘初心继续前进》，人民网 – 中国共产党新闻网 2016 年 10 月 23 日，见 http://cpc.people.com.cn/n1/2016/1023/c164113-28800047.html。

指出，"党正面临着建设新中国的复杂任务，全党有系统地学习理论，比较过去任何时候都有更好的条件，也更加迫切需要"，要求全党通过学习政治常识、理论常识和马克思主义经典著作加强党性教育。为了规范经常性教育，党中央发布了一系列指示、决定和规定，同时对教育的目标、内容、方法和考核等方面作了详细规定，还建立了由高级党校、中级党校、初级党校、城市夜党校和新党员训练班构成的党校教育体系，初步建立和形成党内经常性教育的体制机制。总之，经常性教育在中华人民共和国成立以后已经成为执政党建设的一项基础性、日常性工作，它不仅提高了党员干部队伍的思想文化素质和领导水平，也使党实现从革命党到执政党的转变。

改革开放以来，党内经常性教育得到更为突出的重视。邓小平同志清醒地意识到，对党员干部的教育要贯穿改革开放始终，全党都要"重新学习"，而"根本的是学习马列主义、毛泽东思想"。他告诫全党，"中国出问题，还是出在共产党内部"，所以要把干部教育好，这是最重要的问题。邓小平同志的这些认识，在江泽民、胡锦涛、习近平等党的领导同志和中央领导集体那里得到不断地强调和发展，党中央据此先后在全党进行整党整风、"三讲"教育、"三个代表"重要思想学习教育、保持共产党员先进性教育、学习实践科学发展观、党的群众路线教育实践活动、"三严三实"专题教育和"两学一做"学习教育的基础上，对加强党内经常性教育进行了持续性的部署与安排。在党的十二大党章和以后历次党代会修改的党章中，都突出地把党内经常性教育作为党组织基本的工作职责，把党内经常性教育作为学习、贯彻党章的根本性要求。与此同时，中央先后出台了《关于加强和改进党委（党组）中心组学习的意见》《中共中央关于加强和改进党的作风建设的决定》《关于建立健全地方党委、部门党组（党委）抓基层党建工作责任制的意见》《关于做好党员联系和服务群众工作的意见》《关于加强和改进流动党员管理工作的意见》《中央组织部、中央宣传部关于在党的基层组织和党员中深入开展创先争优活动的意见》等制度性规定，对加强党内经常性教育提出了明确的要求，党内经常性教育获得了制度性保障。尤其是2006年中央印发了《关于加强党员经常性教育的意见》，更加突出了经常性教育在党建工作中的地位，明确了党内经常性教育的总体要求、主要目标、工作原则、基本内容、方法途径和保障措施，为构建党内经常性教育的长效机制提供了制度保障，同时也从一个侧面表明，党内经常性教育已经成为党成功领导改革发展不断取得重大成就的重要条件和基础。①

经常性教育是党内教育经常化、制度化的必然要求与体现，也是全面从严治党的常态化措施。推进党内经常性教育是执政党加强自身建设和巩固执政地位的重要环节。纵观我们党领导革命、建设和改革的实践，越是在党的事业发展的重大历史关头，越要重视党对全体党员的教育。而在忽视或偏离经常性教育的时候，就会导致党的事业的挫折或损失。共产党员不是生活在真空里，平常思想政治教育稍有松懈就会带来严重后果。马克思早就指出，无产阶级革命"不能从过去，而只能从未来汲取自己的诗情。它在破除一切对过去的事物的迷信以

---

① 高建生：《"两学一做"是党内经常性教育的重大创新》，《前进》2016年第6期。

前，是不能开始实现自身的任务的"①。2014年8月20日，在纪念邓小平同志诞辰110周年座谈会上，习近平总书记告诫全党："在前进道路上，我们将进行许多具有新的历史特点的伟大斗争。"② 伟大斗争是由伟大事业决定的，越是伟大的事业，往往越是充满艰难险阻，越是需要进行艰苦卓绝的斗争。伟大斗争是由伟大目标决定的。建设富强民主文明和谐的社会主义现代化国家，实现中华民族伟大复兴，是鸦片战争以来中国人民最伟大的梦想，是中华民族的最高利益和根本利益。今天"我们比历史上任何时期都更接近实现中华民族伟大复兴的目标，比历史上任何时期都更有信心、更有能力实现这个目标"③。同时要看到，越接近目标，面临的风险就越大，遇到的问题就越复杂，斗争的尖锐性就越强。这一切都要求全党加强经常性教育，以发展着的马克思主义理论教育武装全党，运用批评与自我批评的武器开展积极的党内思想斗争，在教育提高党员党性修养的过程中解决党员队伍在思想、组织、作风、纪律等方面存在的突出问题。④ 着眼于对实际问题的思考，着眼于新的实践需要，进行党内经常性教育，面对的是全体党员。但必须认识到，"教者，效也，上为之，下效之"。发挥好领导干部这个"关键少数"的示范带头作用，对学习教育的成效具有巨大的影响。各级领导干部这个"关键少数"要带头坚定理想信

---

① 辛向阳：《把握"具有许多新的历史特点的伟大斗争"的深刻含义》，《红旗文稿》2015年第7期。

② 习近平：《在纪念邓小平同志诞辰110周年座谈会上的讲话》，人民出版社2014年版，第17页。

③ 《习近平谈治国理政》，外文出版社2014年版，第167页。

④ 高建生：《"两学一做"是党内经常性教育的重大创新》，《前进》2016年第6期。

念、带头严守政治纪律和政治规矩、带头攻坚克难敢于担当、带头落实全面从严治党责任，在上行下效、整体联动的实践中保证经常性教育取得实效。

三、实现集中性教育与经常性教育有效衔接

坚持集中性教育与经常性教育相结合是中国共产党开展思想建设的一贯原则与方针。党的建设是党的事业发展的永恒主题，是一项庞大的系统工程，不能毕其功于一役，需要实现集中性教育与经常性教育的有效衔接。中国特色社会主义是一项长期而艰巨的历史任务，必须准备进行具有许多新的历史特点的伟大斗争。要旗帜鲜明地用马克思主义基本理论与方法教育全党，用党的路线方针政策及基本原则规范全党，引导全党坚定正确的政治方向。做好现实工作必须树立远大理想，克服现实困难必须进行伟大创造，解决现实问题必须推进伟大工程，全面从严治党这项伟大工程需要实现集中性教育与经常性教育的有效衔接。

集中性教育与经常性教育相结合，就要抓住党员关心、关注的热点、难点与焦点问题，从最敏感、与党员联系最密切的问题入手，运用正确的理论、观点、方法加强教育引导，及时纠正党员思想上存在的错误认识。十八大以来的党内教育正在稳步推进，在群众路线教育实践活动和"三严三实"专题教育之后，又继续部署"两学一做"学习教育和"不忘初心、牢记使命"主题教育，用以习近平新时代中国特色社会主义思想武装全党，有力、有序、有效地推动党内教育由

集中性教育向经常性教育延伸。"两学一做"学习教育和"不忘初心、牢记使命"主题教育的部署，体现了党中央持续推进党的思想建设的政治定力和全面从严治党的坚定决心，充分彰显了从中央到基层，从"关键少数"到全体党员环环相扣、步步深入的宏伟方略；更充分彰显了我们党对共产党执政规律把握得越来越深刻、越来越从容淡定。"两学一做"学习教育和"不忘初心、牢记使命"主题教育作为探索党内集中性教育与经常性教育有效衔接的实践载体，将党的群众路线教育实践活动和"三严三实"专题教育等集中性教育的有益探索"延伸"和"拓展"到经常性教育之中，既充实和巩固了集中性教育的成果，又拓展和延伸了经常性教育的范围，对未来开展集中性教育奠定了坚实的思想基础，从而实现了党的集中性教育和经常性教育的有效衔接、良性循环。

处理好集中性教育与经常性教育的关系，应克服两种倾向：一是片面强调和夸大集中性教育的作用，完全依赖于集中性教育，平时很少或者根本就不抓思想教育，对党员的想法、意见与反映漠不关心，更不及时研究与解决，等问题集聚就会影响党员的情绪、阻碍工作的正常开展，才想起进行集中性教育。这种重视集中性教育而漠视经常性教育的做法，没有明确的长远目标，必然导致党员思想反复无常，最终严重影响和干扰了党的思想建设的深入有效开展。二是片面强调和夸大经常性教育，认为经常性教育可以随时随地对党员进行教育，随时随地解决党员思想上、认识上存在的问题，没有必要再进行集中性教育，尤其要杜绝那种认为进行集中性教育就是搞政治运动的思维。因此，应当辩证地看待和把握集中性教育与经常性教育的关系，集中性教育是经常性教育新的起点，经常性教育是集中性教育的不断深化。党的思想建设实践表明，集中性教育作用显而易见，但不可能解决所有的问题；即使存在的突出问题解决了，也会出现新的问题，必须靠经常性教育来深化集中性教育的效果，并把着力点放在经常性教育上。①

第五节　依规治党与以德治党紧密结合

2016 年 10 月召开的中国共产党十八届六中全会将全面从严治党作为鲜明主题，提出要"坚持依规治党和以德治党相统一"，"既要注重规范惩戒、严明纪律底线，更要引导人向善向上，发挥理想信念和道德情操引领作用"，开启了全面从严治党的新征程。紧接着在中共中央政治局第三十七次集体学习时，习近平总书记再次强调，要坚持"法律是准绳，任何时候都必须遵循；道德是基石，任何时候都不可忽视"②，"要运用法治手段解决道德领域突出问题"③。在党的十九大报告中习近平总书记进一步强调，要尊崇党章，严格执行新形势下党内政治生活若干准则，增强党内政治生活的政治性、时代性、原则性、战斗性，自觉抵制商品交换原则对党内生活的侵蚀，营造风清气正的良好政治生态。同时，强化道德对法治的支撑作用，把道德要求贯彻到法治建设中。

---

① 顾继虎：《保持共产党员先进性必须坚持经常性和集中性教育相结合》，《上海党史与党建》2006 年第 6 期。
② 《习近平谈治国理政》第二卷，外文出版社 2017 年版，第 133 页。
③ 《习近平谈治国理政》第二卷，外文出版社 2017 年版，第 134 页。

深刻领会贯彻习近平总书记重要讲话精神,从严治党就要发挥信念引领、道德感召、纪律约束等多重作用,让真理力量、道德力量、制度力量同向发力、同时用力,确保全面从严治党不断向纵深推进。[①]

坚持依规治党与以德治党的紧密结合。依规治党是全面从严治党的"硬"路径。所依之"规",主要是指党内法规及规范性文件的统称,用以规范党内关系、党内生活以及党员行为。"规"的外化形式主要是党的纪律和党的规矩,党章是最根本的党内法规,是管党治党的总规矩。以党章为核心的规范体系是党员行动的"硬约束"。依规治党要求各级党组织切实担当和落实好全面从严治党的主体责任,坚持党纪面前一律平等;以德治党是全面从严治党的"软"路径,这里的"德"主要指坚定共产主义理想和中国特色社会主义信念,强化为人民服务的宗旨观念,发扬党的优良传统和作风,弘扬中华民族传统美德。以德治党核心是加强党员干部的思想道德建设,补足共产党人的"精神之钙",提升党员干部的思想道德觉悟,增强党员行为的自律意识。共产党员需要树立崇高的理想信念,坚持党性修养,以德为先,充分发挥党员的主体地位和道德感召力,保持党与人民群众的血肉联系。因此,全面推进从严治党向纵深发展,需要"坚持依规治党和以德治党相统一,坚持高标准和守底线相结合,把从严治党实践成果转化为道德规范和纪律要求"[②],才能真正做到治党的"全面"与"从严"。

---

① 杜家毫:《坚持依规治党与以德治党相结合 推动全面从严治党向纵深发展》,《中国纪检监察》2017 年第 1 期。

② 习近平:《在第十八届中央纪律检查委员会第六次全体会议上的讲话》,人民出版社2016 年版,第 3 页。

一、依规治党注重规范惩戒

党的十八大以来，以习近平同志为核心的党中央总结建党治党历史经验，创新管党治党理论，坚持法治与德治相统一，把党的建设推向更高水平、更新境界。习近平总书记指出："我们深入研究探索，汲取全党智慧，坚持依规治党和以德治党相统一，坚持高标准和守底线相结合，把从严治党实践成果转化为道德规范和纪律要求。"① 治国必先治党，治党务必从严，从严必有法度。所谓依规治党，就是依照党内法规管党治党。中国共产党作为执政党，担负着治国理政的艰巨任务，其治国理政的行为，不仅要严格遵守宪法与法律，还要运用党内法规对各级党组织和党员的行为进行规范和约束。因此，依规治党是推进全面从严治党的根本性环节，也是中国共产党依法执政的体现与延伸，更是全面从严治党的实践探索与理论创新，体现的是运用法治思维和法治方式来管党治党。②

依规治党已成为共产党人加强自身建设的传统与习惯。马克思、恩格斯在革命实践中，始终重视无产阶级政党的政治规矩（尤其是政治纲领）建设，在《共产党宣言》1872 年德文版序言中，马克思、恩格斯将《共产党宣言》视为"一个准备公布的详细的理论和实践的党纲"，它是"一个历史文件，我们已没有权利来加以修改"③。这

---

① 习近平：《在第十八届中央纪律检查委员会第六次全体会议上的讲话》，人民出版社 2016 年版，第 2—3 页。

② 杨德山：《坚持依规治党与以德治党相结合》，《中国特色社会主义研究》2016 年第 4 期。

③ 《马克思恩格斯选集》第 1 卷，人民出版社 2012 年版，第 377 页。

意味着《共产党宣言》对无产阶级及其政党来说，就是总的政治纲领，不可改变。与此同时，恩格斯还强调："一般说来，一个政党的正式纲领没有它的实际行动那样重要。但是，一个新的纲领毕竟总是一面公开树立起来的旗帜，而外界就根据它来判断这个党。"①恩格斯认为，如果德国工人运动死抱住这些纲领的条文不放，"分裂是一定会发生的……分裂以后，我们将被削弱，而拉萨尔派将会增强，我们的党将丧失它的政治纯洁性"②。马克思、恩格斯对《哥达纲领》的批判，体现了对无产阶级运动政治纲领、政治路线的高度重视，遵守党的政治纲领，就是严守党的基本政治规矩。马克思、恩格斯不仅阐释了政治纲领，还确立了无产阶级政党必须遵守的基本规范和纪律。在《国际工人协会共同章程》中，马克思明确了"没有无义务的权利，也没有无权利的义务"，并制定了无产阶级运动的 13 条章程。这些都是科学社会主义运动史上依规治党的原初体现。列宁继承和发展了马克思、恩格斯的思想，在领导俄国社会主义建设的实践中，列宁十分重视依规治党和以德治党的结合，从而打造一个真正的"革命家组织"。十月革命胜利后不久，面对布尔什维克党从革命党向执政党的转变，列宁就开始思考党纲的修改。在 1918 年 3 月党的七大上，列宁就改变党的名称和党的纲领作了专题报告，认为党纲修改必须符合客观事实的原则。1919 年俄共八大通过的新党纲指出："党纲应当包括绝对不可反驳的和确凿无疑的东西。只有这样

---

① 《马克思恩格斯选集》第 3 卷，人民出版社 2012 年版，第 350 页。
② 《马克思恩格斯选集》第 3 卷，人民出版社 2012 年版，第 350 页。

的党纲才是马克思主义的党纲。"① 苏维埃政权建立后，俄共不仅在经济上面临着多重困境，在政治上也面临着多重危险，其中就包括党内滋生的"拖拉作风、贪污受贿、官僚主义"等腐化现象。对此，列宁十分强调法规的重要性："必须雷厉风行地立即提出一项法令草案，规定对行贿受贿者（受贿、行贿、为行贿受贿拉线搭桥或有诸如此类行为者）应判处不少于 10 年的徒刑，外加强迫劳动 10 年。"② 在他看来，"假使我们拒绝用法令指明道路，那我们就会是社会主义的叛徒"③。在列宁的建议下，苏俄出台了《关于惩办受贿的法令》《关于消灭拖拉现象》等法令和法律。毛泽东同志早在 1938 年 10 月提出党内法规这一概念④，他在讲到党的纪律时说："为使党内关系走上正轨，除了上述四项最重要的纪律外，还须制定一种较详细的党内法规，以统一各级领导机关的行动。"⑤ 此后，历届党和国家领导人都重视依规治党的重要性。邓小平同志在改革开放之初就指出："有理想，有纪律，这两件事我们务必时刻牢记在心。"做到依规治党和以德治党两手抓、两手硬，我们一定能将全面从严治党引向深入，永葆党的战斗力、凝聚力和创造力。⑥ 他进一步强调："制度好可以使坏人无法任意横行，制度不好可以使好人无法充分做好事，甚至会

---

① 《列宁全集》第 36 卷，人民出版社 1985 年版，第 139—140 页。

② 《列宁全集》第 48 卷，人民出版社 1987 年版，第 138 页。

③ 《列宁全集》第 36 卷，人民出版社 1985 年版，第 188 页。

④ 《毛泽东选集》第一卷，人民出版社 1964 年版，第 494 页。

⑤ 周叶中：《关于中国共产党党内法规建设的思考》，《法学论坛》2011 年第 4 期。

⑥ 《坚持依规治党与以德治党相结合——三论把党纪党规的笼子扎得更紧》，《人民日报》2015 年 10 月 24 日。

走向反面。"① 习近平总书记也强调："铲除不良作风和腐败现象滋生蔓延的土壤，根本上要靠法规制度。"②《中国共产党党内法规制定条例》第二条规定："党内法规是党的中央组织以及中央纪律检查委员会、中央各部门和省、自治区、直辖市党委制定的规范党组织的工作、活动和党员行为的党内规章制度的总称。"③ 党的十八届四中全会更是将"形成完善的党内法规体系"与"加强党内法规制度建设"作为全面推进依法治国的重要内容，并确定"完善的党内法规体系"为中国特色社会主义法治体系的五大子体系之一。由此可见，依规治党已成为中国共产党推进全面从严治党的必然选择，是法治思维在党的治理方式上的体现。④

依规治党的"规"源于党内制度法规体系，它主要包括成文性质的宪法与法律、党内法规，以及不成文性质的政治规矩等。第一，以宪法为根本法的国家法律。宪法的核心功能是限制公权力，保护私权利。中国共产党作为执政党和公权力的拥有者必须依宪执政。同时，我国的法律体现的是全体人民的意志和利益，所有公民都应自觉遵守宪法和法律的规定。中国共产党和其他任何一个党派、社会组织、社会团体一样，所进行的任何活动都必须遵守国家的宪法和法律，不能在法外建党或治党，不能以党代法，更不能把治党凌驾于宪法和法律（其

---

① 《邓小平文选》第二卷，人民出版社 1994 年版，第 333 页。

② 中共中央纪律检查委员会、中共中央文献研究室编：《习近平关于严明党的纪律和规矩论述摘编》，中央文献出版社、中国方正出版社 2016 年版，第 61 页。

③ 《十七大以来重要文献选编》下，中央文献出版社 2013 年版，第 960 页。

④ 谢仁海、吴家驹：《论全面从严治党视野下的依规治党与以德治党》，《党建研究》2017 年第 4 期。

中也包括党内法规）之上。党员、干部更应成为守法的典范，没有超越宪法与法律的特权。更为重要的是，党内法律的制定与实施，不能与宪法相抵触，也不能突破法律的禁止性规定。第二，以党章为核心的党内法规。目前党内法规体系涵盖了党章、准则、条例、规则、规定、办法、细则这七个类别。其中，党章是党的总章程，是党内的"宪法"，是党内法规体系的核心和建设的根本依据，其他任何党内法规及党内规范性文件的制定与执行都不得与之相抵触。因此，以党章为核心的党内法规理应成为依规治党的制度渊源。第三，党的政治规矩。习近平总书记指出："国家法律是党员、干部必须遵守的规矩。党在长期实践中形成的优良传统和工作惯例也是重要的党内规矩。纪律是成文的规矩，一些未明文列入纪律的规矩是不成文的纪律；纪律是刚性的规矩，一些未明文列入纪律的规矩是自我约束的纪律。"① 其中，"政治纪律是各级党组织和全体党员在政治方向、政治立场、政治言论、政治行为方面必须遵守的规矩，是维护党的团结统一的根本保证"②。虽然党的政治规矩在实践中并非同法律法规和党内法规一样以成文的形式表现，但其约束力挺于国家法律和党内法规之前。例如，坚决拥护党的领导，与党中央保持高度的一致就是党的一条根本的政治规矩，也是我们党永葆生机和执政地位的保证，全体党员、干部必须坚决执行和遵守。因此，党的政治规矩也应纳入依规治党的渊源范畴。③

① 习近平：《深化改革巩固成果积极拓展　不断把反腐败斗争引向深入》，《人民日报》2015 年 1 月 14 日。

② 《十八大以来重要文献选编》上，中央文献出版社 2014 年版，第 132 页。

③ 谢仁海、吴家驹：《论全面从严治党视野下的依规治党与以德治党》，《党建研究》2017 年第 4 期。

扎紧依规治党的"制度笼子"。没有规矩，不成方圆。我们党作为一个大党、老党和执政党，没有一套完善的党内法规制度，就不可能把全面从严治党的方针落到实处。习近平总书记反复强调，要建立健全相关制度，用制度管权管事管人。要突出重点，重在有效管用，全方位扎紧制度笼子。① 制度问题更带有根本性、全局性、稳定性和长期性。全面从严治党必须建立健全相应的规章制度，当前特别要在完善理论学习、思想交流、人才培养、用人管权、民主决策、反腐倡廉等制度建构方面下功夫，并探索其运行和持续发展的长效机制。2015 年 2 月 2 日，习近平总书记在省部级主要领导干部学习贯彻十八届四中全会精神全面推进依法治国专题研讨班开班式上强调："权力是一把双刃剑，在法治轨道上行使可以造福人民，在法律之外行使则必然祸害国家和人民。把权力关进制度的笼子里，就是要依法设定权力、规范权力、制约权力、监督权力。"② 英国近代思想家阿克顿有句名言："权力导致腐败，绝对权力导致绝对腐败。"法国思想家孟德斯鸠在《论法的精神》中进一步指出："任何有权力的人，都易滥用权力，这是万古不易的一条经验。有权力的人们使用权力一直到遇有边界的地方为止。"习近平总书记的论断和两位先哲圣贤的观点都说明，权力一旦"任性"，必然肆意横行，导致腐败。要想把权力关进制度的笼子里，这笼子首先得结实。其次，要想把权力关进笼子里，笼子除了结实之外，空子还不能太大，牛栏是关不住猫的。习近平总书记 2013 年在河北调研指

① 傅思明：《把党的纪律和规矩立起来严起来》，《学习月刊》2016 年第 3 期。
② 《习近平谈治国理政》第二卷，外文出版社 2017 年版，第 128—129 页。

导党的群众路线教育实践活动时的讲话中曾指出："要把笼子扎紧一点，牛栏关猫是关不住的，空隙太大，猫可以来去自如。"[①] 在党的十九大报告中习近平总书记更是强调，重点强化政治纪律和组织纪律，带动廉洁纪律、群众纪律、工作纪律、生活纪律严起来。抓早抓小、防微杜渐。加强纪律教育，强化纪律执行，让党员、干部知敬畏、存戒惧、守底线，习惯在受监督和约束的环境中工作生活。把权力关进制度的笼子里，关键在于一个"关"字。因为很多时候，权力是不会自己跑进笼子里去的，就算关进去，也会想方设法地跑出来。所以，笼子修得再结实、再缜密，如果没能把权力关进去或者关不住的话，那还是等于零。编织党规党纪的制度笼子，通过纪律规矩制约和监督党组织特别是党员领导干部手中的权力，党规党纪笼子要把权力收入其中、看严管住，就要按照于法周延、于事有效原则，保证各项规章制度系统完备、衔接配套，防止因挂一漏万留下制度漏洞；把笼子扎牢编严，防止出现牛栏关猫、来去自如现象。要把权力关进制度的笼子，就要不断加强对权力的制约，通过建立"不敢腐的惩戒机制"和"不能腐的防范机制"，让规范用权者畅通无阻，让滥用权力者不仅寸步难行，更有丢官坐牢的危险，唯有如此，权力才不敢"任性"、不能"任性"。此外，还要通过深化行政审批制度改革，实施简政放权，不断压缩权力膨胀的空间，从根本上消除权力"任性"的空间。

[①] 中共中央纪律检查委员会、中共中央文献研究室编：《习近平关于党风廉政建设和反腐败斗争论述摘编》，中央文献出版社、中国方正出版社 2015 年版，第 125 页。

二、以德治党强调道德引领

所谓以德治党，就是充分发挥道德的教化、感化力量，用道德激励和引导全党，使得全体党员与各级党组织自觉遵规、带头守规，达到管党治党的目的。以德治党的"德"，包括三个层面：一是共产主义的道德追求；二是中国特色社会主义的道德规范；三是中国传统优良的道德要求。共产主义道德是共产党人的崇高精神追求，是方向，是目标；中国特色社会主义道德规范是前者与现实生活结合的产物；中国传统优良道德要求既是前两者的土壤滋养，又使它们的内容得以丰富，还提供了实现途径的借鉴。① 在现实生活中，党中央要求党员干部经常"照镜子"，随时"正衣冠"，有灰尘就要"洗洗澡"，出毛病就要"治治病"②，就是对以上三个层面内容的具体践行与细化落实。

以德治党也是马克思主义政党的一贯主张，马克思、恩格斯不仅仅注重党纲党纪在工人运动中的作用，还非常重视精神力量、政治道德的作用。马克思曾指出："统治阶级的思想在每一时代都是占统治地位的思想。这就是说，一个阶级是社会上占统治地位的物质力量，同时也是社会上占统治地位的精神力量。"③ 在《法兰西内战》中，马克思对巴黎公社实践进行了高度肯定和赞扬。在谈到巴黎公社的政治文化建设时，马克思指出："公社在铲除了常备军和警察这两支

---

① 杨德山：《坚持依规治党与以德治党相结合》，《中国特色社会主义研究》2016 年第 4 期。

② 习近平：《在党的群众路线教育实践活动总结大会上的讲话》，人民出版社 2014 年版，第 17 页。

③ 《马克思恩格斯选集》第 1 卷，人民出版社 2012 年版，第 178 页。

旧政府手中的物质力量以后，便急切地着手摧毁作为压迫工具的精神力量，即'僧侣势力'……一切教育机构对人民免费开放，完全不受教会和国家的干涉。这样，不但人人都能受教育，而且科学也摆脱了阶级偏见和政府权力的桎梏。"①马克思这些思想就涵盖了无产阶级政党在取得政权后，在执政实践中也应当成为精神生产的引领者。无产阶级政党只有确立正确的政治纲领、政治纪律，并以正确的思想来指引，才能成为"最坚决的、始终起推动作用的"政治力量。同样，列宁也注重思想理论建设，重视加强对党员干部的政治教育。列宁曾指出："苏维埃的法律是很好的，因为它使每一个人都有可能同官僚主义和拖拉作风作斗争"，但"不仅农民不会利用，就连相当多的共产党员也不会利用苏维埃的法律去同拖拉作风和官僚主义作斗争"，"是什么东西妨碍我们同这种现象作斗争呢？是我们的法律吗？""恰恰相反！法律制定得够多了！"②这种"不会"和"妨碍"的根源就在于文化素养不够。在列宁看来，治理党内腐败，"必须达到一定的文化水平"③，"拖拉作风和贪污受贿行为是任何军事胜利和政治改造都无法治好的毛病。说实在的，这种毛病靠军事胜利和政治改造是治不好的，只有用提高文化的办法才能治好。这项任务就落在政治教育委员会的肩上了。"④因此，列宁指出俄共面临"三大敌人"，其中一个就是"文盲"："我们不仅需要消灭文盲，消灭靠文盲

---

① 《马克思恩格斯选集》第3卷，人民出版社2012年版，第99页。

② 《列宁全集》第42卷，人民出版社1987年版，第196—197页。

③ 《列宁全集》第42卷，人民出版社1987年版，第200页。

④ 《列宁全集》第42卷，人民出版社1987年版，第197—198页。

这块土壤滋养的贪污受贿行为。"①从列宁的系列讲话中可以看出，加强执政党建设既需要制度、纪律的约束，又离不开文化教育。②列宁指出作为一种意识形态现象，道德永远是服从"阶级斗争的利益"的，共产主义道德就是要"把劳动者团结起来反对一切剥削，反对一切小私有制"③。周恩来曾经对共产主义道德做过精辟的概括，即"憎爱分明""言行一致""公而忘私""奋不顾身"④。在革命时期，毛泽东同志提出"为人民服务"的根本宗旨，成为中国共产党的实践信条和道德根基。他认为："共产党是为民族、为人民谋利益的政党，它本身决无私利可图。"⑤刘少奇在《论共产党员的修养》中阐述了以德治党的思想，为广大党员干部的道德修养确立了重要依据。改革开放以来，邓小平同志强调党内法规制度建设："国要有国法，党要有党规党法。党章是最根本的党规党法。"⑥他多次告诫党要时刻牢记理想和纪律这两件事："有了共同的理想，也就有了铁的纪律。无论过去、现在和将来，这都是我们的真正优势。"⑦如今尽管形势和任务发生了深刻变化，但中国共产党一直要求共产党员坚守共产主义道德情操，做社会主义精神文明建设的楷模，《中国共产党章程》要求党员"坚持党和人民的利益高于一切，个人利益服从党和人民的利益，

---

① 《列宁全集》第 42 卷，人民出版社 1987 年版，第 201 页。

② 田旭明：《善规与善德的统一：依规治党与以德治党互动互促的多维论析》，《理论导刊》2017 年第 3 期。

③ 《列宁全集》第 39 卷，人民出版社 1986 年版，第 305 页。

④ 《周恩来选集》下，人民出版社 1997 年版，第 417 页。

⑤ 《毛泽东选集》第三卷，人民出版社 1991 年版，第 809 页。

⑥ 《邓小平文选》第二卷，人民出版社 1994 年版，第 147 页。

⑦ 《邓小平文选》第三卷，人民出版社 1993 年版，第 144 页。

吃苦在前、享受在后、克己奉公、多做贡献"，"提倡共产主义道德，为了保护国家和人民的利益，在一切困难和危险的时刻挺身而出，英勇斗争，不怕牺牲"①。

马克思主义认为共产主义是全人类解放的事业，但其实践都是从各个民族国家开始的。因此，各民族国家在共产主义事业中必须尊重本民族的文化传统和优良道德。中国共产党特别重视传统优良道德文化在中国特色社会主义道德建设中，乃至党员道德建设中的重要地位。习近平总书记反复强调，理想信念就是共产党人精神上的"钙"；反复叮嘱，切实解决好世界观、人生观、价值观这个"总开关"问题。例如，在"三严三实"专题教育中强调的"修身""律己"就是借鉴了儒家道德建设的表述，《中国共产党廉洁自律准则》强调"努力弘扬中华民族传统美德"，等等。② 国无德不兴，人无德不立。中国传统文化历来强调崇德重礼，周公提出"明德慎罚"。孔子主张把德治放在第一位，"德主刑辅"思想长期主导我国社会治理。中华文明之所以成为世界上唯一历经五千多年而绵延不绝的古老文明，一个重要的原因是文化的力量已深深熔铸在中华民族的血脉中。中华民族历来强调德法相依、德治礼序，管党治党同样要激发信仰的力量，中国共产党成立伊始就高度重视以德治党，以共同的理想信念激励党员、团结队伍，凝聚起巨大的力量。要求全党以高尚的道德情操和实际行动示范公众、影响社会。在长期的革命建设实践中，形成了全心全意为人民服务的根本宗旨以及克己奉公、吃苦在前、享受在后等优良文化，

---

① 《中国共产党章程》，《人民日报》2012 年 11 月 19 日。

② 杨德山：《坚持依规治党与以德治党相结合》，《中国特色社会主义研究》2016 年第 4 期。

使我们党始终保持了强大的凝聚力和号召力。以德治党是对这种文化的自觉继承，反映出我们党对长期形成的政治文化的高度自豪、坚定自信，也是我们党始终保持生机活力、实现长期执政的强大力量源泉和根本文化保证。① 坚持以德治党就是用善德美行重塑党员干部的思想观念，实现对党员干部思想道德的软规范，只有用依规治党建立起"不敢腐"和"不能腐"的惩戒和防范机制，用以德治党构筑"不想腐"的道德防线，"以德修身、以德立威、以德服众"，才能真正把权力关进制度的笼子里，从根本上铲除滋生腐败的土壤，营造风清气正的政治生态。②

在党的十八届中央纪委第六次全会上，习近平总书记指出，全面从严治党，要"坚持依规治党和以德治党相统一"③，"既要注重规范惩戒、严明纪律底线，更要引导人向善向上，发挥理想信念和道德情操引领作用"④。依规治党与以德治党相结合，体现了治标与治本兼顾、自律和他律互补，既是对我国传统政治智慧的继承和创新，也是对管党治党理论的丰富和发展。需要发挥信念引领、道德感召、纪律约束多重作用，让真理力量、道德力量、制度力量同向发力、同时用力，确保全面从严治党不断向纵深发展。

---

① 杜家毫：《坚持依规治党与以德治党相结合推动全面从严治党向纵深发展》，《中国纪检监察》2017 年第 1 期。

② 魏晓文、魏梓桐：《习近平全面从严治党思想的理论创新》，《理论探讨》2016 年第 6 期。

③ 习近平：《在第十八届中央纪律检查委员会第六次全体会议上的讲话》，人民出版社2016 年版，第 3 页。

④ 习近平：《在第十八届中央纪律检查委员会第六次全体会议上的讲话》，人民出版社2016 年版，第 21 页。

三、依规治党与以德治党相得益彰

在全面从严治党实践中，党规党纪和道德约束犹如车之两轮、鸟之双翼，相辅相成、相得益彰。一方面，要加强纪律建设。没有规矩，德亦难行。道德规范的确立，不完全取决于人性自觉，也需要法规的引导和维护，制度永远比人性本身更值得信赖。全面从严治党最终还是要以制度法规为基础，以纪律规范为保障。把纪律规矩立起来、严起来，为党员干部和各级党组织划出不可触碰的底线、红线，使纪律真正成为带电的高压线，充分发挥党规党纪的约束力。另一方面，要坚持以德为先，立根固本。没有道德，规不成规。党规党纪再健全、体系再完备，最终还要靠人来维护执行。德法相依方能有所作为，弘扬中华民族优秀传统文化和党的优良传统和作风，充分发挥道德的教化引领和提升作用。需要依规治党和以德治党的结合，通过加强他律引导自律，让党员干部心存敬畏、坚守底线，进而养成美德，形成管党治党的新格局。依规治党通过刚性条款规范党组织和党员行为，强化外在刚性约束；以德治党引导党员干部自觉向善向上，强化内在觉悟，两者一刚一柔、一内一外，是新时期管党治党的战略理念，彰显出中国共产党解决自身监督问题的信心和定力，必将推动全面从严治党不断向纵深发展。

依规治党与以德治党体现出的是制度和精神之间的相互关系，制度和精神是相互促进、相互制约、相互转化的。西方新制度经济学家道格拉斯·C.诺思指出，正式约束（制度等）和非正式约束（道德等）只存在程度上的差异。"正式规则能够补充和强化非正式约束的有效性……同时，正式制度也可能修改、修正或替代非正式约束……而其成败，则取决于非正式约束。"① 制度的生成、演变、运行，其背后都有着深刻的精神底蕴，精神的规范性和约束性又不可避免地体现出制度文化色彩。制度文化所蕴含、依托的精神文化要素不仅使制度文化获得了"润滑剂"，还保证了制度文化发展的价值取向。精神文化借助制度文化的强制、刚性作用来保障其价值目标的实现。按照这种逻辑和思维，我们在强调依规治党的同时，不能忽略以德治党。法律法规和思想道德虽然都具有约束理念，在行为所指、目标追求、价值导向层面具有某种一致性，但在价值排列中思想道德往往比法律法规具有优先性。②

科学完善的党内法规制度体系可为以德治党提供有效载体和根本依据，而文化深厚的德治思想可为依规治党提供价值支撑与道德引领。正如习近平总书记所强调："全面从严治党，必然要求依规治党与以德治党紧密结合。"③ 在全面从严治党的新形势下，正确把握依规治党与以德治党的内在关系，是积极推进全面从严治党的理论创新和实践探索的必然要求。④

首先，依规治党与以德治党相结合，是践行党的性质与宗旨的内

---

① [美] 道格拉斯·C. 诺思：《制度、制度变迁与经济绩效》，杭行译，上海三联书店2008年版，第64—65页。

② 田旭明：《善规与善德的统一：依规治党与以德治党互动互促的多维论析》，《理论导刊》2017年第3期。

③ 中共中央纪律检查委员会、中共中央文献研究室编：《习近平关于严明党的纪律和规矩论述摘编》，中央文献出版社、方正出版社2016年版，第65页。

④ 谢仁海、吴家驹：《论全面从严治党视野下的依规治党与以德治党》，《党建研究》2017年第4期。

在要求。中国共产党是执政党，是全国各族人民利益的忠实代表，党的宗旨是全心全意为人民服务，其目的是要让党更好地为人民服务。与此同时，通过坚定全党的理想信念、强化宗旨意识、弘扬优良传统，其工作的落脚点和出发点也是为了广大人民群众的根本利益。理想的滑坡是最致命的滑坡，信念的动摇是最危险的动摇。习近平总书记指出："思想教育要突出重点，加强党性和道德教育，引导党员、干部坚定理想信念，坚守共产党人精神追求。"① 全面从严治党，必须固本培元、立根塑魂，把理想信念宗旨立起来、挺在前，以向善向上的思想自觉引领遵规守矩的行为自觉。因此，无论是依规治党还是以德治党，其价值取向均建立于党的性质与宗旨之上，以共产主义理想信仰为引领、以中国特色社会主义道德体系为基础、以推进全面从严治党为目标，共同体现着党的性质与宗旨的基本内涵与要求。

其次，依规治党与以德治党相结合，是永葆党旺盛生命力的前提和基础。中国共产党作为领导党与执政党，肩负着中华民族伟大复兴的神圣历史使命。中国共产党人本身是马克思主义道德观的化身和引领者。早在延安时期，毛泽东同志在论述党员的道德问题时，就要求每个共产党员都要做一个有道德的人，并把坚定正确的政治方向，为党和人民永久奋斗，作为共产党人的一条道德要求。② 改革开放后，邓小平同志在论述"四有新人"时强调指出："教育全国人民做

---

① 习近平：《在党的群众路线教育实践活动总结大会上的讲话》，人民出版社 2014 年版，第 17 页。

② 李锡炎：《全面从严治党的新视野：依规治党与以德治党相结合》，《长白学刊》2016 年第 1 期。

到有理想、有道德、有文化、有纪律。这四条里面，理想和纪律特别重要。"①党的十八大以来，习近平总书记特别重视："坚持思想建党和制度治党紧密结合。从严治党靠教育，也靠制度，二者一柔一刚，要同向发力、同时发力。"②因此，只有实现依规治党与以德治党相互融合、相互依存，才能使得党内法规内化于道德，使得道德元素嵌入党规体系，最终使党的肌体充满生机活力。

最后，依规治党与以德治党相结合，是推进全面从严治党向纵深发展的内在需求。党的十八届三中全会提出全面深化改革的总目标是完善和发展中国特色社会主义制度，推进国家治理体系和治理能力现代化。中国共产党作为执政党，是推进国家治理体系和治理能力现代化的领导者、执行者和践行者，其自身治理能力的高低直接关乎国家治理体系的成败。全面从严治党既要以党内法规制度约束全党的外在行为，又要以思想道德净化党员的内心境界，做到内外兼修、相得益彰。正如习近平总书记所强调："铲除不良作风和腐败现象滋生蔓延的土壤，根本上要靠法规制度。"③同时他又指出："从思想道德抓起具有基础性作用，思想纯洁是马克思主义政党保持纯洁性的根本，道德高尚是领导干部做到清正廉洁的基础。"④在从严治党的实践中，需要及时将党的道德规范、优良传统和工作惯例逐步转化为明确的党纪党规，把"坚定共产主义理想和中国特色社会主义信念""坚持全

---

① 《邓小平文选》第三卷，人民出版社 1993 年版，第 110 页。

② 习近平：《在党的群众路线教育实践活动总结大会上的讲话》，人民出版社 2014 年版，第 16 页。

③ 《习近平关于全面从严治党论述摘编》，中央文献出版社 2016 年版，第 187 页。

④ 人民日报社评论部编著：《"四个全面"学习读本》，人民出版社 2015 年版，第 270 页。

心全意为人民服务""坚守共产党人精神追求"等进一步细化，使其体现在成文的纪律规范中，将认同度高、操作性强的道德要求上升为党的纪律规范，通过构建党纪体系实现依规治党和以德治党的有机结合。中共中央颁布实施的《中国共产党廉洁自律准则》和《中国共产党纪律处分条例》就是新时期依规治党与以德治党相结合的生动体现。前者重在立德，强调正面倡导；后者重在立规，强调行为约束，形成"制度他律"与"道德自律"的协同态势，才能真正制约和监督权力，形成不敢腐的惩戒机制、不能腐的防范机制、不易腐的保障机制、不想腐的心理机制，从而有效防治党内腐败，提升全面从严治党的实效。①

第六节　党内监督与国家监察同频共振

中国共产党十八届三中全会提出全面深化改革的总目标是完善和发展中国特色社会主义制度，推进国家治理体系和治理能力现代化。其中腐败治理是国家治理的基础和前提，腐败行为是公共管理活动中的权力滥用，只有有效遏制腐败行为才能保障国家治理的有效性。因此，党内监督与国家监察同频共振是实现腐败治理的两个基本点，需要两个体系共同发力、无缝对接。但目前我国反腐败力量过于分散，且多头管理，难以形成有效合力。各级纪检监察机关、审计机关、国

---

① 田旭明：《善规与善德的统一：依规治党与以德治党互动互促的多维论析》，《理论导刊》2017年第3期。

家预防腐败局、各级检察机关职务犯罪侦查部门和预防职务犯罪部门，或隶属于行政机关，或隶属于司法机关，力量过于分散。同时这些机构或部门之间也存在职能重叠、边界不清的问题，难以形成有效的反腐合力。要实现腐败治理体系与治理能力的现代化，需要国家监察与党内监督相辅相成，共同发力，才能保证国家机器依法履职、秉公用权。有利于以制度化的方式科学分解人大、政府、司法及其他公共权力机构的反腐职责，推进国家腐败治理体系制度化、科学化、规范化，才能将中国特色社会主义的制度优势转化为推进国家治理体系和治理能力现代化的整体效能。[①]

中国共产党在长期执政条件下，为了不断提升自我净化、自我修复能力，需要不断完善监督制度，不断扎紧织密管党治党的制度笼子，做好监督体系的顶层设计，不仅要加强党的自我监督，还要实现与国家监察的融合，做到"党内监督无死角、国家监察全覆盖"。2016年12月25日，十二届全国人大常委会第二十五次会议表决通过了《关于在北京市、山西省、浙江省开展国家监察体制改革试点工作的决定》，标志着健全国家监察体制的改革拉开序幕。[②]通过这种顶层设计，实现对行使公权力的公职人员监察全覆盖，有利于建立集中统一、权威高效的监察体系，构建不敢腐、不能腐、不想腐的长效机制。党的十九大上党中央提出健全党和国家监督体系，构建党统一指挥、全面覆盖、权威高效的监督体系，把党内监督同国家机关监督、民主监

---

① 吴建雄：《论国家监察体制改革的价值基础与制度构建》，《中共中央党校学报》2017年第2期。

② 任进：《推动全面从严治党向纵深发展有哪些重要遵循》，《理论导报》2017年第1期。

督、司法监督、群众监督、舆论监督贯通起来，增强监督合力。

一、党内监督无死角

所谓党内监督，是指党内监督主体依据《中国共产党章程》《中国共产党党内监督条例》及其他党规党纪在党组织内对全体党员进行监督规范，监督的重点是党的领导机关和领导干部特别是主要领导干部。2003 年印发的《中国共产党党内监督条例（试行）》规定，党的各级纪律检查委员会是党内监督的专门机关。党的十八届六中全会审议通过的《条例》将"专门"改成了"专责"，突出纪委的政治责任和使命担当，反映了实践的发展和认识的深化，体现了权力与责任的统一。加强党内监督，不仅是纪律检查机关的权力，更是必须担负的责任。只有履行好这个"专责"，各级纪委才能真正成为党章党规党纪的维护者，党的路线方针政策的捍卫者，党风廉政建设和反腐败斗争的推进者。与此同时，全面从严治党，关键在"严"。作为全面从严治党的重要抓手，强化党内监督的关键在"严"。坚持"严"字当头，突出政治纪律和政治规矩，严格执纪问责，确保党章党规党纪在全党得到有效执行，坚决维护党中央的权威和集中统一领导。十八届三中全会通过的《中共中央关于全面深化改革若干重大问题的决定》指出："落实党风廉政建设责任制，党委负主体责任，纪委负监督责任。"将纪委与党委在管党治党中的责任进行了明确分工，为纪委聚焦主业主责提供了依据，使纪委从原来的"包打天下"回归到专事党内监督的"责任田"。这些要求，进一步厘清了党委、纪委在管党治党上职责分

工，明确了纪委专事党内监督的地位和作用，指明了纪委履职尽责的
方向。①

习近平总书记强调："'打铁还需自身硬'是我们党的庄严承诺，
全面从严治党是我们立下的军令状。"②马克思主义政党富有自我革新
的政治智慧和政治勇气，一贯注重自我监督。习近平总书记曾经指
出，外部监督是必要的，但从根本上讲，还在于强化自身监督。我们
要总结经验教训，创新管理制度，切实强化党内监督。历史表明，什
么时候加强了党内监督，党的生存和发展就有了坚实基础和有力保
证。我们党的执政地位，决定了必须把党内监督作为最基本的监督，
始终排在党和国家各种监督形式的第一位，保持政治定力，坚持党内
监督永远在路上。③同时，加强党内监督也是我党的传统优势，早在
成立之初，就把党内监督写入了《中国共产党纲领》。在革命、建设、
改革的每个时期，都重视党内监督，为保持党的肌体健康、保证党的
事业发展起了不可替代的作用。党的十八大以来，党内监督尤为加
强，制度"笼子"越扎越紧。与此同时，加强党内监督是进行伟大斗
争、建设伟大工程和实现伟大复兴的现实需要。习近平总书记一直强
调，坚持和发展中国特色社会主义是一项长期而艰巨的历史任务，必
须准备进行具有许多新的历史特点的伟大斗争。在庆祝建党 95 周年
大会上，习近平总书记再次强调，要"不断把党的建设新的伟大工程

---

① 曹广成：《明确职责定位强化党内监督推动全面从严治党向纵深发展》，《新长征》
2017 年第 4 期。

② 《习近平谈治国理政》第二卷，外文出版社 2017 年版，第 161 页。

③ 陈宝生：《强化党内监督为全面从严治党提供重要保障》，《中国纪检监察》2016 年第
11 期。

推向前进"①。而在此进程中，将长期面临"四大考验"和"四种危险"，必须时刻准备应对重大挑战、抵御重大风险、克服重大阻力、解决重大矛盾。强化党内监督，我们党才能赢得战略主动，团结带领人民实现目标和梦想，始终立于不败之地。② 一段时间以来，由于党内监督的弱化，监督机制不完善。比如，党内监督无法覆盖执行公务的非党员；党内监督在查处涉嫌职务犯罪时往往需要与检察机关联合办案，这不免造成党内监督与检察监督不分、检察监督缺乏独立性的诟病；从《立法法》来说，实现"双规"依据的《中国共产党党内监督条例》也不免受到缺乏法律依据的指责，如此等等。③ 这些党内监督问题需要完善各项措施来补短板、强监督。

党的十八届六中全会明确了党内监督的主要内容，对党内监督体系作出科学的顶层设计。各级党组织和全体党员特别是领导干部要敢于担当，以高度的政治责任感和使命感抓好贯彻落实。④ 必须坚持民主集中制原则，做到党内监督无死角。监督是权力正确运行的根本保证，是加强和规范党内政治生活的重要举措。民主集中制作为我们党的根本组织制度和领导制度，本身就包含着加强党内监督的要求。各级党组织要坚持集体领导制度，实行集体领导和个人分工负责相结

---

① 习近平：《在庆祝中国共产党成立 95 周年大会上的讲话》，人民出版社 2016 年版，第 22 页。

② 陈宝生：《强化党内监督为全面从严治党提供重要保障》，《中国纪检监察》2016 年第 11 期。

③ 王柱国：《监察委员会的法理分析——兼论符合国情的监察制度之建立》，《北京联合大学学报（人文社会科学版）》2017 年第 2 期。

④ 陈宝生：《强化党内监督为全面从严治党提供重要保障》，《中国纪检监察》2016 年第 11 期。

合，党组织主要负责同志必须发扬民主、善于集中、敢于担责，领导班子成员要有大局意识和全局观念，坚决执行党组织决定。要畅通监督渠道，强化自上而下的组织监督，改进自下而上的民主监督，发挥同级相互监督作用。党的各级组织和领导干部必须在宪法法律范围内活动，决不能以言代法、以权压法、徇私枉法。必须加强对领导干部的监督，党内不允许有不受制约的权力，也不允许有不受监督的特殊党员。要面向全体，只要是党的组织、党员和党的干部，都要自觉接受监督，相关党组织和领导干部都有责任去实施监督。同时，加强党内监督，必须聚焦党的领导机关和领导干部特别是主要领导干部这个"关键少数"。打铁必须自身硬，各级领导干部需要树立和增强自律意识、标杆意识，自觉接受监督，做到位高不擅权、权重不谋私、尽责不含糊，推动党内监督不断取得实效。哪里有党的事业，哪里就要有党的领导，就要有党的组织和党员，党内监督就要落实到哪里，确保无盲区、无死角。[①]"监督全覆盖"成为 2016 年全面从严治党的关键词，这一年，中央巡视全覆盖任务完成 90%，派驻机构实现全覆盖，国家监察体制改革试点进入实施阶段，党内监督无死角、国家监察全覆盖的反腐败体系正在逐步建立。

二、国家监察全覆盖

国家监察全覆盖需要进行监察体制的全面改革，习近平总书记在

[①]　陈宝生：《强化党内监督为全面从严治党提供重要保障》，《中国纪检监察》2016 年第 11 期。

十八届中央纪委六次全会上指出："要做好监督体系顶层设计，既加强党的自我监督，又加强对国家机器的监督。"① 在党的十九大上党中央明确深化政治巡视，坚持发现问题、形成震慑不动摇，建立巡视巡察上下联动的监督网。深化国家监察体制改革，将试点工作在全国推开，组建国家、省、市、县监察委员会，同党的纪律检查机关合署办公，实现对所有行使公权力的公职人员监察全覆盖。制定国家监察法，依法赋予监察委员会职责权限和调查手段。国家监察是指有关国家机关依法对立法、司法和行政活动是否合法进行的监督，它主要包括人大的监督、司法机关的监督、行政机关内部的监督等。中央决定整合反腐败力量，设立国家监察委员会，实现对所有行使公权力的公职人员监察全覆盖。党的纪律检查机关和监察机关合署办公，构建集中统一、权威高效的监察体系。

国家监察体制改革是全面依法治国的需要。党的十八大之后，党中央提出了"四个全面"战略布局，其中全面推进依法治国的目标是建设中国特色社会主义法治体系，建设社会主义法治国家，形成完善的党内法规体系。依法依规管党治党是依法治国的重要前提和政治保障。邓小平同志曾经指出："没有党规党法，国法就很难保障。"② 全面推进依法治国，既要求党依据宪法和法律治国理政，也要求党依据党内法规管党治党。③ 国家监察委员会的成立有利于形成高效权威的国

---

① 习近平：《在第十八届中央纪律检查委员会第六次全体会议上的讲话》，人民出版社2016年版，第23页。

② 《邓小平文选》第二卷，人民出版社1994年版，第147页。

③ 马怀德：《国家监察体制改革的重要意义和主要任务》，《国家行政学院学报》2016年第6期。

家监察体系，用一套完备的、成熟的、定型的制度来治国理政，体现了党中央全面从严治党、全面依法治国的决心和能力。[①]

国家监察体制改革是完善监督体系顶层设计的需要。强化党内监督的同时，对国家机器的监督也提上议事日程。党内监督是永葆党的肌体健康的有力武器，党内监督近年来不断加强，已经实现了监督全覆盖，覆盖了所有的国家机关、社会团体及企事业单位的党员，但没能够覆盖到政府以外的机构和人员，由此便形成了"一条腿长一条腿短"的尴尬局面。[②] 同时，在国家监督方面存在许多不足的地方，国家监督的主体虽然很多，包括人大、法院、检察机关、各类行政机关等。但是，它们的监督（监察）也存在诸多疏漏。人大监督主要偏重于对重大的或政治性的事件的监督以及法律法规的审查，无法对公职人员的日常履职进行监督；检察机关的监督，主要是针对国家机关及其工作人员的职务监督，其针对的是涉及犯罪的职务行为，对于违纪和不构成犯罪的违法行为不能介入，而违纪和一般违法往往是犯罪的线索；其他机关和组织在查处职务违法时发现涉嫌犯罪，应移送检察机关，但是实际上，并没有有效的手段确保移送。另外，我国监察范围也存在盲区，如我国行政监察机构是隶属于国务院序列的部门，主要监察对象是行政系统的公务员，这一机构去监督立法、司法等机关及其人员就会出现体制机制性问题。同时在层级上也存在盲区。如隶属于国务院的监察机构去监察国务院、中央一级的官员会比较困难，

---

① 马怀德：《让党内监督和国家监督与时俱进》，《紫光阁》2017 年第 2 期。
② 马怀德：《国家监察体制改革的重要意义和主要任务》，《国家行政学院学报》2016 年第 6 期。

如此等等。总之，表面上看各种监督相互配合，但是由于利益关系、对法律理解的不同以及其他原因，监督有时候不免各行其是，由于监督主体的多元导致了监督缺乏统一性和有效性。因此，必须进一步完善监督制度，做好监督体系的顶层设计，才能达到既加强党的自我监督，又加强对国家机器监督的全覆盖目的。

国家监察体制改革是科学配置权力的需要。习近平总书记曾经强调要"科学配置权力"，"形成科学的权力结构"①，中国共产党要想长期执政，必须通过政治体制改革，形成科学的权力结构。改革权力结构，就是要把权力分成决策权、执行权、监督权，让其相互制衡又相互协调。马克思、恩格斯、列宁和毛泽东同志都有分权的思想与实践，党的八大确定了中央领导体制的基本架构，分设中央委员会（主决策）、中央书记处（主执行）、中央监察委员会（主监督），就是党内分权的尝试。邓小平同志在改革开放实践中也认识到党内分权的必要性和重要性，他认为对于党内监督来说，最重要的是要有专门的机构进行铁面无私的监督检查，强调要有相对独立的监督权。只有科学分解、合理配置党内权力，党内民主才有存在的空间，党员的主体地位才有可能真正实现。习近平总书记深刻指出，腐败的本质是权力出轨、越轨，许多腐败问题源于权力配置不科学。王岐山同志在《人民日报》撰文指出，绝对的权力导致绝对的腐败，不受监督的权力是极其危险的，这是一条铁律。无数监督案例告诉我们，几乎没有一个党政主要领导的腐败问题是由同级纪委监督检举揭发出来的，再锋利的

---

① 《习近平谈治国理政》，外文出版社 2014 年版，第 395 页。

刀刃，也砍不了自己的刀把，这是我国目前实行同体监督不力的根本原因。监察体制改革能否成功，取决于能否将同体监督的"行政监察"彻底转变为异体监督的"监察行政"直至"国家监察"，能否完成对所有行使公权力的公职人员的全覆盖，尤其是对各级党委书记监督的全覆盖。监察体制改革既是加强反腐败机构建设，也是国家机关权力分解的体现，还是分权理论与实践的具体运用。真正在政治领域摒弃苏联模式的影响，重构我们的政治生态，形成科学、高效的权力结构，建立合理廉洁的权力运行模式。

三、党内监督与国家监察统筹协调

深化国家监察体制改革，实现党内监督与国家监察统筹协调，就是要构建集中统一、权威高效的国家监察体系，实现对所有行使公权力的公职人员监察全覆盖，赋予监察机关相应职责，整合所有监督力量，成立监察委员会，与纪委合署办公，加强党对国家监察工作的统一领导。党内监督不能代替更不能取代国家监督，实现党内监督、权力监督、行政监督、司法监督的有效衔接，达到全方位监督的立体效果。党内监督与国家监察统筹协调是全面从严治党向纵深推进的重大制度创新，有利于推进国家治理体系和治理能力现代化，增强人民群众对党的信心和信任度，厚植党执政的合法性基础，更好地体现党的领导、人民当家作主和依法治国的有机统一，具有十分重要的理论价值和现实战略意义。

协调党的监察机构与国家监察机构同步运行，也是列宁的重要思想。尽管列宁一贯坚持党政分开，但在监督体系方面他建议把中央监察委员会与改组后的工农检查院的主干部分结合运行，以提高监督的效率与质量。列宁在《怎样改组工农检查院》一文中说："主张将工农检查院人数精简到300—400人，并且让中央监察委员会派一些中央监察委员到工农检查院工作。"[1] 列宁认为改组工农检查院可以提高工农检查院的地位及工作效率，同时密切机关工作人员与群众之间的关系。此外，列宁还非常重视监督效果，要求"我们应该不断地使自己不仅善于作出正确的决议，而且还善于检查和要求把已开始的事情进行到底"[2]。列宁也主张加强和改进社会监督，认为社会监督不仅属于党外监督，而且是国家权力之外的监督，是真正意义上的异体监督，这相对于党内的自上而下的巡视制度监督、同级的纪律监督来说，具有更积极的意义。他指出，"广大群众自觉地行使国家监督权是社会主义国家的力量源泉之一"[3]。同时列宁针对日益严重的官僚主义，他从新的高度提出了进一步强化人民监督主体作用的问题，提出要到"我国专政根基最深的地方去发掘新的力量"，即到工人和农民中去发掘新的力量来充实监督队伍。因此，只有保证了广大人民、社会舆论对党和政府进行监督的民主权利，才能真正发挥异体监督的功能。[4]

实现党内监督与国家监察统筹协调，建立与权力运行相配套的监

---

[1] 项响：《探索——中国共产党纪律监督论》，中共中央党校出版社 2009 年版，第 13 页。

[2] 《列宁选集》第 4 卷，人民出版社 1995 年版，第 782—783 页。

[3] 龚廷泰：《论列宁关于权力监督的理论与实践》，《江海学刊》2005 年第 3 期。

[4] 尧楚楚：《列宁晚年加强执政党监督思想及其启示》，《福州党校学报》2011 年第 6 期。

督制度。党的十八届六中全会提出国家监察体系建设的总体目标是实现党内监督和国家监察的相互配套，目的就是通过强化人民的监督权利，以防止权力代表者（人民公仆和权力主人）背离人民群众。十九大上党中央明确构建党统一指挥、全面覆盖、权威高效的监督体系，把党内监督同国家机关监督、民主监督、司法监督、群众监督、舆论监督贯通起来，增强监督合力。基于上述原理，国家监察委员会设置的根本目的就是整合党内监督和国家监察的功能，既加强党的自身监督建设，同时也加强对国家机器的整体性监督，通过健全监督程序、强化程序监督，建立健全规范、缜密的权力运行程序，从而保证社会权力运行置于广大党员和人民群众的严密督促、检查和约束之下。监察委员会、党的纪律检查委员会合署办公，符合法律授权行使国家监察权。中国共产党是"中国特色社会主义事业的领导核心"，"党的领导主要是政治、思想和组织的领导"，"党的领导权属于政党的政治权威，党对国家政权的领导属于政治领导，而国家政权行使国家权力是一种强制服的力量，以对全体社会成员的普遍管辖和强制服从为实现标志"。政治领导通过把党的意志变成国家意志来支配国家政权。①在中国特色社会主义权力监督体系中，由人民监督权力蕴含在党内监督、民主监督、法律监督、舆论监督等不同职能监督途径中，从而形成了相互协调、完整严密的监督网络。目前担任公职的党员兼有两种身份：党员和公职人员，那么是由一个机构来统一监督呢？还是党纪监督和国法监督由不同的机构行使呢？在建立监察委员会之前，我

<hr>

① 吴建雄、李春阳：《健全国家监察组织架构研究》，《湘潭大学学报》（哲学社会科学版）2017 年第 1 期。

国采取的是后一种模式，即分散监察模式。但是，这种人为分割监察权的分散模式存在两种弊端：一是成本过大，二是两种独立监察主体往往沟通不畅、认识存在差异，由此导致无法有效监察职务的违法犯罪。所以，有必要整合监察力量，统一监察主体。目前的改革思路就是在区分党纪国法的情形下构建统一监察力量。① 如果这一机制成为常态，那么监察能力必然得到加强，遏制职务犯罪、反贪腐能力会提升到一个新的水平。因此，监察委员会的监察更具实效，也更有权威。② 其中党内监督始终处于这个网络的核心和枢纽地位，与其他监督方式"在要素、结构、功能等方面具有交叉性、相容性、互补性和转换性，发挥其他监督的补充作用"③。建立集中统一的国家监督权之后，国家监察权与党纪监督权、人大监督权、政府行政权、检察司法权之间的法律关系出现新的调整和优化。习近平总书记指出："强化党内监督是为了保证党立党为公、执政为民，强化国家监察是为了保证国家机器依法履职、秉公用权，强化群众监督是为了保证权力来自人民、服务人民。要把党内监督同国家监察、群众监督结合起来，同法律监督、民主监督、审计监督、司法监督、舆论监督等协调起来，形成监督合力，推进国家治理体系和治理能力现代化。"④ 通过

---

① 钱昊平：《广东佛山 30 名纪律检查委员会干部建议监察与反贪合署办公》，《新京报》 2010 年 7 月 13 日。

② 王柱国：《监察委员会的法理分析——兼论符合国情的监察制度之建立》，《北京联合大学学报（人文社会科学版）》2017 年第 2 期。

③ 李景田：《新时期中国共产党党内监督机制问题研究》，中国方正出版社 2004 年版，第 222 页。

④ 习近平：《在十八届中央纪律检查委员会第六次全体会议上的讲话》，人民出版社 2016 年版，第 24 页。

建立科学合理的权力运行监督机制，确保权力运行主体权能和组织机构、运行程序的有效整合。国家监察委员会的设置能够有效整合党内和党外监督资源，构建完善的以党的纪检和国家监察为主导，以相关执法、司法机关为配合的反腐倡廉新格局，实现监督效率和效果的最大化。因此，深化国家监察体制改革，实现党内监督与国家监察统筹协调，有利于完善党和国家的自我监督，不断增强自我净化、自我完善、自我革新、自我提高能力，有利于全面从严治党向纵深推进。

参考文献

一、重要参考文献

《马克思恩格斯选集》第1—4卷，人民出版社1995年版。

《列宁全集》第7卷，人民出版社1986年版。

《列宁全集》第36卷，人民出版社1985年版。

《列宁全集》第39卷，人民出版社1986年版。

《列宁全集》第42卷，人民出版社1987年版。

《列宁全集》第48卷，人民出版社1987年版。

《列宁选集》第1卷，人民出版社1995年版。

《毛泽东选集》第1—4卷，人民出版社1991年版。

《毛泽东文集》第2卷，人民出版社1993年版。

《毛泽东文集》第7卷，人民出版社1999年版。

《邓小平文选》第1—3卷，人民出版社1993、1994年版。

《中国共产党章程》，人民出版社 2017 年版。

《关于新形势下党内政治生活的若干准则》，人民出版社 2016 年版。

《中国共产党廉洁自律准则》，人民出版社 2015 年版。

《中国共产党党员领导干部廉洁从政若干准则》，人民出版社 2010 年版。

《中国共产党工作机关条例（试行)》，人民出版社 2017 年版。

《党政领导干部选拔任用工作条例》，人民出版社 2019 年版。

《党政领导干部考核工作条例》，人民出版社 2019 年版。

《中国共产党纪律处分条例》，人民出版社 2015 年版。

《中国共产党党内监督条例》，人民出版社 2016 年版。

《中国共产党巡视工作条例》，人民出版社 2015 年版。

《中国共产党问责条例》，人民出版社 2019 年版。

《中国共产党党内法规制定条例》，人民出版社 2013 年版。

《中国共产党地方委员会工作条例》，人民出版社 2016 年版。

《中国共产党党组工作条例》，人民出版社 2019 年版。

《干部教育培训工作条例》，人民出版社 2015 年版。

《党政机关厉行节约反对浪费条例》，人民出版社 2013 年版。

《中国共产党纪律检查机关监督执纪工作规则（试行)》，中国方正出版社 2017 年版。

《推进领导干部能上能下若干规定（试行)》，人民出版社 2015 年版。

《中共中央关于加强党的政治建设的意见》，人民出版社 2019 年版。

《十八届中央政治局关于改进工作作风、密切联系群众的八项规定》，人民出版社 2012 年版。

《关于进一步激励广大干部新时代新担当新作为的意见》，人民出版社 2018 年版。

《十八大以来重要文献选编》上，中央文献出版社 2014 年版。

《十八大以来重要文献选编》中，中央文献出版社 2016 年版。

《十八大以来重要文献选编》下，中央文献出版社 2018 年版。

《十九大以来重要文献选编》上，中央文献出版社 2019 年版。

《习近平新时代中国特色社会主义思想学习纲要》，学习出版社、人民出版社 2019 年版。

《习近平谈治国理政》第一卷，外文出版社 2018 年版。

《习近平谈治国理政》第二卷，外文出版社 2017 年版。

《习近平总书记系列重要讲话读本》，人民出版社 2016 年版。

《习近平总书记重要讲话文章选编》，中央文献出版社、党建读物出版社 2016 年版。

《习近平关于全面从严治党论述摘编》，中央文献出版社 2016 年版。

《习近平关于党的群众路线教育实践活动论述摘编》，党建读物出版社、中央文献出版社 2014 年版。

《习近平关于党风廉政建设和反腐败斗争论述摘编》，中央文献出版社、中国方正出版社 2015 年版。

中共中央纪律检查委员会、中共中央文献研究室编：《习近平关于严明党的纪律和规矩论述摘编》，中央文献出版社、中国方正出版社 2016 年版。

习近平：《在"不忘初心、牢记使命"主题教育工作会议上的讲话》，《求是》2019 年第 13 期。

习近平：《在第十八届中央纪律检查委员会第六次全体会议上的讲话》，《人民日报》2016 年 5 月 3 日。

习近平：《在党的群众路线教育实践活动总结大会上的讲话》，人民出版社 2014 年版。

习近平：《在全国党校工作会议上的讲话》，《求是》2016 年第 9 期。

王岐山：《用担当的行动诠释对党和人民的忠诚》，《人民日报》2016 年 7 月 19 日。

王岐山：《巡视是党内监督战略性制度安排　彰显中国特色社会主义民主监督优势》，《人民日报》2017 年 7 月 17 日。

刘云山：《领导干部要始终做到忠诚干净担当》，《学习时报》2015 年 3 月 9 日。

二、一般参考文献

全国党的建设研究会编:《新形势下全面从严治党的特点和规律研究》,中央文献出版社 2018 年版。

李景田:《新时期中国共产党党内监督机制问题研究》,中国方正出版社 2004 年版。

王世谊、周义程:《权力腐败与权力制约问题研究》,中国社会科学出版社 2011 年版。

崔耀中:《全面从严治党新要求、新特点、新部署》,人民出版社 2016 年版。

《不忘初心——坚守中国共产党人的精神家园》,人民出版社 2016 年版。

中共中央组织部研究室(政策法规局)编著:《全面从严治党》,党建读物出版社 2016 年版。

王勇主编:《全面从严治党》,人民出版社 2016 年版。

江金权:《全面从严治党的行动指南:学习习近平总书记党的建设论述》,党建读物出版社 2016 年版。

杨凤城等:《全面从严治党新阶段》,中国人民大学出版社 2017 年版。

刘红凛主编:《全面从严治党与法规制度建设》,上海人民出版社 2018 年版。

全面从严治党研究课题组:《全面从严治党理论与实践研究》,人民出版社 2016 年版。

刘月主编:《全面从严治党重大理论与实践》,人民出版社 2017 年版。

桑学成、王同昌:《全面从严治党的难点与着力点》,《中国井冈山干部学院学报》2015 年第 4 期。

桑学成、周义:《营造风清气正的政治生态:概念辨识与着力点考量》,《江苏社会科学》2018 年第 1 期。

王世谊:《增强全面从严治党的系统性、创造性、实效性》,《长白学刊》2017 年第 3 期。

王一彪：《以钉钉子精神推进全面从严治党》，《党建》2017 年第 7 期。

张桂珍：《领导干部意识形态能力调查与提升对策》，《科学社会主义》2014 年第 6 期。

邹庆国：《从不作为政治到责任政治：净化党内政治生态的一个维度》，《江汉论坛》2017 年第 2 期。

中共福建省委党校课题组：《健全和落实干部使用、晋升机制研究》，《中共福建省委党校学报》2017 年第 3 期。

山西省党建研究会课题组：《反腐高压态势下党员领导干部"不作为"问题研究》，《中国延安干部学院学报》2015 年第 2 期。

姚桓：《论思想建党和制度治党相结合》，《中共福建省委党校学报》2015 年第 5 期。

刘汉峰：《全面从严治党的思考》，《中国特色社会主义研究》2015 年第 1 期。

张荣臣：《准确把握全面从严治党的深刻内涵》，《中共石家庄市委党校学报》2015 年第 5 期。

张希贤：《论党的建设新阶段：全面从严治党》，《理论探索》2015 年第 2 期。

张志明：《全面从严治党新路与中共历史命运》，《中国党政干部论坛》2015 年第 8 期。

冯书泉、郇雷：《全面从严治党的理论内涵与实践要求》，《科学社会主义》2015 年第 3 期。

杨德山：《准确把握全面从严治党的特征》，《中国特色社会主义研究》2015 年第 3 期。

梁妍慧：《运用党内法规把全面从严治党落到实处》，《中共石家庄市委党校学报》2015 年第 4 期。

肖贵清、杨万山：《全面从严治党的时代意义及基本途径》，《山东社会科学》2015 年第 7 期。

齐卫平：《全面从严治党的基本思想和主要特点》，《新疆师范大学学报（哲学社会科学版）》2015 年第 5 期。

刘宁宁、汪海燕：《论"全面从严治党"思想的理论与实践》，《马克思主义研究》2015 年第 7 期。

徐晨光、唐国战：《全面把握从严治党的内在规律》，《求索》2016 年第 2 期。

王联辉、崔建周：《系统把握和深入贯彻习近平全面从严治党思想》，《理论探索》2018 年第 3 期。

石文静：《论新时代推动全面从严治党向纵深发展》，《科学社会主义》2018 年第 5 期。

舒隽：《人民性：习近平全面从严治党思想的逻辑起点与价值旨归》，《南通大学学报（社会科学版）》2018 年第 4 期。

后 记

　　本书是国家社会科学基金重点项目"贯彻党要管党、从严治党方针的难点及对策研究"（11ADJ003）和全国文化名家暨"四个一批"人才工程资助项目（2018）的研究成果，由桑学成等著。具体写作分工如下：序言，桑学成、王世谊；绪论，桑学成；第一章，田芝健；第二章，布成良、桑学成；第三章第一节，周义程、桑学成；第三章第二节，王世谊；第三章第三节，董连翔；第三章第四节，许江；第三章第五节，桑学成、周义程、陈蔚；第三章第六节，黄建军；第四章，王金水、桑学成。桑学成负责统筹并审定书稿。

　　本书的写作得到了理论界许多专家学者的指点和帮助。苗成斌、李立峰、杜贵阳、赵肖斌等同志提出了具体的修改意见。本书还参考、借鉴了国内外有关专家学者的研究成果，在此一并表示感谢。

　　由于全面从严治党是实践性很强的研究课题，特别是党的十八大以来，全面从严治党以反对"四风"破题，以重拳反腐发力，以党内监督为重要抓手，以思想建党和制度治党固本培元，涉及现实问题众多，力度不断加大，资料不断更新，研究工作难以站到实践最前沿，加之作者学识水平所限，书中难免有不妥和疏漏之处，敬请专家和读者批评指正。

桑学成

2019 年 10 月

责任编辑：曹　春

封面设计：汪　莹

图书在版编目（CIP）数据

全面从严治党的难点及对策研究／桑学成 等著 . —北京：人民出版社，
　2019.12

ISBN 978－7－01－021725－3

Ⅰ. ①全…　Ⅱ. ①桑…　Ⅲ. ①中国共产党－党的建设－研究　Ⅳ. ① D26

中国版本图书馆 CIP 数据核字（2019）第 285267 号

全面从严治党的难点及对策研究

QUANMIAN CONGYAN ZHIDANG DE NANDIAN JI DUICE YANJIU

桑学成 等　著

人 民 出 版 社 出版发行

（100706　北京市东城区隆福寺街 99 号）

北京汇林印务有限公司印刷　新华书店经销

2019 年 12 月第 1 版　2019 年 12 月北京第 1 次印刷

开本：710 毫米 × 1000 毫米 1/16　印张：23.5

字数：296 千字

ISBN 978－7－01－021725－3　定价：98.00 元

邮购地址 100706　北京市东城区隆福寺街 99 号

人民东方图书销售中心　电话（010）65250042　65289539